從亡國感到防疫大國

How Taiwan Navigates through Perils of Sovereignty to emerging as a Nation of Exemplary Epidemiology

陳昭南

TABLE OF CONTENTS 目錄

III 台灣與中國的距離

IV 台灣芒果乾特銷中

V「制憲運動」引領台灣長治久安

VI 被出賣的農民組織　農田水利會

自序　陳昭南

台灣的故事正在展開下一頁

《從亡國感到抗疫大國》

自2015年底在【風傳媒】上開闢《陳昭南專欄》，並定期於每週六發表時事評論專文，如今已歷時四年半，此單一專欄上架達到220篇以上，所累積瀏覽數已達480萬次以上，這是一場意志力的馬拉松式之自我挑戰，一點也不敢怠慢。

《陳昭南專欄》從一開始就自我定位在時事新聞的分析與評論，是一個很個人化的評述窗格。舉凡我個人對國際局勢的立場和觀點，以至於所有可能涉及到台灣前途命運的認知與觀察，也都會提出很具個人性的針貶意見。

為了不讓自己的認知太過侷限和窄化，就必須要盡可能地廣泛接觸並閱讀國內外大量資訊和知識。因此從起步，我就開始強迫自己訂下嚴苛的功課表：每天要閱讀多份不同的國際媒體內容以及盡量多的相關時局評論文章，而且還挑列一份必讀書單，規定自己按照每月一書的閱讀進度，堅持地往前推進，至於隨時隨地記錄備忘和心得短語就更不在話下了。

於今，趁著武漢肺炎的疫情漸趨緩和之際，乃順勢把2017年8月之後所已發表的各篇經過篩選編輯後，再次將之集結成冊付梓出版，是繼首冊《迷航的國度》的第二本個人專書。

本書取名《從亡國感到抗疫大國》乃是自2017年至2020年這三年間，關於國內外劇烈動盪感的具象描述。

回顧《迷航的國度》系列的首冊出版，在時間點上，正好落在2017年的8月賴清德發布為行政院長的當口，也即是習近平於7月30日在內蒙古的朱日和訓練基地舉行的閱兵的印象中。習的訓詞高調宣示：「永遠聽黨的話、跟黨走，黨指向哪裏、就打到哪裏」，並堅持「為人民服務」的宗旨。當時國際新聞的熱度基本都集中在習近平「從沙場閱兵到稱帝之路」的議題上，全球各國對中國民主化的期待至此宣告幻滅；也同時，「台灣會被拿來祭旗」的疑慮已開始在人民心中出現越來越亮的閃黃燈，這是「亡國感」再次擴大渲染湧動的另一波緣起。

2018年3月5日中共召開13屆人大會議時，通過修憲案，取消國家主席和國家副主席任期限制，正式刪除國家主席、副主席「連續任職不得超過兩屆」的限制，習近平此一「稱帝」修憲之舉，引起國際高度關注與議論。

之後一如預期的，在3月22日，美國總統川普簽署備忘錄，宣稱「中國偷竊美國智慧財產權和商業秘密」，並根據 1974 年貿易法第 301 條要求美國貿易代表對從中國進口的商品徵收關稅，涉及商品總計估達 600 億美元。

2018 年 7 月 6 日，美國對價值 340 億美元的中國輸美商品徵收 25% 的額外關稅。中國商務部同日作出反制措施，對價值 340 億美元的美國輸華商品徵收 25% 的額外關稅，其中包括美國向中國出口最大宗的農產貨品大豆。

美中兩國貿易戰正式開打。維持 40 多年的台美中三角關係終於被打破了。台灣國際孤兒的生存命運勢將因為此一新局面，出現了另一次翻轉式衝擊波，台灣似乎清楚感覺得到一絲即將掙脫久被窒息的難得機會。

然後，美國國會與政府聯手打造的「友台三大法案」陸續出爐端上檯面：

①《臺灣旅行法》(Taiwan Travel Act) 於 2018 年 3 月 16 日批准生效；

② 2019 年國防授權法（2019 National Defense Authorization Act, NDAA）於 2018 年 8 月 13 日由川普總統簽 署正式生效；

③《台北法案》（TAIPEI ACT）於 2020 年 3 月 27 日簽署生效；

這一切原本都在美中兩大強國之間角力下漸次緩變與推進中。然而，台灣內部也適時在這亂世棋局裡捲起一場塵土飛楊的內政亂象：台灣出現了「台灣最大黨 - 討厭民進黨」，並因為民進黨政府未能及時提振自身的執政效能，並消弭民間此一日益消極苦悶的情緒，遂讓不滿的民意昇華為集體「教訓民進黨」的積極行動意識。曾被賴清德稱譽為「百年難得一見政治奇才」的韓國瑜，很奇蹟似地從原本已被打入國民黨敗部淘汰名單中，姑且被推上賽局當作高雄市長候選人充作犧牲打。豈料，韓國瑜從2018年5月獲得政黨提名參選起算，只在短短三個月裡，一句「發大財」的空洞口號竟然激發出「反執政黨」的莫大萬眾怨念。

「韓流」橫空出世，整個全台「教訓民進黨」的苦、悶、怨、怒等情緒同時找到了一個很可以宣洩的出口。苦悶的人心，於是很迅速地全都匯聚到韓國瑜一人身上而令之被加冕為「仇恨之神」，再搭配著網路世界蜂擁而來的龐大且正在到處流竄出征的五毛水軍和小粉紅們，有如山洪海嘯般，差不多幾近徹底席捲並衝擊了整個執政黨在是場選舉中所推出的諸多候選人。

那段時間裡，小英總統的民調基本都越不過20%的支持度。在氣勢莫之能禦的「韓流」狂襲下，兵敗如山倒，民進黨的地方選舉果然摧枯拉朽，慘敗不堪。

11月24日的選後第一時間，小英總統引咎辭去民進黨主席之兼職，並於11月28日公開PO出形同罪己詔的**【給黨員的一封信】**，信末並誓言：此後「我會做一個很不一樣的總統」。

此時，國內原本暗湧的「亡國感」已開始迅速加溫，習近平也許認為時機已到，突然在2019年1月2日拋出一份4300字的《告台灣同胞書》。該文中，習近平發出的對台新政策之「習五點」，綿柔地呼喚著：「兩岸同胞是一家人，兩岸的事是兩岸同胞的家裡事，當然也應該由家裡人商量著辦。和平統一，是平等協商、共議統一。」這是極具典型的「台灣問題內政化」的政治招降誘騙語言。

而台灣這邊，小英總統也即在當天下午，以**公開記者會**形式，悍然拒絕習大大的「招降」。小英總統堅定地回絕對方：

我要重申，台灣絕不會接受「一國兩制」，絕大多數台灣民意也堅決反對「一國兩制」，而這也是「台灣共識」。

兩岸國家領袖正面對撞，也必然要撞出更多更大更激情的人民情緒。台灣人民的「亡國感」開始進入沸騰的燜燒期。

3月22日，甫當選高雄市長的韓流大教主韓國瑜率團訪問香港時，於當天下午進入香港太上皇政府的「中聯辦」，不僅在台灣引發深度置疑，香港民間團體也集體對此發出強烈抨擊。但韓國瑜一律問東答西，並未對此行為正面回應。

無獨有偶，台灣人民的「亡國感」和香港人民的「被背叛感」不約而同地匯流在這一時間隧道上。

2019年6月9日香港百萬人「反送中」大遊行啟動；6月12日香港「反送中」持續抗爭，港警大舉出動鎮壓並對示威群眾開槍射擊。6月13日下午，小英總統針對香港議題發表重要談話，她指出「反送中」(《逃犯條例》)修法侵犯中華民國的主權，「我們不會接受，也拒絕以修法為前提的個案移交，合作打擊犯罪不能以侵犯人權的法案為前提，我們不願成為惡法的幫兇」。

同時小英總統並說明香港的民主抗爭，不僅讓臺灣人民更加珍惜現有的民主制度與生活方式，也讓臺灣人民深刻感受到「一國兩制」是不可行的。她強調，任何人要破壞臺灣的主權和民主，或者拿去做政治交換的籌碼，「只要蔡英文在，就不會得逞」。

台港雙方的抗中情緒終於相互激盪出前所未有的「亡國感」之爆發性情緒。尤其是每天追著大量視頻影片觀看香港徒手示威青年被香港暴警追殺侵害的諸多慘然鏡頭，所謂唇亡齒寒、兔死狐悲，台灣青年終於按耐不住也開始憤怒咆哮了！台港兩地青年瞬間結合成中共壓制下的「命運共同體」。

7月15日，國民黨的總統初選結果揭曉，韓國瑜大勝首富郭台銘17個百分點。夾著沛然莫之能禦的大韓流，韓國瑜高歌出征曲，誓言要讓台灣變藍天、要搶回執政權。台灣人民的亡國感也同時出現史無前例的大爆表。不說香港青年隔海對台灣人民不斷大聲疾呼：「台灣的未來，你們能自己決定」！尤有甚之者，台灣的這一場總統選戰，美中雙方都不再遮遮掩掩，而是堂而皇之地公然介入。

2020年1月11日，慘然經年的亡國感各亮底牌，小英以817萬張選票壓倒性擊垮韓流的550萬支持票數。敗選的國民黨在後來的檢討書承認：「討厭民進黨」終不敵「亡國感」。

勝選當晚，小英以勝出者姿態很溫馨地呼喚：「未來四年，我會拿出更大的誠意，來獲得各位的認同與信任。我們都是台灣人，所有的台灣人都是家人。」

但，誰也料不到，人類的另一場前所未有的大災難，已經悄然在中國境內傳佈開來。

早在2019年年12月31日台灣疫情中心即已對WHO發出電郵，警告中國有媒體報導其境內出現疑似「武漢有非典型肺炎的人傳人病例」。同時台灣當局基於對於中共統治下的資訊封鎖慣性之極度不信任感，毅然拍板對於該不尋常的疫情感染可能性，採取超前部署的決策，並即時啟動「中央疫情防治中心」之指揮系統。1月24日台灣政府果決發布「紡織材料製（不含紙類、海綿材質及防毒面罩）口罩管制出口」。

此一明快的防疫措施，再搭配因SARS以來所已整備建立妥善的防疫團隊和管控機制，同時間台灣人民也發揮了高度自治的防疫配合衛生習慣，只在短短數月間，當全球都避不可免地陷入人間煉獄般的慘境時，台灣居然安然保住了疫情的侵犯，成為全球羨煞的防疫至高典範，並被譽為「抗疫大國」，成為各國公衛機構爭相取經的明亮燈塔！

值得一提的是，當台灣以口罩等防疫物資次第展開全球性的「Taiwan can help」之友善外交時，台灣的自我定位必須很清楚知道：我們並不是「只能向國際強調台灣焦點、台灣視角、台灣必須是主角。在為台灣的國際命運激情之餘，台灣社會應積極找尋把自己實際地鑲嵌進現有國際體系的作法，尋求在國際現實中，凸顯台灣主體地位的具體路徑。」（摘錄自林倢撰述**〈譚德塞歧視風波下，台灣的身份政治與國際觀〉**）

外媒【法廣】於2020年5月18日刊出的評論**〈美國面臨中國的新挑戰〉**中觀察到：

然而，出乎意外的是，爆發了新冠疫情。在仔細審視對手時，美國發現了頗令自己感到震驚和屈辱的脆弱之處，這便是：對中國的醫療設備的過度依賴。列寧曾做過這樣的預見，他說：西方向中國出售了有可能扼殺他們技術和經濟的繩索。有鑒於此，特朗普針對中國貿易保護主義以及必要的再工業化的言論似乎不幸被言中。

而，美國在這樣的高度駭異的驚覺下，也同時導引出另一個歷史的公案：在這場因武漢病毒而冤死數十萬個生命的慘狀下，歐美先進國家的民主制度是否會比中共專制威權制度更具防疫效率？易言之，民主與獨裁的價值認知上，在如此突如其來的病毒肆虐下，如何做出高下之比較？

台灣防疫抗疫成績的亮麗表現，是否很足以提供給民主國家防疫的至高典範，並以之對抗極權國家無所不能的幻象呢？

數百年來一直徬徨在國際孤兒路口上的台灣，經由這一次全民護台大團結的成功抗疫行動，台灣人民似乎突然警醒地看到路口已轉成微弱綠燈，並因之而確認了民主與自由的珍貴價值。這是台灣人民首度領悟到的最大驕傲。

5月15日，台灣「護國神積」的「台積電」正式宣布赴美設廠，這是台灣高科技在決策上併入美國隊的至高關鍵指標；美國商務部幾乎在同一時間，宣告修改進出口規定，全面阻斷全球採用美國技術的半導體生產設備所生產的半導體產品供貨給華為，也等於宣佈徹底斷了台積電繼續在中美之間左右逢源的念頭。「美中對抗」已是回不了頭的國際新格局。

台灣已經選邊站，台灣已經踏上漸次「跟中國脫鉤」之不歸路，此亦諭示著「台灣正式轉身踏上國際舞台的階梯」，基本已殆無懸念了！

5月20日，小英總統就職演説中也充分表達了此一積極訊息。她說：

在當前的國際局勢中，誰能擺脫依賴，誰就掌握國家生存發展的先機。我要請所有產業界的朋友們放心，政府不會讓產業孤單。在未來幾年，我們有幾個主要的策略，來全力帶動產業發展。

同時，小英也以傲然的語態發聲告訴國人：

台灣，已經被國際定位為民主成功故事、可信賴夥伴、世界良善力量，這是台灣人民的共同驕傲。

於是，我避不可免地想起中研院吳叡人教授在去年芒果乾大賣之際，所曾發出的那句豪情壯語：活在台灣，本來就是拚命的事！

謹以此書，對所有努力向前的伙伴們致以最深敬意！

文末請容我獻上最大感謝：本書在編寫過程中承蒙呂昱、江夏、蔡松伯和謝建平等好友們不吝協助，以及桃園農田水利會黃金春會長賜予的序言；還有大妹淑美、二妹淑女的長期提供資金幫助，始能順利完成出書；至於青春美麗的林怡伶小姐也勇敢提筆惠予序言，實屬難能可貴！

如果寫作真的可以藏諸名山，那就讓我們一起攜手走進名山之中！

脫稿於 2020 年 5 月 20 日

愛鄉的陳昭南攜手夫人，默默走入偏鄉做志工教音樂。夫唱婦隨，一個講課，一個彈琴，奉獻熱情與才華給偏鄉國小的學童。

推薦序　桃園農田水利會會長　黃金春

在歷史的浪頭上前進

2020年是全世界翻天覆地、破壞重整的新局面。有人說「中國武漢病毒」成了新式超限戰的武器；有人說第三次世界大戰已悄然全面開打。中國和其從屬伴隨的部分一帶一路國家自成一派；而無辜的歐美染疫國家自是命運共同體。中國人自恃聰明善於算計，不只實質上全面損害世界，更在嘴巴上吃盡世界各國的豆腐。這種「贏筊擱贏話」、「裡子面子都要拿」的自私作為，已經燃起全世界反中的火苗。

長期觀注世界局勢和台灣前途的陳昭南立委，以「習近平的人民戰爭」、「抗中保台關鍵決戰」、「台灣與中國的距離」、「台灣芒果乾特銷中」、「制憲運動」引領台灣長治久安……這五大分類，點明了台灣與中國之間深奧又難以割捨的複雜關係。畢竟台灣在中國這個惡劣的歹厝邊旁邊，絕對不能像某些盲目極獨人士的暴虎馮河；更不可如紅統深藍門徒猛抱中國大腿，一切以中國馬首是瞻。所以，如何在中國步步進逼的局勢中，利用台灣本身的優勢和全球戰略的趨勢，突破原本的困境、擺脫國民黨近年親中的繫絆，昭南兄這本書都有著精闢的見解。

武漢肺炎疫情發展迄今，中國長期吹噓作偽的國家形象已經自我毀滅殆盡，隨之而來的將是全球反中陣營的大反撲。台灣位處未來衝突的當口（也是刀口），說是危險，但是更有契機。反中烈火熾燒時，台灣如何從過去依賴的中國製造市場平安脫身，進而轉化成回歸台灣本土的投資，強化台灣本身的製造潛力，都是這次中美貿易大戰和中國武漢肺炎帶來的絕世轉機。

談完世界，也要回頭看看台灣。昭南兄長期以來最關心的議題——農田水利會改制，這個可能重創、甚至瓦解台灣農田水利系統功能的改革，因為牽涉到政客的私心和盲目匆促上路，一不小心就會把傳統農業糧食生產，推向萬劫不復的地獄。所以昭南兄特地用「被出賣的農民組織：農田水利會」一整個章節來提出諍言，希望當朝諸公慎之再慎。

在一片防疫忙碌聲中，我們還是要提醒執政當局「農亡國亡」這個鐵律。改變舊制、推陳出新不是不好，但是如果只為某些絕非必要的目的，倉促東拼西湊，弄個不合時宜的四不像制度，反而把既有運作順暢的機制摧毀殆盡，終將花費更大的代價才能復元，甚至可能傷害過大、無可回復。

農業是基礎性的國防戰略產業，在這次疫情中更加凸顯其重大的戰略性。以中國為例，不到八成的糧食自給率，也就是說一年十二個月，有將近三個月的時間人民沒飯吃，肉品也需要國外大量進口。一旦武漢肺炎疫情嚴峻到全球封國禁航，這種因缺乏糧食而引起的「類飢荒」，足可引發大型動亂。各地方為求自保、無暇他顧，當然兵戎相見，中國唐末五代十國之分裂情況必定出現。日前中國湖北宣布綠標解禁出入管制，人員要進入江西、安徽等省卻被拒絕，因而發生兩省公安、人民正式衝突即是警訊。

基於上述，陳昭南這本貫通兩岸、連結世界的評論，提供我們許多新的見解和方向。相識四十年，昭南兄以其台灣之心、世界之愛，做出諸多的建言。逾古稀多年，希望我們都老而不朽，再次衷心期盼擁有權力者本著公義、排除私利，為台灣向前更努力！

識於 2020 年 5 月 20 日

桃園農田水利會會長黃金春，攝於 2020 年 5 月 29 日在桃園市籌組「反消滅水利會全國自救總會」成立大會。

代序　六都春秋執行編輯　林怡伶

寫下海中之島的抗疫榮光

「有人宣稱只有中國這種專制政府才能有效控制疫情，但從台灣表現足以見得，民主國家不用嚴格封鎖，一樣能控制疫情。」美國有線電視新聞網（CNN）在 4 月 5 日的報導中，試圖以台灣抗疫有成鼓舞全世界「民主國家也能成功抗疫」。同日，微軟創辦人比爾蓋茲（Bill Gates）接受美國《福斯新聞（Fox News）》專訪時曾言：「像台灣這樣的國家就是防疫榜樣」公開讚揚台灣防疫行動，值得美國效仿。

一次新型冠狀病毒的打擊，讓台灣在站上世界浪尖迎風搖曳，然而這樣的逆勢而上並不是巧合，而是依靠著多年來的經驗累積以及無數人的犧牲奉獻。

2020 年 1 月下旬正逢農曆春節期間，武漢病毒肺炎疫情在中國武漢當地開始快速蔓延並逐漸擴散至中國各地，隨著出入境的返鄉出國人流，中國以外的地區也開始傳出確診病例。而台灣早在 1 月 20 日成立「嚴重特殊傳染性肺炎中央流行疫情指揮中心」，已進入春節休假的口罩廠員工和重要政府官員紛紛緊急被召回崗位。1 月 25 日春節甫始，政府決議採購 60 台口罩機，打造國家口罩生產線，此時正在家中團聚的多數人們還在遲疑著我們真的需要這麼多口罩嗎？

迅速組成口罩生產國家隊

1月26日，位於新店林口區的威欣利實業公司緊急召回員工加產口罩，80多人包含董事長開始連夜加班趕製口罩，一天生產約16萬片口罩，甚至還有罹癌的員工也顧不得身體的病痛，背負著為國家防堵疫情的使命感，連午休時間都未有鬆懈，每次都必須歷經長達七小時的久站或久坐，以確保口罩品質無虞及快速的分裝。1月27日，產製不織布的康那香公司也提早開工，陸陸續續不少工廠開始即速動工，全台灣當是日產約為79萬片，還未恢復到疫情爆發前日產約188萬片的能量。

基於台灣兩千三百多萬人，僅僅日約百萬的口罩產量很容易就造成民眾搶購口罩的恐慌。行政院於1月31日當機立斷耗資兩億建置口罩生產線。民間業者也快速成軍2200餘人的「口罩國家隊」，在短短25天之內完成了60台口罩生產機，完成口罩生產線的安裝，甚至後來添購的32台口罩機也同樣在不到20天的時間內交機。讓台灣口罩產量從日產200萬、400萬、600萬一路飆升至日產破千萬的驚人奇蹟，躍居全球第二大口罩生產地。台灣之所以能在如此短時間內讓口罩產量激增，除了政府決策大量投注以外，加緊口罩國家隊的組建也是一大關鍵。兩千多人的不眠不休，日復一日沒有假期只有加班的生活，甚至離家北上數月只為讓近百台口罩機如期交件，其中許多團隊甚至是透過來自不同公司職員的合作才得以順利推動流程開展。

而口罩實名制至今，歷經了 1.0、2.0 並升級至 3.0，乃至更多修建版本，也是經由 50 名熱血工程師的無私投入。

從後知後覺的被動防守到先發制人的超前部署

在當初僅僅 5 天時間內完成「eMask 口罩預購系統」，在 12 天中讓口罩實名制 2.0 從無到有。這其中蘊含的不僅是眾人對於防疫情勢的急切，更多的是台灣一路累積而成一夕爆發的正面能量。台灣軟硬體實力雖是榜上有名，在國際間皆有一定貿易地位，卻從未能獲得全球認可和注目；如今，不論是日本對於唐鳳「天才ＩＴ大臣」的讚譽，還是歐洲工具機業者對於台灣產製口罩生產機速度的難以置信，都證明了台灣在危難時刻，能夠迅速發揮自主集結而成的正向能量，而不是等待被救援的時刻到來。

面對同樣的災難，台灣一次又一次的學習，從後知後覺的被動防守到先發制人的超前部署。決策從快速肯定的限制口罩出口並限制出入境開始，台灣一步步地開始從外而內先行抵禦，國人面對疫情來襲愈發團結且嚴肅，並貫徹自保保人的精神，將「防疫視同作戰」的口號徹底發揮，所有人都是此次戰疫中不可或缺的一員。

法國《世界報（Le Monde）》、英國《衛報（The Guardian）》、德國《焦點（FOCUS）》雜誌、日本《朝日新聞》、義大利《Formich》雜誌等世界各大媒體都曾以台灣防疫為標題報導或評論，不論是討論台灣防疫政策，或是質疑世界衛生組織（WHO）的決策，甚至是研究民主政體以不限制公民自由成功達成抗議目標，勝過中國專制政策的探討。台灣正在用對抗全民公敵的姿態成為全球矚目的焦點，而這是透過了我們歷年來學到的教訓亦或研究的成果所構建的。

學會我們要如何伸出援手中的那份無限希望

我們都曾走過2003年SARS帶給我們的記憶與傷痛，如今，我們看著世界各國一步步被迫推入限制出入境、封城的圍困時刻，難免想起17年前和平醫院封院時的醫護人員們一個個倒下的身影，甚至是窗邊「我愛和平」的剪影。因為我們都能深刻體認這樣的恐懼和無所適從的慌亂，我們也因此更能清楚的知道：在我們要如何伸出援手中所隱含的無限希望。

「Taiwan can help」在推特中曾掀起一波風潮，然而這其中的意義並非要獲得感謝，而是在凝聚感動。如今，全球破百萬人口確診的陰霾當中，我們有太多的遺憾和悲傷，是說不完也拯救不了的。手牽手一起走過風暴的我們，現在要成為牽起世界的一股力量，我們並不是要成為偉大的國家，而是一個能一同無畏風霜並肩齊行的夥伴。台灣贈與歐洲國家1000萬片的口罩當中，送給荷蘭的是特別的亮橘色，而這橘色不僅是示意代表荷蘭的顏色，更是包含著那滿滿的「與你同在」的溫暖。

台灣之所以能被看見，不單單是因為我們在疫情中令人意外的表現，而是一同前行的溫柔與堅定。

小英總統在520就職演說中正式的表示了她對國人的尊敬與感謝。她說：

容我無法一一叫出各位的名字，但我想要告訴大家，七十年來，台灣可以度過一次又一次的挑戰，依靠的從來不是一兩個英雄；而是像各位一樣，一起轉動歷史巨輪的無名英雄。是因為有你們，台灣世世代代的幸福、安定、繁榮，才得以延續。

疫後年代，台灣將迎來另一個捩點，我願意相信，「我們2300萬人，是生死與共的命運共同體。過去是這樣、現在是這樣，未來也是這樣。」為逝去的亡國感乾杯，也為迎來抗疫之後的新生時代同乾一杯！

本書從台灣政治延綿中國局勢乃至結合而生的兩岸糾葛，最終放眼台灣未來「國家正常化」的指向。

台灣駛過茫茫重圍，我們究竟如何度過，又該如何繼續前行？正如〈「制憲」除魅，終結「被殖民」悲情！〉所述，我們應該要如何為自己劃定以台灣為中心的歷史座標、生存座標、開展座標，就是我們未來必須致力的目標。

身為一位疫後新世代，對於這樣一部專書的豐富內容，特別是其中諸多引述的國內外資訊，都很足以作為這一變動時代的思維上的參考和佐證，這是本書最值得推薦之處。

「當一個台灣人可以很光榮，可以抬頭挺胸、昂首闊步。」，蔡英文總統在520就職演說中如此說道，就從《從亡國感到防疫大國》所給予我們的啟示，一起來見證台灣的驕傲吧！

定稿於 2020/5/20

可愛又迷人的台灣人，喜歡墾丁的沙灘、陽明山的花季，還有各種說不完的落日餘暉、葉落花開。現為成大台灣文學系學生，在時間寫下的你我生命裡的故事中浮沉而大口呼吸換氣著。

習近平的人民戰爭

全球瘟疫災難，習近平會被「武漢肺炎」擊垮嗎？

紐約時報記者袁莉在 1 月 29 日的一篇報導揭露：

〝這次冠狀病毒爆發已在中國造成了 100 多人死亡，近 6000 人確診感染，患者主要集中在武漢和湖北其他地區。政府對疫情的響應有時遲緩，有時看上去隨意，對在網上批評政府響應的人來說，這場危機促使他們重新思考中共統治下大局上的取捨：為換取穩定和繁榮的許諾，人民放棄了個人權利。〞

如果你是習近平，面對疫情繼續擴散蔓延和中國各城市被迫必須封城的巨大壓力下，你那「中華民族偉大復興」的「中國夢」會被捏碎嗎？而更多的人則更關心：習近平親手推動的「不忘初心、牢記使命」運動，在這一次防疫大作戰中，會不會被「武漢肺炎」給打垮？

2018年3月底美中貿易戰開打，中國經濟暴露快速下滑嚴重危機；2018年8月非洲豬瘟疫情蔓延，周邊鄰國多數中鏢貽禍匪淺；2019年6月香港反送中抗爭如火如荼，於今方興未艾；2019年12月武漢肺炎病毒引爆並迅速散播開來；2020年1月台灣817萬張選票堅定對中國說〝NO〞，親中政黨一敗塗地；這不同時間不同事件都像似幾把堅韌利劍，分別刺向習大帝的心臟，令之左支右絀陷入重重難關中。

中共統治的國際信任度面臨破產最大危機

其中尤其是正在擴大滋長中的「武漢肺炎」這把大火，簡直就快要把中國跟世界之間已瀕臨破產邊緣的最後一絲信任感推進到灰燼中了。如此一來，「武漢肺炎」這突如其來的無國界病毒所直接衝擊的最大對象很可能就會是中共政權所汲汲營營的合法性了！

而，這一切的發生，都始自於2018年3月11日中國第13屆全國人大會議通過取消國家主席任期修憲案，易言之，就是習近平正式稱帝。

截至1月30日24時止，據「中國國家衛生健康委員會」在其官網公布對於中國的武漢肺炎累計數字顯示：中國確診病例已達9694例，死亡213例。此外，香港有10例、澳門7例，其他國家確診109例包含台灣9例、泰國14例、日本13例、美國6例等，全球確診病例已達9820例。

30日親中媒體旺中集團的《中時電子報》則以「美日撤僑 赴陸航班爆停飛潮」為標題發布新聞稱：新型冠狀病毒肺炎（下稱「武漢肺炎」）疫情在多國傳出案例，包含英、美等多國在內的航空公司在29日對外宣布停止部分或全部來往大陸的航班，以防止更大規模的疫情傳播。

該報導同時指出：此外，美國與日本已經從「封城」的武漢撤出數百名公民，南韓首班包機今天（30日）上午10時將從仁川國際機場起飛，接回滯留當地的僑民，次一架包機將於30日中午出發。法國、澳洲、紐西蘭、土耳其、馬來西亞也打算跟進。

遲至1月30日世界衛生組織才終於宣布，將新型冠狀病毒疫情，列為國際公共衛生緊急事件。該組織認為「目前在中國以外的國家和地區確診病例增加，是做出這一宣佈的主要原因。」

首先是武漢封城，接著是湖北封界禁止出入，然後各國飛中航班相繼停飛，中國很可能即將被迫進一步成為被隔絕的另一天地。

台灣人被迫羈留武漢等待人道災難？

一時間風聲鶴戾，全球全面進入緊急防疫作戰狀態。然而最可鄙的，當台灣政府要求派機到武漢撤出尚羈留在疫區的台灣人時，中國國台辦發言人馬曉光卻透過新聞稿表示，在湖北的台胞得到妥善照顧，並不需要台灣包機遣返。

民進黨不分區新科立委范雲氣得在臉書上痛罵國台辦說：「人命的事你拿來做政治考量」？更批「中共眼中的台灣人就只有統戰價值」！

問題是：中共從來都只有政治考量，幾時願意跟我們台灣考慮過人道救援的呢？如果中共在這次混亂的疫情作戰過程中，看待中國人自己同胞都如此粗暴踐踏，他們如何會願意付出更多慈悲之心善待台灣人多加幾分呢？

這一點還是資深記者鄒景雯在1月29日發表的《**台灣人為何不准撤？**》一文裡寫的最直白：

> 倘若同意台灣包機，在各國一片撤僑聲中，中國顯然是擔心在國際間造成混淆？因為，撤僑是指一個國家的政府透過外交手段，把僑居在其他國家的本國公民給撤回母國管轄區域的外交行為，如果給外界產生台灣也自湖北撤僑的觀感，豈不是承認了台灣或中華民國是一個國家？在中國眼裡，台灣是其一部分，中華民國早已滅亡，這包機當然是飛不起來的，台灣人在武漢，就等同武漢人待

遇，聽命封在城裡配合防疫就是。

政治野武士黃創夏對此也在臉書上揶揄痛批：

如果想要證明還有存在的價值……此時此刻，國民黨的「連爺爺」、「老馬哥」等等，不是更應該打個電話過去給北京，要求自稱是國民黨「老朋友、好朋友」的習近平下令國台辦，讓台灣派出專機，接回正受困疫區的台商！

維穩重於防疫，中共充分暴露其不仁本質

且先回觀疫源區的中國境內又是怎樣看待這一場防疫亂象呢？

紐約時報記者袁莉在1月29日的一篇報導《疫情危機讓中國穩定表象出現裂痕》揭露：

這次冠狀病毒爆發已在中國造成了100多人死亡，近6000人確診感染，患者主要集中在武漢和湖北其他地區。政府對疫情的響應有時遲緩，有時看上去隨意，對在網上批評政府響應的人來說，這場危機促使他們重新思考中共統治下大局上的取捨：為換取穩定和繁榮的許諾，人民放棄了個人權利。

一名網民在社群媒體網站新浪微博上寫道：「看似虎虎生風的現行體制，一次治理危機就被衝垮成這個樣子。」

「我們交出權利換來的被保護，」這位網民寫道。「何種程度的保護，我們積年累月的政治冷漠會把我們推向哪裡？」

這條微博被轉發了 7000 多次、點讚了 27000 次後被審查員刪除。

面對來勢洶洶的病毒戰爭，中共所自曝的困窘乃源自於的制度性的結構化之失控與失能並導致對於疫情的嚴重失治。

1 月 27 日另一專欄作家馬克斯・費舍爾（Max Fisher）於紐約時報發表的評論**《病毒危機暴露中國政治體制深層缺陷》**一文中有相當闡釋，他分析說：「外界可能懷疑拖延的背後是企圖掩蓋事實真相，但在專家看來，更令人擔憂的問題是中國（中共）體制存在的根本弱點。」

他接著寫道：中國僵化的官僚體制不鼓勵地方官員向中央上級報告壞消息，而他們可能需要這些上級的幫助。該文認為這個體制還將地方官員彼此隔離開來，使他們更加難以全面了解不斷升級的危機，更不用說控制了。這次的病毒危機再一次暴露出「中共體制中一些最深層次的缺陷和矛盾。」這些長期困擾著中共領導人的缺陷似乎無處不在，從官員應對冠狀病毒爆發的速度，到中共多年來無力解決某些健康風險問題，專家們早就警告說，那些風險可能導致如今的這種疾病爆發。

中共的政治弱點，也正給世界帶來嚴重後果

該篇分析文章還引述另位牛津大學的知名中國問題學者許慧文（Vivienne Shue）說：「這在中共的中央與地方關係中是一個永恆的主題。你不想成為那個（為上級）帶來壞消息的人，」許慧文女士說，北京的中央領導人與從事日常管理工作的地方官員之間的鴻溝，在這個體制的運轉中是一個「核心難題」。這樣一來，位於中央與地方分界線兩邊的官員們就會「做出許多適得其反的、不合理的事情」，以求控制和擺布對方。這包括隱瞞有關潛在危機的報告，因為地方官員希望能在上司發現情況之前解決問題。

馬克斯・費舍爾總結說，這件事（武漢肺炎）已經讓人懂得了可能會給中國帶來嚴重後果的政治弱點，隨著感染的蔓延，這些弱點會給世界帶來嚴重後果。

范德比爾特大學醫學中心教授、CDC 長期顧問威廉・沙夫納（William Schaffner）表示，他們擔心中共衛生官員仍未發布有關武漢病毒爆發的基本流行病學數據，這使得遏制疾病爆發的工作更加困難。他說，如果這次疫情在美國，那麼這些問題現在就會得到答案，這些答案將有助於疾病研究者更快制止疫情爆發。

中共崛起並進一步要稱霸國際的政治邏輯所擅長運用的武器，就是14億人口消費力和勞動力的龐大市場之誘因，並倚之四處脅迫每個垂涎於此等「發大財」機會的全球化企業，再導之對於該亟欲進入或已進入中國市場的企業去反逼其母國向中國妥協或跪降。說白了，就一個千古不變的詞「貪婪」！因為中共早已看穿資本主義社會追求無限利潤的最大企圖之本質，而當年打著「階級鬥爭」旗幟發動「農民革命」起家的中共政權，原本就很擅長於以利誘之、以利逼之，再以利控之。

可是，面對病毒疾疫的侵襲奪命，中共這一套看家伎倆當然毫無用武之地，而「維穩重於一切」的太上極權治國法則，正好適得其反地提供「武漢肺炎」不受控地姿意蔓延開來。

武漢封城，北京依然歌舞昇平，武漢人成了棄民！

1月23日習近平終於於凌晨2時下令宣布：10時起對武漢封城。法國國際廣播電台（RFI）於1月25日的報導《武漢封城，面臨人道災難》評論說：

「可注意的是，這場被全世界媒體聚焦的國難在封城當天卻沒有上官媒的頭條，當天黨媒頭條仍然是國家領導人在北京參加團拜會，歡聲笑語辭舊迎新，習近平在團拜會上有關構建人類命運共同體的講話，隻字未提武漢！彷彿習主席的人類命運共同體並不包括上千萬被病毒圍困的蒼生！面對災難，從地方政府的瞞報不作為到中央的粉飾太平，中國每天都在詮釋習近平的中國治理理念。」

中共中央政府仍然牢牢控制著政治和宣傳機器，這些機構都強烈試圖淡化病毒危機的嚴重程度。在上週六（25日）召開政治局常委會之前，習近平和其他高級官員的行動一如往常，彷彿完全不存在危機，他們於上週四（武漢封城之前）仍在人民大會堂舉行了慶祝農曆新年的招待會。等到終於公開表態時，習近平卻還在強調「維護社會穩定」的必要性。

不能已於言者，就在那同一時間裡，中共的宣傳機器開始大力宣傳美國流感死亡人數很多、台灣愛滋病有嚴重，同時還發動「網軍」翻牆出征台灣，批評台灣暫停出口醫療用口罩是見死不救，很明顯地要將焦點轉移到國外。而很不幸的，馬英九急於表態的發言，正好趕上了這一波「配合」時點，他在28日痛批「政府不捐口罩給大陸，不僅氣度不夠，以後回頭看，會發現政府沒人性，非常失策，也非常沒愛心。」儘管他事後改口說「應該在自己供應無虞的情況下再來出口比較合適。」卻已難挽其失言窘狀。

獨裁政權「把人視為牲口處理」，錯了嗎？

1月25日，新華社報導：習近平強調，面對「新型冠狀病毒感染的肺炎疫情加快蔓延的嚴重形勢」，必須加強黨中央集中統一領導，各級黨委和政府要增強「四個意識」、堅定「四個自信」、做到「兩個維護」，深刻認識做好新型冠狀病毒感染的肺炎疫情防控的重要性和緊迫性。

從黨媒的這段話去看，習近平被形塑的形象就是戮力處理疫情的偉大領導者，還不忘強調這是中華民族的偉大歷史。一直到中央定調要防疫之後，人民日報才首次把防疫訊息放到頭版，而此時受到封城影響的人口數已經是台灣人口的兩倍有餘了。

留美博士陳方隅在其臉書上感慨地說，套句中共研究專家的話：「把人視為牲口處理」很可能是共產黨的長期有效策略。穩定政權是首要考量，對獨裁者來說，只要政權可以存續，就可以透過各種宣傳機器來宣稱自己的治理績效很好（而且還可以透過大外宣砸大錢，向全世界做這種宣傳），如果真的有人民起來反抗，那也可以透過軍隊和警察等鎮壓手段去處理掉，威脅不大。至於實際上的治理績效和犧牲了多少人，那都只是維持政權的工具而已。

PTT 上有一則引自「法廣」的貼文《中國人對中共發出怒吼》正好可以做為本文的一個註腳：「一名已確診感染病毒的武漢市民發帖說：「在這次危機過去以後，我可能已經離開這片被詛咒的土地了，但還是希望你們能明白人民真正需要的是一個什麼樣的政府，是不是需要一個真正以保護每一個公民根本利益的政府！這個根本利益不止包括財產，更包括生命！假如我有幸能活下來，我不會再關注什麼狗屁民族偉大復興！我也不會再關注什麼狗屁幾帶幾路！我更不會關注什麼國土大幾寸小幾寸的台灣獨不獨統不統！

我只想在危機來臨時能有飯吃，有衣穿，有人照顧和治療我的家人！從今天開始那套宏大敍事的狗屁玩意都給我滾遠點！我首先得是個人，活人！對不起，一個在危機時刻讓我自生自滅的政府和國家，我愛不起！」；

武漢棄民的悲鳴，所代表的寧非是此際中國人民在面對瘟疫災難時的集體焦慮之真實感受麼？

日本、加拿大同時發聲支持「台灣加入 WHO！」

天地不仁，以萬物為芻狗，只要發生災難，人民永遠是受害者。但這一次，不只是中國人民面臨生命的集體威脅，習近平所領導的中共政權於今也必須被迫面臨了合法性和信任度的最大危機，再多造幾艘航母，再多幾次耍狠的文攻武嚇，也無補於這一次嚴酷的防疫大作戰！

繼美國之後，30日上午日本首相安倍晉三在參議院質詢中，極為罕見且果斷地表態：東亞防疫缺一不可，「台灣有必要加入 WHO！」他公開表態說：「台灣有參加 WHO 的必要性。在防疫和公衛政策的前提之下，應該先排除『政治立場』，否則要維護地區全體的健康、進一步阻止感染擴大，將變成棘手難題。」

同一天，加拿大總理杜魯道（Justin Trudeau）也在國會答詢時，首度明確支持台灣以觀察員身分參與世界衛生組織（WHO）會議。杜魯道是武漢肺炎延燒迄今，公開支持台灣成為 WHO 觀察員的最高層級國際領袖。

危機就是轉機，但會是誰的危機，又會是誰的轉機？

最後還是得回到文首所提到的一個最值得關心的基本問題：習近平會被這幾把齊發的利劍給擊垮嗎？

對於站在醫療前線的醫護與相關防疫人員們，正日以繼夜，非常辛勞地為台灣築構堅實防護網，謹以此文表達最大敬意和謝意。

發表於《風傳媒》2020/02/01

解毒者即投毒者，中共內鬥上綱到生化武器

被簡稱為武漢 P4 實驗室的「武漢研究所」究竟是純粹因為昧於鉅利而自導自演這一場人間災難，並導致貽巨禍於人間？或是被嚴重質疑是奉令製造「生化武器」之研發者？該議題正被擴大檢視中。

一場病毒無限傳播感染而釀成人間煉獄的巨禍慘境，中共極權政體會因此而受到人民挑戰嗎？而一旦各地封城，又出動解放軍實施戒嚴，則習近平所掌握的無上權力是否會被碎片化？並出現地方割據的中國歷史之重演？

俗云：天作孽猶可違，自作孽不可活！習近平2月3日在中共中央政治局常委會的會議上正式對全國宣告號召「打響疫情防控的人民戰爭」。那麼，這場「同時間賽跑、與病魔較量」的防疫大作戰，究竟是「天作孽」？或是「自作孽」呢？

如果「武漢肺炎」病毒是來自自然界的一種變異種，按照鄉愿的傳統寓言模式，猶可自嘲或視之為老天爺有意懲罰教訓人類，只要人類肯用心懺悔，祈求上蒼憐憫賜福，或許暫時撫慰人心，並齊心協力奮起對抗這場橫行無阻的天災。正如這次被引進疫情災變風暴中心的「武漢病毒所」(P4)研究員石正麗所宣稱的：「2019新型冠狀病毒是大自然給人類不文明生活習慣的懲罰，我石正麗用我的生命擔保，和實驗室沒有關係。」

「隱匿疫情」即是「武漢肺炎」「人禍」的原罪

然而，這次「新冠狀病毒」也就是俗稱為「武漢肺炎」病毒之疫情快速擴散，如果根本就是一種「人禍」呢？豈非就是「自作孽不可活」麼？

若認定這是「人禍」，大約應該有兩個面向可以探討。

首先是已被證實的主政者故意「隱匿疫情」之原罪。

「新英格蘭醫學期刊」（NEJM）最新來自中國疾控中心專家聯合發表的論文指出，2019新型冠狀病毒早在去年12月中旬在武漢就已經發生「人傳人」情形，這與當時官方衛健委的通報不符，讓台灣國內防疫專家們感到氣憤不已，紛紛強調中國當然有隱匿疫情。該一研究論文也揭露，12月1日至11日，武漢有7名醫務人員感染，12日至22日期間，又有8名醫務人員感染，但一直要到中國傳染病學專家鍾南山19日赴武漢調查並受訪首次證實有醫務人員感染後，武漢市衛健委這才在1月21日通報共有15名醫務人員確診為新型冠狀病毒感染。

據目前整理出來的疫情日記顯示：2020年1月1日，華南海鮮市場被關停，有檢疫人員前來檢測物質。同日，武漢市公安局通報稱，8名網友（均是醫護人員）因發佈不實信息被中共官方「依法查處」。（註：其中，最早公開疫情「吹哨人」武漢中心醫院醫生李文亮是最早發現武漢疫情的人，當他試圖警告同行和他人時不但沒有受到重視，反而遭到噤聲。李醫生自己最後也感染了病毒，已於2月6日不幸去世，舉世同聲哀悼！）

從2020年1月6日到17日，中共官方竟然公佈「零病例」，「人傳人」的嚴重傳染性也拖到1月20日才承認。

正當湖北省在2020年一月19日新增確診病例17例的當天，武漢的百步亭社區仍然舉辦「萬家宴」，4萬多個家庭端出1萬3986道菜品，擺滿黨群活動中心主會場和9個分會場。據中國公開資料顯示，百步亭是武漢知名大型社區，包括花園現代城、溫馨苑、百合苑、怡和苑、安居苑、景蘭苑、天順園、幸福時代、怡康苑共9個社區，社區居民超過16萬人。

而今最新消息傳出，百步亭花園社區服務中心1名工作人員在2月4日已證實，社區內的安居苑、百合苑等社區已經公布了一批發燒的門棟，但官方仍宣稱「社區無確診(武漢肺炎)人員」，而被問及發燒是否跟萬家宴有關時，該工作人員則回應：「不清楚」。

稍早前，截至1月29日，習近平已經四度透過媒體發布聲明，不僅坦言「目前疫情防控形勢依然嚴峻複雜」，更對解放軍喊話，要「全軍要在黨中央和中央軍委統一指揮下，牢記人民軍隊宗旨，聞令而動、勇挑重擔、敢打硬仗，積極支援地方疫情防控。」

維穩、鎮壓才是中共出動解放軍的真實目的

署名朱兆基者於1月30日在「自由亞洲電台」媒體上發表了《解放軍有能力救武漢嗎?》，該文對於習近平動用軍隊救災提出高度質疑：

面對只傷害個別地區的地震，中國的舉國體制得意洋洋，但全國擴散的疫情就更多要靠各地自身的準備。因而一個天天得意於舉國體制的政府，在工業如此發達，交通如此方便的地方卻醫療物資緊缺，只能說是戳穿了舉國體制的畫皮。另一個虛偽伎倆是利用醫護人員的犧牲煽情，實質是要全國人民出錢幫政府救災，可是國民平時交的稅呢，國家前幾天不是還給菲律賓送去幾十萬個口罩嗎？

對近幾年不斷退回計劃經濟，開始強化物資局、供銷社，高度重視應急儲備的中共政府，這種短缺和向民間伸手就更加打臉。……下一步，當他們一心要製造大愛無疆，黨恩無邊和人定勝天的「神話」時，正敢於追問政府失職的聲音被扼殺，也再正常不過。更可悲的是，在社會的憤怒之外，只要死不到自己家人，為政府洗白，將疫情歸咎於美國生物戰，粉飾太平等五毛觀點甚囂塵上，更預示這個國家的絕望。

該文中所批判的「舉國體制得意洋洋」乃中國做為崛起大國對國際間展示的一種極權專制之基本態度。硬體建築莫不以「追多逐大」」為本務，卻總無視甚至輕視軟體的充實與升級和應急能量之儲備，特別是公衛和醫療系統的殆乏和醫護人力與物資的荒疏為最。

「一方有難、八方來援」已轉為「八方有難、無人應之」

據了解，武漢市人口上千萬，高樓林立，20層以上的辦公樓房至少上千座，然而全市堪用的人造心肺儀（ECMO，俗稱的「葉克膜」）卻可能不及三百具。至於能上場稱職急救插管的醫護人員甚至還要更少。期許於「一方有難、八方來援」的應急狀態，「舉國體制」或許是一種有效策略，如今「武漢肺炎」就急速在這「舉國體制」內蔓延開來，並已從「封城」進階到「封省」的嚴酷地步，甚至連北京與上海兩大指標性城市也已進行「網格式管理」（其實就是「封城」的代名詞），則，「舉國體制」的優勢就得倒過來反寫成「八方有難、無人應之」的泥菩薩困窘境地了！

從中國境內翻牆出來的各種直播鏡頭，我們已看到解放軍接管後的荷槍實彈的街頭戒嚴形勢。每位疑似病例一律強行送進隔離區內，並任其自生自滅。尤有甚者，各地甚至高掛著紅布條書寫：「出門打斷腿，還嘴的打掉牙！」的最嚴禁令。這是實施軍管後，在醫療物資嚴重缺乏而導致醫療系統崩潰下，原本可預期已形癱瘓的「非人道」處境。

習近平在2月3日召開會議宣告的那一次重要講話中，在那篇洋洋灑灑的長文的尾巴裡，也坦承了這一訊息：

要針對這次疫情應對中暴露出來的短板和不足，健全國家應急管理體系，提高處理急難險重任務能力。要對公共衛生環境進行徹底排查整治，補齊公共衛生短板。要加強市場監管，堅決取締和嚴厲打擊非法野生動物市場和貿易，從源頭上控制重大公共衛生風險。要加強法治建設，強化公共衛生法治保障。要系統梳理國家儲備體系短板，提升儲備效能，優化關鍵物資生產能力佈局。

只是，這些宣示都為時已晚，都無補於當前中國人民所已陷進去的的無望困厄中。當前，全球眼光都只能聚焦於那些被身著防護衣的解放軍們將一個個疑似病例的人民，在悲戚無助的哀號聲中，送入隔離收治的集中營中等待病魔摧殘的厄運。

極權專制的人民還能期待於統治者善待自己嗎？

這樣的「人禍」，在民主國家定然會形成政治風暴，也當然要有政府官員會被斥責並出面道歉負責，然而在極權的中共體制下，我們卻依然只見習近平威風凜凜地吹起「維穩、鎮壓」的大法螺。

據中國境內的獨立公民記者們近日發出的訊息表示：中國共產黨的宣傳機器也馬上動了起來。中宣部2月4日宣佈，已調集三百多名記者深入湖北和武漢進行採訪報導。中宣部新聞局長說，報導將以「疫情防控宣傳、決勝全面小康、決戰脱貧」的主題宣傳為主。

從防疫作戰轉移到「決勝全面小康、決戰脱貧」的主題，這場人禍顯然又將是個「船過水無痕」的無公理的歷史紀錄了！

另一種近似陰謀論的「人禍」說法，更令人好奇與關心地，已在近日內吹起了大風向。

「武漢肺炎病毒」到底是不是人造的生化武器？

據報載，美國共和黨參議員科頓（Tom Cotton）1月30日在聽證會上公開表示，新冠病毒是從武漢超級實驗室洩露的生化武器，比車諾比事件更糟糕，他譴責中國政府隱瞞真相，欺騙人民。這番指控以及中國1月31日派出首席生化武器防禦專家陳薇少將前往武漢防疫，不只引起外界熱烈討論「生化武器洩漏的可能性」，更是讓中科院「武漢病毒研究所」的研究員石正麗，成為輿論風暴的焦點。

首先是1月24日以色列科學家對《華盛頓郵報》表示，病毒與中國的生物實驗室計畫有關，26日國際醫療單位發布研究「幾乎肯定病毒來自人工製造」；29日有國際專文直指病毒來自武漢P4實驗室，「nature medicine」也發表認為病毒來自武漢P4實驗室。

本案首先舉發的是由中國醫學博士武小華直接指證蝙蝠專家石正麗所在的「武漢病毒所」管理不善，涉嫌為洩漏新型冠狀病毒的源頭後，中國多益網絡董事長徐波於2月4日又在微博上公開舉報「武漢病毒研究所」涉嫌製造並洩漏傳播了病毒。

徐波的文章羅列了一系列基本事實以及與石正麗相關的學術論文鏈接，認為這些事實與證據真實、合法、相關性明顯、邏輯合理周密，提出該病毒實驗室很可能即是導致2019新冠狀病毒疫情爆發的根源，呼籲當局徹查，以便控制疫情及防範避免未來類似疫情。

病毒科學家石正麗嗆聲「閉上你的臭嘴！」

1月31日，印度科學家在BioRxiv期刊上發表武漢肺炎病毒來自武漢P4實驗室的論文，因為其四個突刺蛋白被換成了SARS的突刺蛋白（氨基酸）。由於外界質疑證據確鑿，2月2日，石正麗在微信朋友圈憤怒回應道：「2019新型冠狀病毒是大自然給人類不文明生活習慣的懲罰，我石正麗用我的生命擔保，與實驗室沒有關係。奉勸那些相信並傳播不良媒體的謠傳的人、相信印度學者不靠譜的所謂學術分析的人，閉上你們的臭嘴。」

隨後，印度學者撤下了這篇論文。論文的一位作者在BioRxiv平台上留言稱：「為避免在世界範圍內造成進一步的誤解和混亂，我們決定撤回當前預印本，並在重新分析後提交修正版」。亦即，這場研究論戰還會有後續延長賽。

據中國百度百科的報導，中國科學院武漢病毒研究所研究員石正麗在她的研究中說道：「為了研究循環蝙蝠冠狀病毒出現的可能性（即感染人類的可能性），我們構建了一種嵌合病毒，該病毒編碼是一種新的人畜共患狀病毒尖峯蛋白，該蛋白來自中國馬蹄蝠1分離的RsSHC014冠狀病毒序列，其背景是SARS冠狀病毒小鼠適應的脊骨。這種雜交病毒是我們能夠評估這種新的棘突蛋白引起疾病的能力，而不依賴於其自然主幹上其他必要的適應性突變（為了適應於在人體內生存而產生的突變）。

（原文發佈時間：2015年11月9日更正於2016年4月6日）

中國解放軍出面承認：病毒是人工合成的！

隨後，就在石正麗以官方身分出來闢謠不到一天，代表中國解放軍最高權力機構中央軍事委員會的網站「西陸戰略」發表一篇文章《中國科學家發現重要線索解讀新型冠狀病毒》，改口承認病毒是人工合成！這訊息讓外界看傻眼，紛紛揣測：難不成是軍方不同派系內鬥所吹響的號角？

對照於2月4日才發表於「武漢病毒研究所」網站上的《我國學者在抗2019新型冠狀病毒藥物篩選方面取得重要進展》以觀，該機構宣告「在抑制2019新型冠狀病毒（2019-nCoV）藥物篩選方面取得重要進展」。

令人驚異的是，該所宣稱已可證明有效抑制2019新型冠狀病毒感染的初步結果的瑞得西韋（Remdesivir，GS-5734）和磷酸氯（Chloroquine）的兩種藥物，此前已通過多種形式向國家和省市相關部門報告。並且於1月21日申報了中國發明專利（抗2019新型冠狀病毒的用途），並將通過PCT（專利合作協定）途徑進入全球主要國家。

也就是早在武漢封城(23日)之前兩天的21日，「武漢病毒研究所」就已解決可以有效抑制2019新型冠狀病毒感染的實驗配方技術，並搶前優先申請成果專利了。

被宣稱為對冠狀病毒有效治癒效果的藥物「瑞德西韋」原係美國吉利德科學公司（GILEAD）長年致力研發的抗伊波拉病毒藥物，「武漢病毒研究所」如此搶先註冊專利的行徑，儘管外界認為，此舉可能引爆法律糾紛，這一場專利之戰可能會影響美國吉利德公司對 remdesivir 在中國的控制權。可是，1月31日，吉利德公司確隨即發表聲明稱，已經與中國衛生部門達成協議，將免費提供研究新藥，並提供試驗的設計和操作辦法。

還有更離譜的事，中共黨媒《人民日報》1月31日發表的一篇報導稱「上海藥物所、武漢病毒所」聯合發現，中成藥雙黃連口服液可抑制新型冠狀病毒」。該報導還說，上述兩個研究機構聯合研究發現，由金銀花、黃芩、連翹這三味中藥製成的雙黃連口服液，具有「廣譜抗病毒、抑菌、提高機體免疫功能」；報導甚至還提到該藥物對 SARS 的冠狀病毒也具有「抗毒效果」。

此報導內容的兩位主角：一是「武漢病毒研究所」所長王延軼，另一位是「上海藥物研究所」下屬上海綠谷公司董事長舒紅兵，隨即被網路鄉民起底證實是「夫妻關係」。可笑的是，涉及此案者全都是官方機構和黨媒。

「解毒者」即「投毒者」只是神話故事嗎？

這就不免令人想起白蛇傳的古老故事了。話說白娘娘為了扶持許仙的草藥店鋪，便令青蛇駕雲逢井投毒，鄉民們身體全面染恙後，便紛紛到許仙藥局排隊求治取藥。一時間，許仙醫術聲名遠播，日進斗金，遂得意地誇稱白娘娘有超級幫夫運……這類「解毒者」即「投毒者」的神話故事，竟然會在今天的中國實境演出嗎？

這位正被指控為「武漢肺炎」人工合成病毒的元凶石正麗博士乃是大有來頭的。她是中國享受國務院政府特殊津貼的傑出病毒學家，曾於 2016 年獲授學術界棕櫚葉騎士勳章，復於 2019 年當選美國微生物學會會士。但此刻卻因其成功人工合成此「武漢肺炎病毒」而成為風暴中心的超級毒王。

被簡稱為武漢 P4 實驗室的「武漢研究所」究竟是純粹因為昧於鉅利而自導自演這一場人間災難，並導致貽巨禍於人間？或是被嚴重質疑是奉令製造「生化武器」之研發者？該議題正被擴大檢視中。

一場病毒無限傳播感染而釀成人間煉獄的巨禍慘境，中共極權政體會因此而受到人民挑戰嗎？而一旦各地封城，又出動解放軍實施戒嚴，則習近平所掌握的無上權力是否會被碎片化？並出現地方割據的中國歷史之重演？

也許，我們都需要再找出 2016 年的韓片「屍速列車」來重新看一遍，然後一起對劇中呈現的人性描寫用心再想一想吧！

走筆至此，我突然想起來不吐不快的兩句話：

「感謝 817 萬人的決定！」

「拒絕一個中國原則才能真正確保台灣 2300 萬人安全無虞。」

發表於《風傳媒》2020/02/08

習近平的「人民戰爭」能摧毀「武漢肺炎」病毒？

習近平選擇親自強勢主導防疫作戰，並宣示讓中國進入戰時狀態，此一「實證論」的結果去判斷，他的運氣也未免太背了些。不過，習近平豪賭的應該不是運氣，而是他所迷信的「國家力量」絕對可以無堅不摧的打出一場漂亮的「人民戰爭」。

從「留島不留人」轉換為「留省不留人」的殘暴本質估之，則2300萬台灣人民和6000萬的湖北人民，對中共政權統治下的「人民」概念究竟有幾多差異性呢？按中共的統治紀錄，死千萬人都可以不扎一眼的平常事！則湖北人民這場災難下，為保住政權，死又何足惜哉！

每位個人的生命旅途中總不免充滿各種不同面向與機遇的大小選擇，選對與選錯都可能導致人生際遇的迥異結果。放大為法人單位或政府公務機構，也同樣隨時隨地都必須面臨大小選擇的決策。對與錯的選擇也許就在一念之間，往左往右的押注，也都可能導致上升與沉淪的不同命運。

同理，我們不妨試著假設一道選擇性的命題：如果此刻，今年總統大選結果，韓國瑜獲得多數人民的選票支持而成為總統當選人，則現在，台灣政府面對著中國的「武漢肺炎」的疫情大災難下，台灣的防疫政策有可能會出現甚麼不同樣貌呢？或者換個政治人物，如果現任在位的總統是馬英九，台灣現階段所採用的防疫決策與手段又會有何區別呢？

確保台灣醫療體系的有效能量乃重中之重的決策

再如這兩天特別熱議的「陸（中）配未成年子女來台」之話題。在討論之前宜先將該議題修正為更精確的註解，所謂「陸配未成年子女」係指「該名未成年子女在其出生時，其父母已為其選擇「中國籍」而不是「台灣籍」」。所以無論其血緣關係，依照國籍法就不屬於「中華民國」國民。

藉此，我們先摘錄一段防疫指揮官陳時中部長在記者會上的說法。他說：指揮中心防疫上有3大原則，陸配子女若在台灣生病了，醫療上絕對是無差別待遇；居家檢疫、居家隔離也是無差別管理，不會因為身分差異有特別管理措施，只要符合居家檢疫及隔離規定即可。不過，在邊境管制上「必然有差別」，必須符合「國人優先」原則，因此才決定撤回不具本國國籍陸配子女入境相關規定。

據中央社2月12日的報導：陳時中說，按理陸配若真有未成年子女滯留中國，一定會做適當安排，「不可能把孩子丟了就跑」，他能理解撤銷規定後陸配會承受一些壓力，但當初陸配替子女選擇國籍時，既然沒有選擇台灣，就要自己做安排。

報導指出：陳時中說，雖然就「情」的層面，陸配子女和台灣人有親情在，但國內要解決的問題已經很多，也有台灣民眾滯留武漢回不來或滯留鑽石公主號，隨時都可能有突發需要緊急救援的狀況，不容許相關量能不用在國人身上，未來有餘力可再考慮幫助更多人，「沒量力而為，是指揮中心的失責」。

國家重臣的擔當：「一家哭何如一路哭」！

簡單講，陳時中在這道兩難的防疫戰線的考量上，他選擇了三大準則：

一.「防疫支援以國人優先。」

二.陸配孩子出生時，是可以選擇國籍的，當初沒有選擇台灣，現在應該要自己安排與承擔。

三．如果我們（台灣）有餘力是可以幫助更多人，但必須預備未來檢驗量能，因此必須進行相關限制。

陳時中的這道選擇題，很不鄉愿地大膽明確告知國人其所勾選的答案。也就是說，陳部長完全不像多數政治人物那樣地抹壁雙面光，而是一次把話講清楚。

這就是身居防疫作戰大將軍職務上的陳時中，在此國家危難時刻所做成的困難選擇。宋代名臣范仲淹曾流傳下來一句千古名言：「一家哭何如一路哭」！此乃國之重臣的一種擔當，也是一種領導氣質，更是無畏讒譏的恢弘氣度之展現。

同樣面對中國的疫情災變，美國早於習近平在1月23日下令對武漢封城的當下，國務院隨即在當日下令駐武漢總領事館所有政府人員和家屬撤離，並宣布暫時關閉駐武漢領事館。之後引發俄日及歐澳等國先後執行撤僑任務。之後，武漢疫情蔓延一發不可收拾，事後結果證明，美國搶先撤僑的此一決策選擇完全正確。

林鄭不關閉邊界：非不為也，是不能為也！

再看看香港的特首林鄭月娥，儘管病毒疫情已然嚴峻到中國半壁江山都被病毒攻掠，甚至北上廣深也都已宣布封城了，尤其是香港醫護人員發動大罷工警示政府切勿讓醫療瀕臨崩潰！但林鄭卻仍紋風不動，中港邊關猶仍門戶洞開，因之造成來自深圳湧進香港邊界的數萬名以上之逃難潮。整個香港 700 萬人民集體陷入大難來頭的疑懼與焦慮的困境中。

2 月 11 日美國國務院發言人表示，已經批准美國駐中國香港總領事館的非緊急僱員及其家屬自願撤離香港。如果疫情繼續惡化，一旦迫使美國進一步宣布關閉香港總領事館，即代表美國對香港這國際金融城市的棄守，香港也勢將成為「死城」，則今日風華都勢必成了「最後一夜」！

此一下場就是特首林鄭月娥的選擇嗎？魚死網破，是任何政治領袖的最大避諱，但林鄭何以遲遲不肯關城而寧可令其等死呢？真確的答案應該是：非不為也，乃不能為也！

試想：在「一國兩制」的魔咒下，只要林鄭一宣布對中國封關，在國際上的集體意象立即會被認定為「香港獨立」，北京政權豈能容忍此一現實形勢？林鄭項上人頭還保得住嗎？

香港被掐住咽喉難題之殘酷性，讓我們對於「捍衛台灣主權」有了更深刻領悟，也讓我們不得不慶幸在 0111 的大選裡，有 817 萬人用選票選擇了對中國說「NO」的意志展現。

北京市黨委發出的一紙「戰時狀態令」

本文撰寫的此刻（2月13日），驚聞北京市疾控中心黨委發出的一紙「戰時狀態令」。該命令陳明：

為進一步嚴明紀律，壓實責任，確保各項防控工作高效規範有序進行，北京市疾控中心黨委發布戰時狀態令，要求所屬黨員職工充分認清「非常時期」「危急關頭」「關鍵時刻」的緊迫感和重要性，自覺樹立「非常意識」，進入「戰時狀態」。

一是要堅持用〝戰時狀態〞統領思想。
二是要堅持用〝戰時標準〞強化執行。
三是要堅持用〝戰時思維〞嚴控接觸。
四是要堅持用〝戰時思想〞嚴格管理。
五是要堅持〝戰時需要〞服務保障。
六是要堅持〝戰時紀律〞嚴肅處理。

天子腳下，竟然敢宣布進入戰爭狀態，除了可以想見其疫情發展之高度嚴峻形勢，也必令人不得不質問：這算是北京市黨委所做的選擇？或是習近平直接下達的命令呢？抑或是政爭內鬥惡質化所不得不採用的戒嚴手段？

再看，做為國家領導人，習近平可以下達的防疫決策（2月10日）：「武漢勝則湖北勝，湖北勝則全國勝。」此決策實即「留省不留人」的焦土戰術的毀滅戰令。那麼，這樣的勝利所意指的究竟是「戰勝病毒」？或是發動「武漢大排查」的決勝戰呢？

解放軍的「人肉盾牌」足以戰勝「武漢肺炎」？

根據新華社於2月10日的報導《大排查，武漢打響抗「疫」保衛戰！》宣稱：

遏制疫情，最主要的方式是切斷源頭，阻斷傳播，最重要的戰場是社區。

8日，中央指導組在武漢發出動員令，不折不扣落實「四類人員」分類集中管理措施，切實推進「應收盡收、不漏一人」，吹響了阻斷疫情擴散的總攻戰號角。……

作為新冠肺炎疫情核心區，武漢的疫情防控目前正處於最關鍵、最緊急、最嚴峻的關頭。

應收盡收，刻不容緩！為貫徹落實習近平總書記重要指示精神，連日來，武漢市落實對確診患者、疑似病例、發燒居民、親密接觸者「四類人員」分類集中管理措施，全力以赴，全面推進。……

如果從中國整體醫護系統已經可以斷定大崩潰的認知以觀，自「武漢大排查」發動迄今，所已陸續外傳而來的諸多現場荒謬訊息來看，這場習近平發動解放軍所執行的「武漢戰爭」，其實更類似以「武漢大屠殺」去形容之還遠較為貼切一些。所謂「收治」，根本就是「只收不治」的欺民之詞。舉凡收進收容所（集中營）者就等於是任令等死的慘境了！

最爆炸的鏡頭是繼李明亮的冤死之後，2月12號，網名「**伯曼兒**」的武漢女大學生向黨和政府「認錯」的視頻在推特上流傳。她之前因為揭露自己染上新冠肺炎後主動去隔離，但醫院卻不救治，而引發網絡關注。惟，網路上盛傳伯曼兒去世的時間是2月2號晚8時27分。只是目前尚無法證實此一消息。

還有駭人的畫面則是手機拍到：因為屍袋不夠，因此將3具小孩的遺體裝到同一個屍袋中；另則畫面也顯示，當地散布著許多箱型車到處收屍體，狀況十分慘烈，武漢疫區的整體社會的秩序簡直已經在崩潰邊緣了。據武漢內部傳出說：有中國的紡織業企業主，被要求停止生產衣服、口罩，「唯一要做的就是屍袋」，而且訂製屍袋數量高達百萬個，可見其慘烈現狀。

中共官僚體系自一開始的選擇「隱匿疫情」，就已注定「武漢肺炎病毒」取得最佳擴散的先機，並且也得到足以跟中國正面啟動這一場殊死戰的大好機會。

習近平為何不敢開放美國 CDC 權威專家進場勘驗？

習近平 28 日在會見世界衛生組織總幹事譚德塞時強調，「對於這一次的疫情防控工作，我一直是在親自指揮、親自部署。」

於今的總動員令及實施軍管等諸多措施，當然算是習近平的一種政治選擇。

同樣的，儘管中共半壁江山都已宣告封城了，而且按照各地官民之間的嚴重失序與衝突情節來判斷，據地自保的地方主義正在不斷挑戰中央權威，乃至於很可能取代共產黨所建立的半生不熟的極權國家論！然而，中共政權卻依然堅持不開放國際疫情防治的權威專家們進到疫區中心採樣研究抑制病毒的解藥。

也即是說，縱使美國已多次公開強烈要求中國必須同意美國政府派遣「美國疾病管制與預防中心」(CDC) 之專家前往中國協助遏制疫情的根本原因，但習近平仍然不肯點頭同意。

因為唯有進入疫情戰區才能確認病毒之起源，才得以確認該病毒究竟是否如傳言中的武漢 P4 實驗室所「製作和逃離」的事實。但是到目前為止，美國的專家還是沒有能夠被中共允准前往中國；而且連美國疾病控制與預防中心派駐在北京的工作人員也未能前往疫情爆發的中心武漢。

從陰謀論來看，「武漢肺炎病毒」倘若真的是人工合成的生物武器，結果卻是作繭自縛，甚至蔓發成人類大浩劫，則習近平等一干中共官員能逃脫得了背負「反人類罪」的國際公審之極惡罪名嗎？

相對比較，小英確實比習近平運氣要好很多

如果從「實證論」來觀察每一個人的「選擇」，其中究竟含有多少的「運氣」？就很值得探討的了！

照樣依據「實證論」的結果來看，蔡英文選擇陳時中充當防疫大將軍而得以領導所有防疫人員依然堅守在一線戰場上，這顯然是個「運氣比較好」的選擇！

然而，習近平選擇親自強勢主導防疫作戰，並宣示讓中國進入戰時狀態，此一「實證論」的結果去判斷，他的運氣也未免太背了些。

不過，習近平豪賭的應該不是運氣，而是他所迷信的「國家力量」絕對可以無堅不摧的打出一場漂亮的「人民戰爭」。

從「留島不留人」轉換為「留省不留人」的殘暴本質估之，則2300萬台灣人民和6000萬的湖北人民，對中共政權統治下的「人民」概念究竟有幾多差異性呢？按中共的

統治紀錄，死千萬人都可以不扎一眼的平常事！則湖北人民這場災難下，為保住政權，死又何足惜哉！

法國國際廣播電台RFI報導，中國網友串連在14日、也就是情人節的晚上，發起「2•14武漢人自救行動」，呼籲武漢市所有居民在晚上8時至8時半之間全程熄燈，到各自的陽台上敲鑼打鼓，齊聲呼喊。

或許我們可以沉住氣地耐心觀察：湖北人在這次疫災中敢不敢來一次「揭竿抗暴」的反共義舉喔！

發表於《風傳媒》2020/02/15

習近平的蓋牌決策
導致中國屍橫遍野

如果習近平在2月16日所說的都是「真話」，對這位領導人，我們也許可以視之為「洞燭先機」，然而他卻未能慎謀立判地當即採行「超前佈局」，反而是依其極權者的慣性反射而直接決策「蓋牌」。也就是將此一確定會要人命的可怕病毒擴散實情匿而不宣。

習近平這一「蓋牌」的慣性決策，不僅將湖北人民集體推進人間煉獄中，也把中國超過10億人的生命推到了懸崖邊上，令之處於隨時中鏢落崖的危機險境中。

在上一周專欄裡，我們討論了「選擇」的機遇。從個人到國家，都隨時存在著大小不同的「選擇」機會或困境。當事過境遷之後的回想時，也自然出現「幸好當初……」的慶幸得意，或「要是當初……」的悔恨怨懟！

「武漢肺炎」病毒的來源究竟如何，目前仍然流傳著各種陰謀論，惟其人工合成的可能性已經因為證據的不斷提出而益趨偏向肯定性。姑不論此一論述最終結果如何，按理，此類病毒在其發動危害人類生命而被醫療體系發現並通報的當初，宣誓要維護人民生命財產的政府本該在接獲疫情資訊的第一時間裡，遵循「抗疫視同作戰」的最高準則，當機立斷迅即處置，撲星火於燎原之最前端。

台灣防疫超前佈署的三大關鍵時刻

儘管台灣不是「武漢肺炎」病毒的發源地，更不是此病毒發動攻擊的原爆點，但在該病毒肆虐到今天，緊鄰著最重疫區中國之旁的台灣，卻依然還堅定固守著防疫戰線，不敢絲毫懈怠。除了抗疫大將軍陳時中以最大毅力持續執行「境外殲敵」的戰略戰術之外，數十萬名抗疫勇士們刻正日以繼夜的艱苦作戰的功勞也絕對不可埋沒。也應藉此誠摯地向第一線醫護人員、口罩生產線工人、藥局承擔口罩業務人員、協助追查接觸史和照看隔離檢疫工作的員警、村里幹事等等「無名防疫英雄」說聲：謝謝，感謝有你！

可是此前還有一件關鍵性的決策點似乎在忙於抗疫的過程中被輕忽了。

「鏡周刊」在2月9日發表的《**關鍵3決策曝光　府院超前部署抗武漢肺炎**》一文裡，經由周延採訪而為我們重新還原此一歷史時刻。該報導說：

> **在超前部署方面，去年12月31日，正當國人準備迎接跨年及大選前，中國正式向世界衛生組織（WHO）通報武漢出現27起原因不明的肺炎病例，當天行政院馬上啟動第一波因應機制，由院長蘇貞昌指示具公衛背景的副院長陳其邁，針對武漢肺炎召開院級的第一次專案小組會議，研擬因應對策。**
>
> **接獲蘇貞昌指示後，陳其邁立即邀集衛福部、疾管署、內政部、移民署、陸委會等相關部門官員開會，疾管署旋即在當天宣布，中國武漢直航入境的a班機（每週12班）都必須進行登機檢疫，入境旅客也都被要求申報健康狀況，有出現發燒情況則交由地方衛生局持續掌握。**

2019歲末日，是對病毒「決戰境外」的首要關鍵點

12月31日這場由行政院召開的專案小組會議及所做的決策，成了對病毒「決戰境外」的首要關鍵點。這時候，台灣的總統大選已進入白熱化巷戰階段，然而，防疫作戰部署並未被總統大選掀到最高潮的狂熱激情有所耽誤，CDC(疾管署)仍然繃緊神經嚴陣以待。

CDC所派遣的專家們親赴武漢，經過1月13、14日2天的實地訪查後，CDC隨即在1月15日正式公告「嚴重特殊傳染性肺炎（即武漢肺炎）」為第五類法定傳染病，依法必須通報。

也就在15日當天，日本宣布該國首位「武漢肺炎」確診病例。CDC的此一決策被視為第2個關鍵決戰點。

1月16日專家團返台，立即開記者會說明武漢疫情，判斷「人傳人的可能性很難被推翻」，CDC當天還宣布提升武漢市的旅遊疫情到第二級警示，CDC的此一決策被視為是第3個關鍵決勝點。

當時中國疾控中心對外通報的確診案例僅41例，而周邊鄰近各國完全未嚴正意識到即將隨之而來的災疫風暴。

台灣進入全境警戒，武漢仍在大享「萬家宴」！

1月19日，武漢當地黨媒《楚天都市報》報導稱，百步亭社區舉辦第二十屆「萬家宴」，共有4萬多個家庭參加，包含13,986道菜餚，大家「邊吃邊聊」，暢敍生活暖心事、新變化，共度歡樂農曆小年。

1月20日，南韓也出現「武漢肺炎」確診首位病例。

1月21日，台灣發現的首起境外移入之「武漢肺炎」病毒確診病例，乃是因為從武漢回台的55歲女台商在一下飛機後就經檢疫確診。

1月23日凌晨，習近平下令武漢封城，自上午10點起，水陸空所有交通運輸全部暫停。

1月25日，美國《華爾街日報》率先披露撤僑行動，並關閉駐武漢總領事館。法、俄、澳、日等國也跟進宣布撤僑。「武漢肺炎」病毒成為舉世最熱搜關鍵字。

從以上對於「武漢肺炎」病毒橫行人間的日程表，我們約略可以清楚，國家角色在面對危難的非常時期「洞燭先機、超前佈局」的可貴性與重要性。

習近平早在一月初就知道了武漢疫情的嚴重性

同時，今天這一場之所以會因為任由疫情無限蔓延開來而成為全球性的人類共同災難，最大元凶應該可以追索到：習近平獨裁專斷的隱匿疫情第一決策。

根據黨媒「求是」雜誌在2月16日出版的習近平重要文章**《在中央政治局常委會會議研究應對新型冠狀病毒肺炎疫情工作時的講話》**以第一人稱的「我」，而不是中共領導人所慣用的「我們」，已屬極為可疑之處。但此非本文探討重點，暫且置而不論。

上舉該講話稿的首段，習近平即自承「早在1月初就知道了武漢疫情的嚴重性」。摘錄原文如下：

武漢新型冠狀病毒肺炎疫情發生後，1月7日，我主持召開中央政治局常委會會議時，就對新型冠狀病毒肺炎疫情防控工作提出了要求。1月20日，我專門就疫情防控工作作出批示，指出必須高度重視疫情，全力做好防控工作，要求各級黨委和政府及有關部門把人民群眾生命安全和身體健康放在第一位，採取切實有效措施，堅決遏制疫情蔓延勢頭。1月22日，鑑於疫情迅速蔓延、防控工作面臨嚴峻挑戰，我明確要求湖北省對人員外流實施全面嚴格管控。正月初一，我再次主持召開中央政治局常委會會議，對疫情防控特別是患者治療工作進行再研究、再部署、再動員，並決定成立中央應對疫情工作領導小組。

該講話稿中所提及的關於1月7號那次重要會議中，習近平究竟說了些什麼？又指示部署了些什麼？在該講話文中，我們完全看不到細節。試著回探新華社在1月7日那天所報導的有關習近平主持的常委會上，也全然不曾提及關於疫情的隻字片語。究竟問題出在哪裡呢？

假設真的如習文所言「如果總的看，黨中央對疫情形勢的判斷是準確的，各項工作部署是及時的，採取的舉措也是有效的。」當前的武漢怎會是哀嚎震天、橫屍遍野？習近平甚至還要下令動員全面軍管？

當然，證諸2月3號，在中共外交部例行記者會上，發言人華春瑩在回答記者有關「中方拒絕美國提供的幫助」的提問時對美國大嗆：自1月3號起，中共已開始向美國通報新型肺炎的疫情，一共通報了30次等語以觀，我們應該可以相信，中共高層早已掌握「武漢肺炎」的疫情擴散情資。

「蓋牌」或隱匿資災情是極權者的統治慣性

而如果習近平在2月16日所說的都是「真話」，對這位領導人，我們也許可以視之為「洞燭先機」，然而他卻未能慎謀立判地當即採行「超前佈局」，反而是依其極權者的慣性反射而直接決策「蓋牌」。也就是將此一確定會要人命的可怕病毒擴散實情匿而不宣。習近平這一「蓋牌」的慣性決策，不僅將湖北人民集體推進人間煉獄中，也把中國超過10億人的生命推到了懸崖邊上，令之處於隨時中鏢落崖的危機險境中。

就結果論，當前的武漢和中國各城市每天傳出的各種多樣性悽慘的視頻影片觀之，基本已足以斷言習近平所下令的高壓抓捕和關進「方艙」再進而焚燒屠戮的多重「防疫」手段，其實就是醫療體系和社會秩序的全面崩解卻又束手無策之表徵。習近平及各高層領導人絕對知道大禍已闖下了，而現在就只尋思著怎麼收拾這一盤殘局並讓自己得以全身而退。反正中國共產黨早已習慣於「取人性命」的政治考量，毛澤東殺人如麻，如今照樣被當作神明膜拜。

中共極權政體的最大能耐有兩項：把人管好與把頭腦洗好。前者是組織，後者是文宣。

在把人管好的組織上，習近平特別強調：「要壓實地方黨委和政府責任，強化社區防控網格化管理，實施地毯式排查，採取更加嚴格、更有針對性、更加管用有效的措施，防止疫情蔓延。」文章指出，「做好維護社會穩定工作，是有效應對重大疫情的重要保障。」

這是新任湖北省委書記應勇的首要任務：武漢大排查。而其目前執行成果則是：現有火葬場已完全不敷使用，緊急調入40台「移動式醫療垃圾焚燒方艙」支援焚燒屍體！當地翻牆訊息正在不斷傳出：目前每日焚燒屍體高達2000人；緊急下單訂購屍袋數目竟然是極度驚悚的百萬個；其悲慘境地可想而知。此一情景，完全可以推斷：武漢當地的醫務人員基本已經全軍覆滅壯烈犧牲了！

對於把頭腦洗好的文宣上，習近平的指示更加徹底：「要做好宣傳教育和輿論引導工作，統籌網上網下、國內國際、大事小事，更好強信心、暖人心、聚民心，更好維護社會大局穩定。第一，強化顯政，堅定戰勝疫情信心。第二，把握主導，壯大網上正能量。第三，佔據主動，有效影響國際輿論。」

這些後續指示，不難看出習近平在領導上圖窮匕見的最後手段：封城、抓捕、燒屍、殺確診患者。只見武漢封城街道上，警車沿路鳴笛密集搜捕「白目者」之外，還出動武警手持盾牌列隊巡邏，後面則跟緊幾部鎮暴車尾隨。肅殺之氣瀰漫全城，藉以震懾人心，達到其維穩的終極目的。

據「新京報」記者張秀蘭2月21日報導：北京第一台方艙醫院已投入使用。一般認為，如果北京也要蓋「方艙醫院」，則北京大規模社區傳染等於被間接證實了，中國首善之區也淪陷了嗎？

簽署《軍隊保密條例》透露出軍心動搖的訊息？

又據黨媒2月20日報導，習近平已於2月18日簽署命令，發布《軍隊保密條例》，自2020年3月1日起施行，此舉不免令人聞之不寒而慄。是否顯示擔任軍委會主席的習近平對軍隊的指揮權也已失控？或由於疫情已然遍地開花的當下，解放軍正遭到嚴重感染侵襲，並已導致軍心惶恐不穩的徵兆呢？果真此一推測屬實，則近日傳得甚囂塵上的「民變、政變、軍變」之諸多說法，就很可能會一夜成真了？

留美的陳方隅博士在「菜市場政治學」發表的**《為什麼中共要隱瞞疫情？認識獨裁者的統治邏輯及其困境》**一文裡有可借鏡的一段話：

套句中共研究專家的話：「把人視為牲口處理」很可能是共產黨的長期有效策略。穩定政權是首要考量，對獨裁者來說，只要政權可以存續，就可以透過各種宣傳機器來宣稱自己的治理績效很好（而且還可以透過大外宣砸大錢，向全世界做這種宣傳），如果真的有人民起來反抗，那也可以透過軍隊和警察等鎮壓手段去處理掉，威脅不大。至於實際上的治理績效和犧牲了多少人，那都只是維持政權的工具而已。

中共近百年來戰天鬥地的鬥爭法門無非就是「刀把子」「筆桿子」「槍桿子」這三件法寶。此番瘟疫肆虐，中共這三件法器是否鬥得過「武漢肺炎」病毒，習近平或許真的要認真去請教趙少康，到底該如何才能用大把人民幣添購更多「好運氣」呢！

發表於《風傳媒》2020/02/22

台灣人民齊心抗疫，習近平強制復工遭抵制！

中共黨中央要不計代價復工和地方要以防疫為重的兩種相違意願之較勁態勢正日趨激化中。儘管中央強催復工，地方政府卻採取消極抵制，不供電給工廠即是其最明顯的反制行為。

偶爾開玩笑時，常會聽到說：要錢還是要命？而通常會有個標準答案：錢沒有命一條！可是，如果將該句子換裝成：錢很多命一條呢？那你該要錢還是要命？

這是當前習近平決策上的兩難：要錢還是要命？要錢就必須排除障礙強力復工，不計一切代價地全面復工，否則必然出現更嚴重的並危及政權穩定的經濟與社會問題。縮小來看，台灣的大甲媽祖遶境也同樣是要錢還是要命的兩難困境。顏清標在台灣這次三月大甲媽祖遶境所臨的難題不過才只涉及百億台幣的經濟商機考量，而習近平所陷入危機則牽連到十幾億人口的餓死或病死的兩難的決策困境。兩者相比，完全不可同日而語。

所幸，顏清標在高達92%的輿論巨大壓力下，其長期統轄的大甲鎮瀾宮全體董監事會於26日晚上召開會議，並在27日已正式宣布：因為今年武漢肺炎（新冠肺炎）和流感的疫情蔓延，大甲媽祖遶境進香延期舉辦。台灣這顆令全民神經繃緊的定時炸彈引信總算順利拆解了。

中共政局內鬥已險峻到必須召集17萬官員聽訓！

但在中國已集大權於一身的習近平，繼2月16日全國會議上發出全面復工的講話訓令之後，於2月23日又再次召開一次包含政治局常委及所有委員集體出鏡的破天荒集會，其出席人數的規模還高達17萬省廳級以上官員的特殊不尋常之聯播會議，除了故意要製造「統治層的團結氛圍」之外，會中又一次申令《在統籌推進新冠肺炎疫情防控和經濟社會發展工作部署會議上的講話》並隨即將講話全文由人民出版社印製出版「單行本」，經由新華書店發行分交全國各級幹部，再通令做為必修的學習材料。該手冊全文長達一萬一千多字，可謂又臭又長，特別是第二大項的〈關於當前加強疫情防控重點工作〉的訓話，基本就跟台灣威權時期的蔣介石反攻大陸之類的文告一樣，通篇都是謊言堆積，因此就此略過不去評述了，有興趣的伙伴可以自行前往相關連結參閱全文。

但值得觀察的是習近平在該文中首度承認了「武漢肺炎病毒」是中共建政以來「重大突發公共衛生事件」。他說：

這次新冠肺炎疫情，是新中國成立以來在我國發生的傳播速度最快、感染範圍最廣、防控難度最大的一次重大突發公共衛生事件。對我們來說，這是一次危機，也是一次大考。經過艱苦努力，目前疫情防控形勢積極向好的態勢正在拓展。實踐證明，黨中央對疫情形勢的判斷是準確的，各項工作部署是及時的，採取的舉措是有力有效的。防控工作取得的成效，再次彰顯了中國共產黨領導和中國特色社會主義制度的顯著優勢。

習親自飭令「復工」，何以三催四請還是困難重重？

撇開文內的八股文字，在此，我們只針對習皇帝有關嚴訓「復工」的第三項〈關於統籌推進疫情防控和經濟社會發展工作〉稍加探討。

中共全國的醫療體系已完全崩壞乃是不爭的事實。套用他們的黨言黨語來形容，就是「武漢崩則湖北潰；湖北潰則中國亡」。14億人民已沒有人敢自信地保證自己可以不受病毒感染的人人自危之地步，而且原本底子就嫌其過於薄弱的公衛系統和醫療體系既已崩解，前者無力防堵，後者無力救治，收治均已無望的現況下，只能朝向「減災搶經濟」的消極做法，已然是可以斷言的無奈悲運。

因為形勢已演進到了這難以「防治」的嚴峻地步，所以兩害相權取其輕，習近平在上一講話中提示的「當前，要抓好以下幾項重點工作」，完全透露出：只好乾脆甩開疫情「防治」的牽絆，使盡全力推動他所點出的下列八大項目，我們應可注意到，全都集中在「復工」的課題上。

第一，落實分區分級精準復工復產。

第二，加大宏觀政策調節力度。

第三，全面強化穩就業舉措。

第四，堅決完成脱貧攻堅任務。

第五，推動企業復工復產。

第六，不失時機抓好春季農業生產。

第七，切實保障基本民生。

第八，穩住外貿外資基本盤。

緊接著，2月24日在「疫情防控最吃勁的關鍵階段，習近平在統籌推進新冠肺炎疫情防控和經濟社會發展工作部署」會議上，對各級幹部再重申：提出復工救經濟的新要求；25日又再發出《習近平對全國春季農業生產工作作出重要指示》。

病急攻心的「復工行動」即是「人民戰爭」的翻版

據新華社北京2月26日電報導，中共中央政治局常務委員會2月26日召開會議，聽取中央應對新型冠狀病毒感染肺炎疫情工作領導小組匯報，分析當前疫情形勢，研究部署近期防控重點工作。習近平親自主持會議並發表重要講話。其文末的最後一段內容可視為病急攻心的「復工行動」猶仍力有未逮的敗筆，是以必須三令五申催促執行落實其「復工追加令」。

要精準穩妥推進復工復產。各級黨委和政府要把支持復工復產、恢復和穩定就業、暢通交通運輸、保障市場供給等各項工作做細做扎實。要督促企事業單位嚴格執行疫情防控規定，落實防控主體責任，積極幫助企事業單位解決防疫難題，協調解決口罩、消毒用品等防護物資不足問題，指導制定符合單位自身特點的防控規范。對復工復產中出現的個別感染病例，應急處置措施要科學精準。要提高復工復產服務便利度，取消不合理審批。要把各項惠企政策盡快落實到位，完善政策配套實施辦法，在一體化政務平臺上建立小微企業和個體工商戶服務專欄，使各項政策易于知曉、一站辦理。要總結經驗，把一些好的政策和做法規范化、制度化。

當亞洲的韓、日、新加坡及伊朗等國均被武漢肺炎病毒攻進而幾近淪陷為疫區者，連歐洲的義大利也失守了。

短期間內既無解藥又無疫苗，在第一道防疫戰線被沖垮之後，習近平只好退守到第二道防線：無視疫情感染，大力轉向拯救經濟崩塌的險境。

習近平的囚徒困境：要錢還是要命？

這已是習近平退無可退的唯一政策選擇嗎？若是從純粹理性的政策思維推論，這似乎是正確的最佳選項。易言之，當「餓死與病死」只能擇其一時，決策者如何選定？這就回到我們在文首提出的囚徒困境了：要錢還是要命？

從目前已獲知的疫情分析來看，有些病毒的致命率很高，這會產生重症患者；而有些病毒的致命率很低，甚至不會產生症狀，我們稱之為輕症狀態甚至無症者。按照現在已出爐的疫情統計，專家估計全球感染率可達 60% 機率，而重症者的死亡率約佔已確診者的 20%。由此可以推論如果中國不顧病毒威脅強行推動全面復工後，即使發生群聚感染現象，其可能出現的死亡人數也真的是只佔 20%，以中國現狀在復工後的總人口數姑且假設為10億人（含家庭人口），則被動員參與復工者的總人數約略會被感染6億人，因感染確診而不幸轉為重症死亡犧牲的約是1.2億人。然而受感染的6億人輕症者帶原者們卻隨時都可能轉為重症者而面臨死亡風險！這些輕症帶原者或許因為仍具生產能力，可以繼續在工作崗位上為國家或全球人類的生產貢獻其勞動力量，除了可以維持中共政權與中國社會的正常穩定運轉，也因此而保證了世界經濟不至於因為供應鏈的斷鏈而陷入巨大經濟恐慌之中。

這是習氏政權當前困境下的如意算盤。

反之，如果中國繼續被膠著在當前的疫情慌亂中而導致社會經濟進一步崩壞，別說全球供應鏈已開始出現斷鏈危機，中國自身的經濟和社會秩序勢必形成混亂的大崩潰！當糧食供應嚴重匱乏也必然接踵而至時，路有凍死骨的另一飢餓效應就是人民奮不顧身的暴動與搶糧。屆時莫說習近平會引火上身，連中共政權都可能危在旦夕。

兩相權衡，如果你是習近平，在中共極權統治體制下，對上兩項「理性」分析的方案中，你認為應該會做何判斷和選擇？

然而中央要不計代價復工和地方要以防疫為重的兩種相違意願之較勁態勢正日趨激化中。儘管中央強催復工，地方政府卻採取消極抵制，不供電給工廠即是其最明顯的反制行為。

極權統治與民主體制會有不同下場嗎？

然後此一命題中，還可以有一個超級想像生活空間：你周遭的每位工作同事都可能是病毒感染的輕症者，所以不知道何時何地，你的同事或家庭親人之間，隨時都可能突然轉為重症病患並離你而逝的一種荒謬世界！

到那時候，全面淪為最大輸家的當然就是中國人民。那麼，中國人民是否還要繼續高唱「厲害了，我的國」？或是繼續天天大作「中國夢」呢？

在這最嚴肅的課題裡，我們是否該反覆細思：中國共產黨的歷史裡除了鞏固自己政權之外，他們究竟幾時曾在乎過人民的生與死呢？

同理，如果同樣的情勢發生在日本或韓國這類已經被歸類為一級疫區的民主國家中，萬一情勢惡化成中國現在的不可收拾現狀時，首相安倍或總統文在寅又會做何種選擇？要錢或要命？或應該是會先被轟下台換人做決策呢？

有個有趣的對比：迄至2月27日止，根據「官方」所公布的數據觀察，韓國單日暴增505起確診案例，累積已破1766例，死亡13人。在政府抗疫不力的巨大譴責聲中，韓國人民發起了「彈劾總統文在寅」線上連署，人數「已從昨晚的88萬人，暴增到118萬多人」；

再看看日本確診案例已經超過900例，其中逾700例出自鑽石公主號郵輪，總計死亡人數8人。日本首相的安倍晉三則因此面臨從政以來可能被倒閣的最大政治風暴。

反觀中國境內若依官方公布（不含倍數級的黑數）的累計確診病例78497例，累計死亡2744人，從韓日的疫情來對照，習近平不是早該下台百次千次都不只了，然而我們獨不聞中國境內有幾人敢厲聲要求把習近平拉下馬的？

在這一場生命與時間賽跑的抗疫作戰中，台灣政府幸好洞燭先機而搶先啟動了超前布局的決策，再加上台灣有數不盡的張莞爾們至今仍不畏艱難與勞苦，依然勇敢堅守在抗疫戰線上的醫護人員及分布在各配置點上協同作戰的防疫公衛戰士群，這幸福畫面正好構築成一個最激勵台灣人凝聚團結共識的完滿契機！請容我再一次對你們獻上最深的禮敬與謝忱！

發表於《風傳媒》2020/02/29

台商呼籲，請小英總統「關閉國門」以保護在台家人！

美國聯邦眾議院於5日表決，以415票贊成、0票反對的壓倒性票數，通過修正後的參議院版「台北法案」（台灣友邦國際保護及加強倡議法案），要求美國行政部門須用實際行動協助台灣鞏固邦交及參與國際組織。法案中也籲請美方，應尋求機會進一步增強與台灣經貿關係。對此，眾議院長裴洛西也在臉書發文表示，「美國與台灣站在一起」！

美國在台協會（AIT）主席莫健亦於5日上午拜會小英總統。莫健指出，美方對於蔡總統領導下的台美關係感到驕傲，台美之間除了長久商業與戰略夥伴關係，現在也拓展到技術與人道關懷等層面，也將攜手進一步面對未來挑戰，這也是所謂「休戚與共、共存共榮」。

朱鳳蓮掩面潑婦罵街，代表國台辦在哈囉嗎！

另一個畫面，即在前一天(4日)，國台辦發言人朱鳳蓮以新聞稿方式交由中共黨媒《新華網》針對行政院長蘇貞昌展開人身抨擊。該新聞稿寫道：由于民進黨當局一再阻撓，1148名急需返鄉的滯留湖北臺胞迄今無法回家。蘇貞昌日前又公開散布「蘇式謊言」，繼續罔顧事實、顛倒黑白，謊稱「卡關就卡在大陸」，真不知人間還有羞恥二字。

朱鳳蓮在該一報導的尾巴還突出一句話：蘇貞昌企圖以自相矛盾的謊言轉移視線、推卸責任，未免低估了廣大臺胞的智商。我們奉勸他要有起碼的道德底線，停止信口雌黃，停止造謠生事。我們質問他，敢不敢講立即同意這1148名臺胞返鄉？

所謂兩岸之間無小事，擴大來說，美中台三方角力都是大事。此番國台辦對台灣的行政院長指名道姓地潑婦罵街，一般認為兩岸之間的關係惡化程度又再次急速升高。而美國兩院在兩黨高度共識下通過的「台北法案」也等於對台灣注入高濃度強心劑。一個叫囂，一個給糖，強烈對比！

在台灣，多數人會按常理推斷：羈留武漢的台商們均可視同被中共綁架的人質，既然是受困的「人質」，就只好乖乖等著綁匪們去跟其所歸屬的「祖國」談妥贖金或所欲勒索的條件，直到談判敲定：究竟是要兌票(放人)或撕票(砍頭)。這事件的本質隨即牽引出一個極其弔詭難解的困惑：這些被綁架的人質們，其主觀或情感所欲認定的「祖國」

到底是「中華民國」（台灣）還是「中華人民共和國」（中國）？

因為是人質，就像許多在戰爭中不幸被俘的美軍，會被迫對著攝影機在鏡頭前照稿承認並數落「祖國」的諸多犯行，雖然不情願，卻也是不得不為之的被迫害行為。所以這些武漢台商們縱有再多對台不當言論，基於同理心，我們應該都能給予最大同情和理解。

不過這次彼等玩出要對台灣政府提出「違憲」控告，就成了大笑話。

按常理推斷，身在武漢的這些受困人質，多數人既不懂「中華民國憲法」，更不會懂「中華人民共和國憲法」，自然也不會知道提出釋憲的條件、程序和所要花費的漫長時日。

有誰敢去跟中共政府提釋憲？

在台灣當然可以打釋憲官司，可是如果其歸屬的祖國是「中華人民共和國」，那該如何跟中共政府提釋憲？或者更有趣的問句：有人敢去跟中共打違憲官司嗎？

假設打違憲官司的意見是來自於身居台灣國內的某些政客們所出的點子，那這位政客無非是要推他們去跳崖的超級餿主意，因為這個人是基於一己之私而存心設計要讓這些人質們一腳踩進「兩國論」的政治漩渦中，自此被貼上「台獨」標籤，終生都再難以自拔於此一泥淖。

又假設，若果這釋憲官司是由綁匪國台辦所主導的戲碼，再搭配朱鳳蓮以國台辦發言人身分掛名用辱罵式語言發稿對台灣政府最高行政長官蘇貞昌的人身攻擊，兩相對照來看，那事情就大條了。

一切都是「蓋牌」惹的禍！

回述年初大選前的1月7日韓國瑜到基隆出席立委候選人宋瑋莉等人的團結大會，韓國瑜當場曾解釋為什麼要民調蓋牌。他說「因為我們知道這是一場不公平的選舉，我們的競爭對手不光是資源豐沛，三軍總司令，再加網軍總司令，陸海空加網軍四軍，所有資源用之不盡、源源不斷，製作假民調滿天飛，抹黑、抹紅、抹黃再配合假民調，完全沒有辦法打這種選戰，資源完全不公平。」當天各家媒體均曾報導韓國瑜所做的生動比喻：這像兩個拳擊手上了擂台，一邊是拿著烏茲衝鋒槍、背著火箭筒，天上是人造衛星，遠方還有飛彈幫忙，國民黨提名的人手上拿著是指甲刀，「乾脆大家把眼睛閉起來，我不管你資源有多少，統統閉著眼睛打啦！我們相信『得民心得天下』，絕對不相信『得網軍得天下』！」

從韓國瑜的立場看，既然手上拿的全是爛牌，不如把大家的眼睛矇起來胡纏爛打，也許還能有巧勝的機率。而從戰術觀點來看，他其實只是要穩住百萬韓粉的能量，縱令大選輸了，保有韓粉基本群眾，就隨時可以東山再起。

所謂的巧勝布局，就全押在蔡正元當時正在圖謀的，由中國商人孫天群策反投誠共諜王立強，並由王立強「提供」一份反咬民進黨的「劇本」，然後在1月9日晚上的那場最大造勢大會上，以「神秘人物」向競選對手發出萬佛朝宗的驚天一擊。此舉若能得逞，在投票日前的最後一天，民進黨根本來不及反應或澄清，則韓國瑜手到擒來，一舉反敗為勝。可惜天不從人願，蔡正元親手編導這場大戲被「五眼聯盟」提前揭露刺穿，反成了甕中之鱉的窘境，蓋牌大戲也自此翻了大船而飲恨落幕。

此番，習近平遭逢武漢肺炎病毒突如其來的洶洶奇襲而難以招架，其第一選擇也就是「蓋牌」。但顯然，習近平之所以故意選擇對疫情視而不見的蓋牌策略，跟韓國瑜大爛仗的戰術考量乃天差地別，不可同日而語。

撲滅疫災和經濟潰堤，習皇帝該如何取捨？

關於習近平到底在幾時首度接到病毒疫情通報眾說紛紜，各方消息也都屬猜測或推論，難以確證。此際唯一能做准的官方說法乃是2月16日出版的中共中央刊物《求是》雜誌所已刊登的「中國國家主席習近平2月3日在中央政治局常委會會議上講話」稿。該文中，習近平以第一人稱自敍：「武漢新型冠狀病毒肺炎疫情發生後，1月7日，我主持召開中央政治局常委會會議時，就對新型冠狀病毒肺炎疫情防控工作提出了要求。」

從事後的諸多中共黨中央發出的歷次文件中不難窺見：習近平顯然很早就收到病毒信息，卻完全輕估了這次「武漢肺炎病毒」對人類所將造成的肆虐程度。也即是，其對人類的感染率和致死率都被嚴重低估了。

面對中國經濟正日趨下滑的內憂，再加上美中貿易談判面對必須簽下屈辱美中貿易協議的雙重高壓下，我們不妨站在習近平的皇帝位置上設身處地謹慎考量：撲滅疫災和經濟潰堤該如何取捨？

從經濟面向判斷，不跟川普簽下屈辱的「美中貿易協議」，中國經濟災難立刻撲面而至；反之，從病毒的瘟疫面向尋思，卻未必會對自己的權力結構產生立即性威脅；何況當時春節已屆，中國即將啟動高達數億農民工返鄉的春運大遷移。如果你是習近平你會將賭注押在哪一邊？

武漢封城前8小時出走的500萬人，算誰的帳？

詩云「兩岸猿聲啼不住，輕舟已過萬重山」，當武漢疫情已然無情蔓延開來，習近平也終於被迫不得不在春節前兩天的1月23日下令武漢封城。可惜為德不卒，在23日凌晨兩點，官方在社交媒體上宣佈當天10點「封城」，停運全市海陸空交通。令人不解的是：何以這中間會空出的8小時？武漢市長周先旺在24日表示，約有500萬人在封城前離開了武漢。這就注定了，這場瘟疫必然成為地球人類的一場巨大災難之火源。

參考中媒《**第一財經**》報導：透過大數據分析1月10日至1月22日春運期間從武漢離開的500萬人群，發現約有6至7成的人前往湖北省內其他城市，其次為河南、湖南、安徽與江西等省分，以及長沙、北京、上海、重慶、鄭州等城市。國際航班方面，據統計顯示，從武漢出發的航班最多人前往泰國曼谷，其次為新加坡、日本成田機場、韓國仁川機場，另外有7078人前往香港、6145人前往澳門，以及7515人分別飛往松山、桃園、高雄等機場。

中國工程院院士鍾南山2月27日在廣州疫情防控記者會表示，「這是人類的病，不是中國的病。疫情首先出現在中國，不一定是發源在中國」。這句話不只是要幫習近平甩鍋，更是嫁禍給疫情正在升溫中的美國。

不過鍾南山的說法，立即被重重打臉。目前擔任哥倫比亞大學醫學院教授的何大一，三日接受「**美國之音**（**VOA**）」專訪時表示，找到病毒起源攸關為下一場傳染病疫情做好準備，「我毫不懷疑它（新冠病毒）起源於中國」。至於有關病毒源自美國的說法，「科學性非常非常令人懷疑」。

迄至3月6日零時，全球已確診96625例，死亡3308例。從全球疫情地圖看去，全世界各國都已先後淪為「武漢肺炎病毒」所攻佔的疫區，初步預估至少有75個國家均受到汙染，乾淨地區成了罕見的少數。

其中，美國的加州已於當地時間3月4日晚間宣佈進入緊急狀態，成為繼華盛頓州和佛羅里達州之後第三個「淪陷」的疫區。華盛頓州和佛羅里達州均在上個周末宣佈進入緊急狀態。尤其是，美國國防部情報預測更明確指出，疫情可能在未來30天內成為全球大流行傳染病。此一消息顯示美國對於疫情發展抱持高度悲觀態度。

而英國也傳出即將宣布要進入疫災緊急戰備狀態。

大量出逃帶原者回巢，中國將陷另一波大災疫

相形下，中國在習近平幾度嚴厲要求復工的命令下，卻不斷對外聲稱疫情已趨和緩下降，至於有多少人願意相信中國所公布的疫情數據實難以確認。反倒是原本從武漢出逃到國外安全區的中國人，已因疫情蔓延而掀起憤怒的「排華」風潮，以致開始往中國回返的此際，卻又可能出現大量將病毒帶進到中國的另一次傳染風暴中。而且預估，這一次病毒回巢運動，就不會僅只集中在某特定城市，反而可能像天女散花似地防不勝防。若是再加上最大力度的強制復工令，其後果實不堪設想。

更何況，中國官方對外公開的疫情數據究竟有幾分真實，一直都是被嚴重質疑的。也就是說，從現在到未來，中國的疫情只有更壞的想像空間而已。

至於3月3日晚開始在大陸社交網路瘋傳一張配文為「疫苗第一針，院士先試」的圖片。該圖被宣傳是：中國工程院士、有首席生化武器防禦專家之稱的陳薇院士團隊研製的疫苗已進入臨床階段。配文還稱，「第一支新冠病毒疫苗，今天注射到陳薇院士左臂，專家組7名黨員也一同注射。」

但隨即在次日立即被拆穿那張根本是舊圖。根據微博認證為「香港文匯報北京新聞中心執行總編輯」的「凱雷」3月4日凌晨也發微博表示，「流傳的這張照片是陳薇出征武漢前，和我2003年打的是一樣的針，旨在增強免疫力出征戰場，這些流傳的圖片上的文字是不對的。」

這起偽造以假亂真的案例，就像「大國戰役」新書一樣，才出版三天立刻被下架，因為其內容已被吐槽為「都是假的」。

台灣直面AI機器人製作的巨量「假訊息」

加強「大外宣」既已由習近平三令五申親自下達，外界也都看到姓黨的筆桿子們已然都發動起來了。台灣自此將會不斷接收此類AI機器人製作的「假訊息」的重度混亂中，而且只會更多不會稍減。這是對台騷擾戰，藉以打擊台灣人民的抗疫信心。

儘管其內容上多太過誇張，比如在網上流傳說「台南疫情已經失控了，浮屍滿河」，並附上一張多具遺體躺在水中的照片，又比如在網上出現偽造「桃園市政府武漢肺炎防疫措施」公文，聲稱桃園市政府將於29日實行管制封城等等的類似假總統令、假跑馬燈、假公文等等，都嚴重違背台灣人民的邏輯認知，因此其在台收效甚微。

然而，應知，這類設計都透過AI製造的假消息，在現階段的基本用意仍停留在餵養機器人學習的ABC養分，當機器人經過一段智慧成長過程後，將會自動修正其造假內容，直到其有能力達到以假亂真的「偽真實」程度（五分真五分假），甚至在進化到足以製作出「超越真實訊息」並取而代之（八分真二分假）。這才是大外宣的終極本意。

被綁架的武漢台商人質務必面對的嚴酷課題

接下來我們要回到本文前面所討論到關於「武漢台商人質」的心理困境，他們受到國台辦擺布而要狀告台灣政府「違憲」之恫嚇。

基於民主防衛的自然心理，在這次疫災中，台灣人民已更進一步洞悉中共極權制度對台灣人民生活型態的高度威脅性；復次，基於對病毒感染的自衛心理，在這次全民團結抗疫中，台灣人民亦已更充分認知中共極權制度對人民生命的輕賤與殘暴本質；再加上中共無上限地全面封鎖網路言論，絕不容許網路出現疫情討論的負面消息，也就是全面蓋牌的愚民手段，逼使全中國人民都只好在摸黑中過日子，台灣人民看在眼裡，還能有幾人可以忍受這樣的政權統治呢？

國民黨民調之所以會持續下跌到 12% 或更低谷，親中言論在台灣簡直就像是過街老鼠人人嫌惡，在在都說明的此一現實。

而，被綁架的台商人質們，請務必認清：國台辦在中國疫情尚無以消滅的前提下，只好對台灣不斷施加無理取鬧式的勒索與攻擊。而國台辦越是加劇對台勒索，他們返台的機會和處境就會越加艱難與尷尬。

如果台灣還有滯中台商們的親人，建議你們花點力氣讀一讀這一封留守在北京的台商寫給小英總統的信：**《保護我家人！北京台商寫信給蔡英文籲：暫關國門》**，我相信你們會懂的。誠心祝福大家，平安順利！

發表於《風傳媒》2020/03/07

「抗中保台」關鍵決戰

「拒絕統一」才是台灣人民最大黨

我長期都只信奉一條兩岸真理：果真中共有軍事能力越海打過來，她早就開幹了，還管你獨不獨的！西藏是例子、新疆是例子，現在香港更是活生生的要被生吞活剝的血淋淋樣板，台灣豈會是個例外？如果能夠用買+騙而拿下台灣，她會傻到用武力來掠奪嗎？

中華民國到底是誰的？這樣的題目很像是在問「中華民國」版權的所有權究竟該歸誰擁有嗎？但，「中華民國」到底有沒有版權的智慧財產權歸屬問題？

國民黨當然會認定「中華民國」的所有權只能屬於國民黨所有，理由很簡但：「中華民國」乃係「國父」孫中山所創建的國民黨因推翻滿清而建立的，其所有權理當屬於國民黨所有。基於「槍桿子出政權，天下是我打下來的」之東方威權帝國法統演繹，這樣的說法其實義正詞嚴，很像是個大道理。用現在很流行的庶民語言來說，就是：中華民國就是「國民黨父祖輩們」拋頭顱、灑熱血才創建的國家（政權），非我族類者豈可任意篡奪？即使被中國共產黨趕到台灣來，也還應保有「中華民國」的所有權，絕不容外人輕易染指。

台灣人從悲情中走出來了嗎？

所以當李登輝於 1988 年 1 月 13 日依據憲法繼任為「中華民國」總統時，「令許多外省人不滿，導致國民黨『外省派系鬥本省派系』正式浮上檯面。」因為，李登輝就是個國民黨外來入侵的「非我族類」。李登輝這位中華民國總統的命運在當時確實處在生死交關之危境中。

1989 年 8 月國民黨內由外省派系所組成的非主流的青壯派問政團體開始集結，公開倡議「國民黨改造運動」。1990 年 2 月，中華民國爆發二月政爭。以外省人為主力的青壯派立委們遂於 1990 年在立法院正式成立「新國民黨連線」，是為新黨的前身。

1993年，新國民黨連線在台灣南北舉行18場「請問總統先生」說明會，開始批判李登輝；同時，舉行新連線政治團體成立大會，厚植實力。1993年8月10日，新國民黨連線集體出走，宣布脫離中國國民黨，成立新黨。這算是在台灣民主化過程中的國民黨第一次正式分裂。但在國民黨內的本土派（以地方派系的集結為主力）和外來殖民派系的鬥爭並未因此而止戈，其內鬥形勢依舊嚴峻有加。

1994年4月，李登輝接受日本著名作家司馬遼太郎的訪問時，說了一段心裡話：

> 到目前為止，掌握臺灣權力的，全都是外來政權。最近我能心平氣和地說就算是國民黨也是外來政權。只是來統治臺灣人的一個黨，所以必須成為臺灣人的國民黨。以往像我們七十幾歲的人在晚上都不能好好的睡覺，我不想讓子孫們受到同樣的待遇。
>
> （摘錄自《中國第一個民主體系》）

該次訪問談話被司馬遼太郎以「場所の苦しみ」（場所的痛苦／苦悶）為題，刊載於日本「周刊朝日」。臺灣的譯文為「生為臺灣人的悲哀」。

「國民黨也是外來政權」的調性既出自於台灣最高政治領袖之言，也等於是為國民黨的身分做了一次深刻的確認。而如果「國民黨＝中華民國」，則中華民國豈非也等同於是外來政權了？

台灣從「寧靜革命」進化到「兩國論」的升級年代

1996年台灣舉行第一次總統直選，李登輝以54%的得票率當選而成為中華民國第九任總統，在國際媒體上被譽為人類史上難得一見的「寧靜革命」。

1999年7月，李登輝在總統任期即將屆滿之前，在接受〈德國之聲〉錄影專訪時，突然明確提到海峽兩岸的關係就是「特殊的國與國關係」，這也就是著名的「兩國論」，海內外一時譁然且驚愕。他在受訪時是這樣說明的：

有別於國統綱領以及以三民主義統一中國等一廂情願式的國民黨政策宣示，實際上的歷史的事實是，1949年中華人民共和國共產黨政權成立以後，從未統治過中華民國所轄的臺、澎、金、馬。我國並在1991年的修憲，增修條文第十條（現在為第十一條）將憲法的地域效力限縮在臺灣，並承認中華人民共和國在大陸統治權的合法性；增修條文第一、四條明定立法院與國民大會民意機關成員僅從臺灣人民中選出……使所建構出來的國家機關只代表臺灣人民，國家權力統治的正當性也只來自中華民國人民的授權，與中華人民共和國人民完全無關。1991年修憲以來，已將兩岸關係定位在國家與國家，至少是特殊的國與國的關係，而非一合法政府，一叛亂團體，或一中央政府，一地方政府的「一個中國」的內部關係。所以，戰爭既已結束，則中華人民共和國政府將中華民國視為「叛離的一省」，有昧於歷史與法律上的事實。

該場訪問中，〈德國之聲〉記者曾經問到一個高度尖銳問題：在並非實際可行的「宣布台灣獨立」與不被大多數台灣人民接受的「一國兩制」之間，是否有折衷的方案？李登輝顯然是有備而來地及時答覆說：

「中華民國從 1912 年建立以來，一直都是主權獨立的國家，又在 1991 年的修憲後，兩岸關係定位在特殊的國與國關係，所以並沒有再宣布台灣獨立的必要。」

「兩國論」自此遂被中共狠狠釘牢為「蓄意分裂國土的死敵」，並大張旗鼓貼上為「獨台」標籤大加撻伐聲討。也因此而催生出 2005 年 3 月的《反分裂國家法》。「獨台」這標籤演進到現在，在中共就是不折不扣的「台獨分裂主義」，在台灣則被激進台派斥之為「華獨」。

「兩國論」起草人之一的小英，本來就是「華獨」

據知，「兩國論」起草人包含了當時各界學者名家，其中的最重要成員之一就是蔡英文，這也就直接造成中共絕對不會接受小英總統兩岸交流的主觀認知。

如果再回憶一下在 2015 年度的總統選局中，小英不止一次地反覆強調一個核心論述：「民進黨不等於台灣，國民黨也不等於中華民國。」在 2015 年 10 月 18 日成立競選總部的致詞時又一次重申：

> 如果中華民國在我們這一群人的手上，失去了民主自由的生活方式，那即使這兩個政黨都被掃進歷史的灰燼，台灣人也不會覺得可惜。這才是真正的民主。

當時只要我們肯細心去咀嚼中華民國與台灣的這兩個字詞不斷被組合運用時，不難明白小英的國家認同定位其實就完全是「兩國論」的基本調性，只是從李登輝當年陳述的「中華民國在台灣」升級為「中華民國是台灣」罷了！

這樣國家論述基調，中共萬萬不可能接受，即連以「中華民國」版權唯一擁有者的國民黨也同樣不肯認同。因此，才會有「中華民國」被借殼上市的荒謬哭調，更進一步地持續出現「中華民國」被小英消滅了的如喪考妣的哀號。

兩蔣的「中華民國」才是借殼上市的開山鼻祖

平心而論，兩蔣的「中華民國」正是來自中國的首度變異體，跟原本在中國從1912年起始的袁世凱就任第一任大總統所誕生卻又伴隨而演進的日新月異的「中華民國」早已面目全非！大家不要忘了，蔣介石來台後宣布戒嚴，再優先凍結「中華民國」憲法並自行制訂《動員戡亂時期臨時條款》的諸多手段，不就是最標準的貍貓換太子之借殼上市的戲法？

到了李登輝時代，也依樣畫葫蘆，透過多次修憲改成《中華民國憲法增修條文》，中華民國又再一次被借殼上市。不過在國家主體認同理念上則被悄悄修正為「中華民國在台灣」，這應該可以稱之為升級版2.0。這樣一來就把「中華民國」跟「台灣」連結在一起了；現在輪到小英總統則顯然意圖要從本來連體嬰式的兩個頭併同為一個國家主體概念，因此才再一次升級為3.0版的「中華民國是台灣」。

小英總統此次出訪在過境美國丹佛時間20日與國內媒體茶敘時表示，希望能夠團結所有可以團結的力量，她要團結「台灣派」、「中華民國派」，保護「中華民國台灣」。

小英也在22日的臉書上同步PO文寫道：

走向世界是台灣人民共同的願望，我也希望朝野政黨、全國人民，無論你是台灣派、中華民國派，還是中華民國台灣派。希望大家團結起來，一起為走向世界努力！

留英專研國際關係學者汪浩博士也即時呼應説：國家認同共識是台灣自由民主體制永續生存的前提，建議蔡總統對國家認同的下述三段論闡述，推動全民共識：

一.中華民國台灣是一個主權獨立的國家；
二.台灣從來不是中華人民共和國的一部分；
三.台灣願意與中國和平共處，睦鄰友好。

中共剛發表的國防白皮書重申「消滅中華民國」

現在芒果乾（亡國感）的焦慮情結似乎已成了流行病，不分藍綠，都說我們的國家要被對方滅了：以韓國瑜為神偶的韓粉們擔心中華民國被台獨滅亡；小英的支持者們則憂心中華民國要被親中派赤化統一？

中國國務院新聞辦公室在**24**日發表《新時代的中國國防》白皮書，措詞嚴厲地嚴正警告台獨、港獨、藏獨、疆獨（東突）等「分裂勢力活動頻繁，對國家安全和社會穩定構成威脅」。該份文件中也重申，如果有人要「把台灣從中國分裂出去」，中國軍隊將不惜一切代價捍衛國家統一，殺氣騰騰，彷如戰禍將臨，其實綜觀全文，還是老掉牙的武嚇修辭學堆積。我長期都只信奉一條兩岸真理：果真中共有軍事能力越海打過來，她早就開幹了，還管你獨不獨的！西藏是例子、新疆是例子，現在香港更是活生生的要被生吞活剝的血淋淋樣板，台灣豈會是個例外？如果能夠用買＋騙而拿下台灣，她會傻到用武力來掠奪嗎？

小英一上任就再三宣示絕不會挑釁對岸，也充分展示友好交流的善意，是對岸太霸道，非要先承認被蹂躪的一中原則，硬是要剝奪台灣主權地位！天哪，看看香港，誰能不害怕？因此，兩岸關係被凍結，錯在中共不在台灣，絕非是柯**P**或旺旺黨所叫囂的「辣台妹打共匪」之類顛倒是非之言論！

反倒是要提醒諸君，這次總統選舉，如果我們還想躲在同溫層裡盡情自嗨，結果就一定是集體被打包拋海去。「討厭民進黨」在去年曾經是台灣最大黨，並因此而製造出國瑜黨；但，今年則又多長出一個「韓黑最大黨」。此消彼漲，從歷次滾動式民調評比，這兩個最大黨目前大概已來到膠著狀態的勢均力敵型態，關鍵性選票就在中間選民手上。面對「非典型」的競爭對手，要贏，操盤手就必須要敢出奇制勝，更重要是先讓自己跳出既有選戰思維，迎向更多數「拒絕統一」的人民群眾。

一如前述，小英已指出一個最可行的戰略指導：「台灣派」+「中華民國派」=拒絕統一最大黨。希望小英的操盤手們確實能認真看懂了！

發表於《風傳媒》2019/07/27

從亡國感到抗疫大國　│　II「抗中保台」關鍵決戰　│　「拒絕統一」才是台灣人民最大黨

香港正進入「都市游擊戰」！台灣危在旦夕？

用同理心去看待香港「反送中」的悲壯慘烈，台灣人為何要抵死反對「一國兩制：台灣方案」？不也是因為中共一直蓄意要降低台灣人的生存地位嗎？所幸的是，因為台灣還有我們最珍惜的「主權」，所以我們有絕對資格在國際上發出怒吼，不斷去要求「彼此對等與尊重」。否則等到「一國兩制」罩頂套下，就立刻會跟香港人現在這樣欲哭無淚了。這不是一種同情，而毋寧是兔死狐悲的心有戚戚焉！

香港爭民主的示威抗議運動越演越烈，中共究竟是否會出動解放軍鎮壓？這道日漸沉重的疑題，讓台灣當前已經高度焦慮的「芒果乾」心理壓力形成倍增效應。於是，許多人都在努力地反覆思考著：是否應該「做點什麼」來改善或突破現在這樣壓抑而沈悶的氣氛。

認真看香港此番狂飆的民主運動，我內心其實一直都在淌血的！尤其看到連13歲小孩都逃不過被逮捕命運；在「三罷」示威中出現記者拍攝到的一幅驚悚畫面：19歲女孩被鎮暴警拉抬時強扯其內褲以致露出下體而備受凌辱；這一幕幕，不免讓人聯想到台灣往昔白色恐怖時期的女人或小孩被莫名拘捕後所曾遭遇過的各種刑求遭遇。

何以香港人敢於獻身向中國共產黨挑戰？

法國媒體「費加洛報」（Le Figaro）社論作者德拉葛蘭吉（Arnaud de La Grange）撰文表示，香港人民在六四天安門事件30週年的此刻挺身而出，令人感到不安，彷彿1989那年春天在北京被殺害的「飄蕩靈魂」，替站出來反對專橫的香港抗議群眾注入一股力量。

據中央社8月5日的報導引述德拉葛蘭吉的評論文章：

他說，人們以為香港人順從，在中國大陸重壓下彎著背脊；人們以為香港人是

物質主義者，最在乎商業和繁榮；但他們向世界展現出事實並非如此，他們隨時可以為了身分認同、權利、自己的自由及下一代的自由而戰，也幾乎只有他們敢於反抗中國這具碾壓機器。……德拉葛蘭吉說，對中國國家主席習近平而言，這是一次嚴重侮辱，他想對 14 億人實施鐵腕統治，卻發現有 700 萬人口的香港敢於向他挑戰，中國共產黨領導階層對自己的權力太有自信，算計出了錯，不無失去顏面的風險。

德拉葛蘭吉最後寫道，有些陳舊觀念認為華人世界實施不了民主、不是獨裁就是混亂，很不幸地，這種觀念在西方世界很常見，共產黨也懂得加以玩弄，但香港與台灣打破了這種想法。……

台灣歷經了幾十年的無數青春歲月與生命才換來今天的民主自由，香港這一場看似不歸路的城市游擊戰又將如何善終呢？香港的未來將會掙脫魔咒而躍升為「世界的香港」？或是進一步「被解放」而淪陷為「中國的香港」呢？

只要台灣撐住，我們就必然要奮戰到底！

有位年長的香港友人在上個月曾給我一則訊息，他寫道：

如果妳們能長年堅持著台灣人民的自決權利，香港人現在也終於領悟到我們也必須堅持港人的自決權。這是港人的宿命，更是不可逃避的生存信念。這股氣已經憋太久了，只是正好在此刻才炸鍋而已！我們現在只需要你們的祝福與祈禱，但請千萬要撐住你們得之不易的民主自由，這樣台灣將永遠會是我們在抗爭中最大的精神支柱！因為，只要想到台灣，我們就一定會再接再厲，抗爭到底！

老友人儘管義正詞嚴，慷慨凜然，我還是禁不住要為他操上一擔子心。幾天前，「香港三罷」後的隔日，有位已經移民來台定居的港民朋友過來泡茶，閒聊間當然還是離不開彼此都極度關心的香港局勢。

根據他對中共的認識，他認為一定會出兵鎮壓，並順勢取消香港特區的「一國兩制」。他很篤定說：「習近平就是想將香港徹底納入『珠三角的大灣區計畫』，除了逐步弱化香港特區地位，也讓香港的經濟利益 100% 完全從屬於中國的控制範圍。這不是明擺著要降低香港人的地位嗎？」

他越說越氣憤，也越說越懊惱，幾句廣東髒話罵到額頭都發熱出汗了，還是繼續罵下去。我沒有勸阻他，也沒想要安慰他。難得他雙腳踩在台灣這塊言論自由地，就讓他盡情發洩又何妨！

用同理心去看待，台灣人為何要抵死反對「一國兩制——台灣方案」？不也是因為中共一直蓄意要降低台灣人的生存地位嗎？所幸的是，因為台灣還有我們最珍惜的「主權」，所以我們有絕對資格在國際上發出怒吼，不斷去要求「彼此對等與尊重」。否則等到「一國兩制」罩頂套下，就立刻會跟香港人現在這樣欲哭無淚了。這不是一種同情，而毋寧是兔死狐悲的心有戚戚焉！

美中大對撞，完全牽制著習近平的決策機制

然而，我對香港當下的悲觀看法並不像他那麼轟轟烈烈。理論上，我還是認為習近平應該不會在這個時候出兵而導致自己「加速垮台」。關鍵點乃係「美中貿易戰不僅已全面開打，並且戰場還已經延燒到金融戰了」（棄守7元匯率關卡）。習近平眼前正焦慮地面對著極大的內憂外患：江派不斷製造內亂逼習派繳械，這是內憂；川普則不按牌理出牌步步進攻，非要習近平討饒不可，則是中共當下理不清的外患。

我的結論是這樣的：一切都是林鄭月娥的罪過（反正林鄭只是個中共代理人，不是共產黨自家人），屆時林鄭等官僚被迫會演出一齣很不名譽的戲碼而黯然下台。先平息了港民的怒火後，讓香港漸漸恢復6月以前的原狀；不過好戲還在後面，等一切平靜後的一陣子，中共必將開始秋後算帳，進行大逮捕、大整肅。這是中共最慣常的一種權力維穩邏輯。

台灣人過去被殖民的經驗裡，主觀上總會認定一個獨裁政權當然是一人政權。從蔣

介石到蔣經國，都是絕對的鞏固領導中心，都是「集全民奉一人」的基本認知。天下大事都以最高領導層峰的那一人說了算。正如戲裡常演的，「拖下去斬了」，然後就人頭落地了！也因此，對於中共的刻板印象也自然會認定，習近平既已獨攬大政準備當萬年皇帝了，當然是他一人說了算。之所以會有這錯覺實係台灣人的教育過程都嚴重缺乏「匪情研究」所致。

對「中共無知」正是台灣難以建立「心防」的根本

兩蔣時期，「匪情研究」是極少數特許人物的專利，一般尋常人根本嚴禁接觸「匪書」，更嚴禁討論「匪情」，只能奉行（深信）黨國所頒布的「匪類資訊」。幾十年下來，「萬惡共匪」變成了牢不可破的「仇共信條」。只要是涉及對岸的一切人事物，都是「絕對錯誤」。到了解嚴後，則反轉成為：那是另一個國家，理他幹甚麼！渾然忘了一個國民對於「敵國」必須要具備一定認知的常識。

可是，另一方面，為了維護「統治法統」，黨國威權卻又深入灌輸「偉大中華文化」「龍的傳人」等所謂的「愛國教育」。對於對岸所歷經的「三反五反」、文革歷劫」「六四屠殺」等等的政治運動或反人類罪責，全都不留太多痕跡地輕輕帶過！而事實上，彼岸的那個中國早就在中共政權下已歷經劫難而翻天覆地焚毀熔盡，被徹底改頭換面了。現在的「紅色中國」根本都已經不是黨國教育下所植入的那個「鄉愁式中國」了。套用戰略作家范疇先生的說法：「中共是一只附著在中國這頭龐然巨象身上的異形。」

以是，這就造成很多台灣人還繼續在做著早已不存在的「我是中國人」的大惡夢，甚至還萬般天真地誤以為可以跟那個「異形-中共」有機會簽下和平協議？

「送中條例」是江派挖坑，讓習派去跳的爛泥坑

言歸正傳，因為中共現有的政權體制，實際上是維繫著兩大派系的權力傾軋脈絡。用白話說，就是習江兩派你死我活之大對抗大鬥爭。從諸多跡象可以判斷出，「送中條例」實即是江派蓄謀挖了個大坑，再設計讓習派不得不跳下去的大陷阱。

長期以來，香港都是江派盤據的金雞母基地。也是中國內地貪腐資金出逃的最便利、最安全的洗錢管道。習近平上台兩年後藉著強力打貪以剷除異己，而且玩得順風順水，卻遲遲無法染指香港這塊「錢與權」大匯聚的化外之地，自然會經常恨得牙癢癢的。所以，當「送中條例」一出爐，習派如獲至寶，以為這下終於可以將魔手伸進香港大展打貪之雄圖了，當然也很不「被動」地躍身跳進這陷阱裡。不料卻碰上了已經蘊積多年的香港龐大民怨！對於香港民情並不太熟悉的習家軍踢到鐵板卻仍不之縮手，竟然誤以為可以在香港予取予求，而終於讓雪球越滾越大，乃至不可收拾的境地。

重施騰龍換鳥故技，香港集中營可能再現

倘若沒有川普發動的貿易戰泰山壓頂，或許習家軍會毫無顧忌地出兵鎮壓，一舉拿下香港彈丸之地；中共最慣性的手段就是仿照新疆集中營那樣，先調派三五百萬講粵語的廣東籍人口分批南下移居香港，同步再將三五百萬「不順服」的港民限令遷徙進入中國內地集中營進行「再教育」；之後的事就不可言喻了。如果中共能在新疆這樣做，我們就沒理由可以懷疑中共不會在香港也這樣如法炮製！

然而，這結果必然導致一向盤踞在香港的太子黨太孫黨們為了捍衛其龐大利益而跟習近平做最後的搏命誅死鬥。那就又是另一套劇本有待上演了。

最後，我必須要問我的香港友人：如果中共的劇本是這樣演的，請問你們認為會更好嗎？我這位友人平靜地啜了口茶，眼角上卻滿載著盈眶淚水！

沒有人希望事情會演變到這步悲慘的田地，但現實上，香港卻正在發生中！

據最新訊息傳出，中共國台辦已派員進入台灣要對2020大選下指導棋，並要求某些黨政人士都拉到北京去研討會商選戰策略！果真屬實的話，台灣人究竟應該怎麼看待這局勢？

同樣的問題是否也必須問問台灣朋友們，預測香港這樣的悲劇，我們能徹悟多少呢？

發表於《風傳媒》2019/08/10

韓國瑜簽署的「無色覺醒」是赤化台灣的宣言！

藍綠都主張必須捍衛「中華民國主權」，所以必須要增強台灣防衛中共入侵的國防裝備力量。可是何以，這次為了強化最新科技的武器裝備好不容易才爭取到的美國軍售案，自號正藍營的國民黨國會議員竟然要採取強力杯葛手段企圖阻撓預算通過？逼得行政院發言人 kolas yotaka 在其臉書上 PO 文力嗆在野黨：「這是在幫哪一國？」

郭台銘宣布退選當晚，友人傳來一則簡訊：「適時將被界定為藍綠對決的選舉調性，轉化為『人民選擇一個值得信任的國家領導人』的主調性，是突破同溫層擴大支持群體的必要調整。」

藍綠惡鬥這麼多年，確實讓許多人已經感到充分厭煩與鄙視，也讓某些工於心計的政客藉此大做文章。但徵之事實，這些大嗆要「超越藍綠」的政客們無一不也照樣掉入到藍綠盤局的漩渦之中而難以自拔！無可諱言，「超越藍綠」或「打破藍綠」的確是足以打動人心的選舉當令口號，然而細數多位揭舉此一口號的政客們，卻根本無人能夠提出「如何超越」或「如何打破」的具體方案以及取代藍綠的指引理念與方針！結果，也都只能視之為藍綠之外的第三方之互打嘴砲之丑角而已。當然，某首富所提出的「無色覺醒」其實質指向根本就是「紅色覺醒」，自非本文討論範疇。

最可笑的例子當然是柯文哲所自創的「寄生上流選法」。他為了拉攏郭台銘並將之據為己用，而強推「虎獅狐猛獸組合」，幾乎使出了渾身解數，連月來反覆口不擇言地放話，除了操弄藍綠八卦話題，實際上並未有任何超越藍綠的真知灼見，結果竟然弄巧成拙，聰明反被聰明誤，下場當然是難堪無比！

藍綠惡鬥的魔戒只能將它丟進末日火山才能溶解

傳統認知裡，藍代表的是「統一」系譜，綠代表的是「獨立」系譜；據此，所謂深藍也即是終極統一路線，而深綠則是獨立建國路線。如此兩極化的光譜下，兩個極端的主張也同時都出現了越理越亂的論述與可操作的實踐困境。

當藍營高調宣示要「統一」時，除了像統促黨或新黨那樣直接表明接受的「中共政權」的紅色統一之外，還能如何詮釋自己的「統一定義」？或者說還要很浪漫地保留著「中華民國」國號而想像著可以繼承並完成兩蔣遺志那般地「光復大陸、解救同胞」？這兩者之間的荒謬性乃在於「秋海棠」與「老母雞」的兩個圖騰之極度預隔與不相容的衝突性。

比如像這次香港人民奮不顧身地發動了一場勇敢持久的民主抗爭行動，迄今猶然方興未艾。可笑的是，幾個月以來，主張「統一」的藍營究竟該如何對之表態，居然一直都被迫暴露在無所適從的尷尬處境下。

按理，在統一的中華民國（秋海棠）的想像情境裡，香港應該是其堅持（想像）所主張的領土。當港警對抗爭群眾無情施暴的場面一再重演之際，儘管不在其統轄範圍內，但所謂正藍的大人物們自應嚴詞譴責，並大張旗鼓給予聲援才是，結果卻全都像鴕鳥式的把眼睛矇起來，大氣都不敢吭一聲，甚至連一份稍具抗議性質的聲明稿都不敢草擬公布！這跟他們長期主張（想像）的「中華民國」（秋海棠）或傳統上所自稱的「自由中國」形成了乖謬的強烈對比！

綠營的芒果乾似乎絕不亞於藍營焦慮感

反觀深綠陣營在傳統上乃是被認定為「台灣獨立」的終極主張。這其中各脈絡裡的獨派，基本都各有其歷史源流之傳承和論述，只是幾十年的演化至今，大致已可以大分為傳統建國論的「法理台獨」和推動國家正常化的「中華民國獨（簡稱華獨）」。惟兩者間的共通想像國家圖騰都是以台灣為座標的一個「大番薯」。而其相異點則在於前者之職志乃是推翻「中華民國」新創自己的國號「台灣共和國」；後者則係根據李登輝於 1999 年所定調的「兩國論」，也就是「中華民國＝台灣」並將之逐步進行國家正常化的改善工程。前者的主張必須要透過激進式的革命手段才可能達標；後者則基於國際形勢的諸多變幻，在對內的長期社會對話中以求高度共識，因此在時程上，很可能曠日廢時，甚至要歷經幾世代後才有可能實現。

可是，無論是秋海棠或是大番薯，兩種看似大異其趣的共通點，照理應該都可以聚焦在目前台灣所掌握的台灣政治地理上所充分統領的「國家主權」才是。無論藍綠，撤此一步，都必將被推進太平洋而死無葬身之地。道理當然是這樣子，實際上卻一直都仍是各說各話、雞同鴨講。

比如，藍綠都主張必須捍衛「中華民國主權」，所以必須要增強台灣防衛中共入侵的國防裝備力量。可是何以，這次為了強化最新科技的武器裝備好不容易才爭取到的美國軍售案，自號正藍營的國民黨國會議員竟然要採取強力杯葛手段企圖阻撓預算通過？逼得行政院發言人 kolas yotaka 在其臉書上 PO 文力嗆在野黨：「這是在幫哪一國？」

不能施政報告不打緊，影響更大的是立法院原本排定要在今天完成一讀的「新式戰機採購特別條例」草案無法順利完成，導致審查特別條例與特別預算的時間不得不「被延宕」。我們多次表示，買戰機是為了防衛、維繫台海和平，因為中國不只軍機繞台航行次數越來越頻繁，今年 3 月更蓄意越過海峽中線，嚴重威脅我國防安全。

這場面我們其實一點都不陌生。如果形勢翻轉，民進黨因 2020 敗選淪為在野黨，換成國民黨要向美國買新式國防裝備，民進黨是否也照樣會採用杯葛方式多番阻撓預算通過？

萬一韓國瑜勝選，美國敢賣武器給台灣嗎？

不過按照當前形勢，我們也許要先問一個更根本的問題：要是這次選戰真的翻盤由國民黨取得執政權，韓國瑜做為國家領導人，會願意「主動」向美國提出新式武器的購買申請嗎？或者換一種問法：美國會放心將新式武器賣給畢業於「北京大學的政府管理學院」的韓國瑜所執政的政府嗎？

向來，國民黨就是美國所支持的台灣政權。冷戰時期這個威權獨裁的體制就是美國放任而強力撐起來的，中華民國政府所有國軍的武器，幾乎全都是由美國供應。如果今天要談台灣的轉型正義，美國當年對戒嚴體制的縱容姑息也都必然要佔上重要的一個篇章。照常理說，國民黨跟美國政府所長期建立的緊密關係，其相互的默契度自應當最為水乳交融才是。在美國政府眼裡，台灣的國民黨政府就是兒皇帝，無怪乎在外交上常被酸說：華府打個噴嚏，台灣立刻就會感冒。曾幾何時，國民黨卻這麼不聽話地大膽杯葛美國國防武器進入台灣？

這話得從冷戰說起；美國反共（蘇聯和中共），被中共趕到台灣來的國民黨當然也跟著反共。這是地緣政治下連結第一島鏈的一種必然；70 年代初美國總統尼克森改採聯中制蘇，美中關係解凍，1979 年美中建交而且建立了所謂「戰略夥伴」，台灣的國民黨政權在這場國際賽局裡乃逐漸被邊緣化，也淪為被美國蓋起來的一張藏在袖裡的可用可不用的「乾坤牌」。因為中共政權力行鄧小平的「韜光隱晦」，美國遂也放心地跟中共政權進行了長達 20 多年的蜜月戀愛期。台灣在這局勢裡就是個小媳婦，只能乖乖地跟著美國節奏起舞。阿扁不聽話要舉辦「獨立建國公投」，就被美國申斥為「麻煩製造者」，下場是淪為階下囚；同年連戰率領挾帶龐大黨產和黨營事業的投資隊伍到中國進行一趟「破冰之旅」則被美國鼓勵大讚；阿扁的行為叫不識時務，這也是柯 P 等機會主義者的政客們迄今仍然認為「不可以跟中共大小聲」的基本思路之根源。相反的，連戰以巨額黨產大舉投資中共合作「建設祖國」的掏空台灣之行徑，卻正好埋下中共對台灣「以商逼政」的強大種苗！如今國民黨在檯面上的所有大老小老們幾乎都跟中國的投資事業利益脫不了干係。易言之，國民黨內算得上名號的人物差不多無一例外，都被中共所拋出來的經濟利益所嚴重綁架了。

郭台銘為何飆罵：現有國民黨的分贓與腐朽文化！

隨便問一下，國民黨內現任的幾十位中常委，一般小民身分的我們，究竟能叫得出幾個人的名字？而且這些位在台灣政壇上簡直是名不見經傳的「中常委」們，當他們進入中國「匪區」覲見匪類人物時，可全都是備受禮遇的人上人，為什麼？

這回郭台銘的退黨聲明時飆罵說：「我發現我個人再多的努力也撼動不了現有國民黨的分贓與腐朽文化。」9月12日由郭辦發言人蔡沁瑜轉述的郭台銘聲明中更毫不客氣的直陳：

……如果這些三十年來同一批人還在為台灣把關，還有很多百年世襲的中常委，在把持這個政黨，台灣人民不會認同如此迂腐的政黨，這群守舊、迂腐的中常委，把自己的利益放在政黨利益之前，把政黨利益放在國家利益之前這和郭先生當時返回國民黨的初衷，完全背道而馳……

難道，這個百年政黨應該就會在郭台銘衝冠一怒的「復仇之旅」衝撞下，逐步走進其自掘的墳墓之中嗎？

說這麼多，無非就是在闡釋，所謂的「藍」所欲護衛的鄉愁式之「中華民國」（秋海棠），無非只剩下一個口號式的想像軀殼罷了！

只是千萬不要漏忘了，郭台銘短短出戰總統選舉的幾個月裡，所號召而集結的「老虎軍團」。除了年輕世代的中間選民之外，其中仍不乏類似前軍系國代黃澎孝這等仍然兀自以正藍系之族群自居的「郭陣營」成員。他們在態度上猶然堅定反中共（拒絕被中共併吞），也不屑被中共利益所收編綁架，並且還自認為必須驕傲地捍衛「中華民國」，他們難道不正是一群真正願意跟台灣這塊土地而生死與共的「藍系人馬」嗎？這樣的態度與意志，跟綠營大倡的「愛台灣」不都是同一基調嗎？

韓國瑜簽署的「無色覺醒」是赤化台灣的承諾？

黃澎孝先生在9月10日時特意撰文《韓國瑜「無色覺醒」了沒？》指出：

事實上，旺董在YouTube上所講的這個事實，中國時報在七月十九日題為「超越藍綠 韓國瑜莫忘初心」的社論中，也曾白紙黑字的披露：「韓國瑜是第一個簽署『無色覺醒』的政治人物，因而獲得旺中集團的支持。」由此可見，韓國瑜與旺中集團之間的關係，是建立在他簽署了旺中「無色覺醒」這份主張的期約關係上。

黃澎孝先生在該文結尾繼續強烈追問道：

中國時報的「社論」，當然足以代表旺中集團的立場，更足以代表旺中集團的發言。因此，韓國瑜作為中華民國的總統參選人，他對於該報社論中所提出「信守承諾」之說，以及三復斯言地敦促渠「謹守」這些主張，努力「促其實現」等等內容，當然有必要向全體國人，說清楚，講明白：

韓國瑜究竟向旺中集團「承諾」了什麼事情？而且還得在他一旦「更上層樓」，「擔任領導人」後，都得「努力促其實現」？

換成白話，黃澎孝先生置疑於韓國瑜的正是：如果萬一讓他選上總統，台灣到底會不會因為被「努力促其實現『赤化』之進程」？黃先生之文更因此而得出一個最令人憂心的大哉問：「人民該如何慎重選擇一個值得信任的國家領導人」？

最後，我們還似乎不得不追問一句：你認為一個意圖要讓台灣被中共統治赤化的領導人，算不算是內賊呢？而且，難道這樣關乎生死的重大抉擇，也算是「藍綠惡鬥」的意識形態嗎？

發表於《風傳媒》2019/09/21

「芒果乾」是中共欺壓台灣人民的必然產物！

由於港民在這場反送中抗爭中持續不衰的意志力，也次第點燃了台灣人民脣亡齒寒的危機感，香港暴警施加於示威者們越是摧殘越是暴虐，台灣人民看到的各種荒唐畫面也就越能感同身受，而油生越來越不可遏抑的悲憤與焦慮感，這正是網路上興起「芒果乾」的真正緣由。

在諸多高級外省人眼中，小英總統就是「竊國者」，比如馬英九或連戰等自認是正統藍的黨國世胄；相對的，在某些深綠大老眼中，小英總統已經背離民進黨的「原生精神」，所以是「背叛者」，比如呂秀蓮和喜樂島聯盟（黨）的諸多創立者們。

有可靠訊息說最近正在藍陣營的多數群組裡流竄略謂：「中華民國」千萬不能落到綠陣營手上，要使盡洪荒之力切斷綠營和「中華民國」的任何連結！同時間，另一則訊息則在深綠陣營中傳播討論：「中華民國已很成功的取代過去台灣人對建立台灣國的期待。現在大部分的人認同台灣已經獨立的講法……」

一件事情兩般情緒，這些訊息正顯示出「中華民國」這名號已成了台灣人民最大公約數。

「走進中聯辦」才是「中華民國」的序幕曲

台灣是民主國家，定期選舉是民主制度的基本設計之一。既然要選舉，任何候選人當然就要積極跟選民對話，並說服大多數人民的認同與支持，才有可能贏得勝選。儘管候選人在說服的各種話術中極有可能會空話連篇，乃至於盡是在唬爛畫大餅，但只要有本事能讓選民願意相信並接受而令其贏得選舉，不管你服不服氣，你都得承認其選舉結果。至於選對人或選錯人，其結果都得由全體選民共同承擔。高雄市長韓國瑜就是個最典型範例。

因此，每到選舉，所有候選人都必得要搜腸索肚，絞盡腦汁去尋找選民最關切的每道議題，並進行合理完整的論述和最有效之對話形式；同時的，候選人也要很認真去找出對手陣營所推出的論述中的任何破綻，並在各種辯論形式中極盡可能地試圖去攻破對手所建立的各道議題和論述邏輯。這也是民主國家的選民在選舉期間會特別關注政論節目的特色之一。

而，2020年的這一場選舉，無疑的，「中華民國」這道主菜的攻防戰已躍升為最熱門搶手貨。究其主因，當然是震撼全世界的香港「反送中」所吹響的。不過，有必要提醒大家，在「中華民國」攻防戰的主戲上場之前，於3月底所搶先上演的「走進中聯辦」的這場前導戲，才真正是促成「爭奪芒果乾」系列大戲的序幕。

韓國瑜率先踩到香港敏感地雷

本來，台灣人有絕大多數人並不清楚「中聯辦」究竟是怎樣的太上機構。當甫當選市長的韓國瑜訪港時大辣辣走進「中聯辦」時，最先產生激烈反應的並不是台灣人，反而是香港朋友們，因為這位新科高雄市長嚴重踩到了香港朋友們的政治底線。台灣民選首長「進入中聯辦」向來被視為標誌性、具有符號意涵的舉動，這是美國會睜大眼睛給予極大關注的要素。

3月23日，香港立法會議員朱凱迪、區諾軒、梁耀忠與香港眾志更發表聯合聲明，砲轟韓國瑜先訪問香港特首、再與中聯辦人員見面的方式「安排並不恰當」，是向香港市民傳遞錯誤訊息。「看在香港人眼裡，正是為扭曲版本的一國兩制背書，助紂為虐。」

香港眾志秘書長黃之鋒也同步發出公開信砲轟韓國瑜。黃之鋒批評，韓國瑜將高雄比喻為「吃過毒蘋果的白雪公主」，但市長可知迎來的白馬王子，會帶來斷送自由權利的「死亡之吻」？黃之鋒強調，「一國兩制變質始於經濟統戰」，他呼籲台灣人民「當經濟和生活上依賴中國，政治及意識形態上將更難擺脫紅色權力」。

隨後，「佔中九子」之一的專欄作家張秀賢先生即於3月29日撰文批評說：「中聯辦大樓是北京在香港權力的標誌和符號，亦是破壞一國兩制、打壓民主的重要標記。韓國瑜進入中聯辦會見主任王志民，欠缺政治智慧，也傷害不少香港市民對國民黨和他的期待。」

國內對此「進入中聯辦」雖也有多方批評，但因為國人其實對執掌香港政府生殺大權的「中聯辦」這機構都顯得太過陌生，也並未持續投予太大關注。

炸鍋燃點：對「反送中」答稱「不清楚、不知道」

但命運總愛捉弄人，正當韓國瑜意氣風發地跨大步實踐其宣示「Yes, I do」而投入參選總統提名之當頭，6月9日香港爆發了200萬人上街的「反送中」示威運動。氣勢上如日中天的韓國瑜被這突如其來的政治洪水沖得不知所云：當（9）日受訪時對於引起全球矚目的反送中運動竟然答稱「不清楚、不知道」。也就是這一幕鏡頭，注定了韓國瑜自該從志得意滿的峰頂翻轉成直墜而下的背運。

由於港民在這場反送中抗爭中持續不衰的意志力，也次第點燃了台灣人民唇亡齒寒的危機感，香港暴警施加於示威者們越是摧殘越是暴虐，台灣人民看到的各種荒唐畫面也就越能感同身受，而油生越來越不可遏抑的悲憤與焦慮感，這正是網路上興起「芒果乾」的真正緣由。而「芒果乾」在人心深處所要探知的終極答案當然是：我們台灣是否也會淪落到那等悲慘境地？再進一步，台灣人則要問道：習近平不是剛在年初時才說過「中國人不打中國人」嗎？難道香港人不是中共認定的中國人？如果「一國兩制」的下場就是這樣的淒慘世界，台灣人為何還要去接受？

小英捍衛主權的宣示讓人民放下心來

每一個問號都同步回流到一個清晰而鏗鏘有力的聲音：「我們堅決反對一國兩制。面對兩岸新情勢，政府有責任捍衛國家主權，以自由民主開放來開啟兩岸的良性競爭。」小英總統在3月11日召開國安會議後特別宣示：「只要團結，國家主權、自由民主就不會被併吞侵蝕，一國兩制就不會成為台灣的未來。」

於是2020年的選戰主調就此打下堅實地樁：「守護台灣民主，捍衛國家主權。」當天晚上小英的致詞很清楚為國人畫下一條底線：

我要再一次地強調，我所領導的政府，致力維持兩岸和平穩定，支持兩岸的正常交流。不過，我們堅決反對一國兩制，也拒絕任何被統一的過渡性安排。這不是戰爭或者是和平的抉擇，而是維持中華民國主權獨立現狀、或被中國統一的抉擇。

面對「一國兩制」的挑戰，臺灣的政治領導人物必須要負起責任，也就是：捍衛中華民國主權的責任，維護民主自由生活方式的責任，維持臺海與區域和平的責任，以及為世世代代臺灣人保留選擇權的責任。

中華民國臺灣是民主國家，我們的未來，我們自己決定。這是我們的底線，這一條底線，是臺灣所有政黨、政治人物、都必須要共同遵守的底線。

「中華民國臺灣是民主國家」也在這一段文告裡展現了小英競選連任的選戰核心主軸。

國民黨還集體困在圍城中自我取暖

然而藍營總統提名人卻還龜縮在「不清楚、不知道」的模糊昏沉中，進而導致其進退失據的兩難圍城裡：背離台灣民意？或鐵了心跟中共政權徹底翻臉？或許我們還應該逼問一句：藍營各大老們能否捨得已投資卻正陷落在中共境內的龐大個人紅利嗎？

而，韓國瑜的龜縮於兩難之困境，不也正是國民黨集體困在政治圍城中自我取暖的當前寫照嗎？

馬英九基金會在10月5日舉辦了一場「哪來的芒果乾－國安問題研討會」，馬英九於致詞開頭就抨擊總統蔡英文「操弄人民的恐懼感」，將「反中」當作執政無能的遮羞布，接著也諷刺若蔡英文再不醒悟、改革，未來在歷史上注定成為喪權辱國的「斷交總統」。

民間文史學者管仁健先生則立即行文打臉馬英九：「純粹要算總統任內的斷交國數字，斷交總統第一名是蔣介石71國，第二名是李登輝12國，第三名是陳水扁10國，第四名是嚴家淦與蔡英文，都是8國，第五名是蔣經國7國，第六名是馬英九1國。」

『中華民國台灣』就是整個社會最大的共識

管仁健先生在該文中還意猶未盡地闡釋「中華民國為何就是不會亡？」：

不過話說回來，鄉民們別看馬英九與韓國瑜，雖然出身階級不同，一個是真正階級上的高級外省人，另一個只是心態上的高級外省人，即使現在馬已被死忠韓粉噓到形同陌路，但對於痛恨蔡英文或柯文哲這些土台客要來賣「芒果乾」，還是會團結起來捍衛專賣權的。

管仁健先生很帥氣地提出一個根本問題：「中華民國的專賣權」。這當然會是各說各話，又是個雞同鴨講的類笑話。若是認真區分，藍綠白橘等各種顏色的芒果乾也當然都會有各自不同的叫賣方式。現在韓國瑜天天在叫賣的芒果乾跟 20 年前趙少康參選台北市長時就說：「陳水扁當選市長，中華民國就滅亡！」有何不同？跟 2004 年總統大選連宋合體一起叫賣的「陳水扁連任總統，中華民國就滅亡！」又有何不同？

無論是借殼上市也好，或是併購改裝也罷，中華民國台灣既已成為台灣全民最大公約數，我們基於民主的基本精神都必須給予最大的尊重與理解。

就像小英總統雙十講話「堅韌之國，前進世界」：讓台灣一天天進步所陳述的：「無論是哪個黨派，只要是生活在這塊土地上的人民，都不能分割彼此。中華民國不是誰的專利，台灣也不是誰能夠獨佔。『中華民國台灣』6 個字，既不是藍色、也不是綠色，這就是整個社會最大的共識。」

這段話，也許很多人聽了仍會相當不爽，但反正我就是信了！

發表於《風傳媒》2019/10/12

香港重演228，正是港台抗共的「夢醒時分」！

如果將我們思想的座標移開中國北京而將軸心轉換到台灣來之後，我們就會豁然於台灣已經離開中國那塊陸地越來越遠了。一旦中國境內撤資逃難潮的一部分資金漸次被轉移到台灣之後，台灣經濟的榮景也必然會再次浮現，這也就是台灣軟實力的發光發熱。

誰在呼喚戰爭？美中貿易戰即使已暫時宣告休兵，卻沒人敢相信美中衝突可以就此畫下休止符；香港的情勢則日益惡化，港民與政府之間的對立與仇恨有增無減，特別是剛發生的陳彥霖小女孩慘案已讓港民抗爭進入另一個更高燃點！

台灣人在港民陳彥霖小妹妹的冤死中會直接聯想起什麼？228，是的，就是因為當年228所捲起的全台屠殺慘案，而讓台灣人民在歷史記憶裡跟中國國民黨所曾犯下的罪惡如影相隨。這已經不是《返校》所勾勒的白恐金句：「你是忘記了，還是害怕想起來？」所能言傳的一種悲悽情緒。

那一年，老人看著年輕人死去！

228是不是一場戰爭？當然不是，動用軍隊屠殺手無寸鐵的人民，怎會是戰爭？正如香港每天正在發生的年輕抗爭者們被自殺與被性侵的驚怖與惶惑，那種每天盼望天光的期待與默禱的哀怨之情，在還不算太久遠的記憶深處，台灣人民多少都會被召喚回來而暗自隱隱作痛。

望著屏幕上貼出的哀禱陳彥霖遺像，我不自禁地浮現一首德國詩人布萊希特寫於1940的那首詩：

【這是人們會說起的一年】

這是人們會說起的一年，
這是人們說起就沉默的一年。

老人看著年輕人死去。
傻瓜看著聰明人死去。

大地不再生產，它吞噬。
天空不下雨，只下鐵。

此詩寫的是流亡詩人在面對納粹的當時極端無奈與無望的憤怒與悲鳴，若將之置放到1947年的228事件當時，台灣人民是否也會盪起同樣的心境？將之再置放到今天香港成千上萬年輕人慘遭暴警的逮捕、摧殘與迫害虐殺，又有何不同的情景？

南京大屠殺 vs. 二二八 / 文革 vs. 反送中

中國人喜歡談1937年南京大屠殺，那是日本發動戰爭下對中國人民的屠戮場景，儘管歷經了80多年了，每當日本軍人對人民姦殺凌虐的鏡頭被播放出來時，許多中國人多少都還會自我激發出仇日情緒；就像228的歷史鏡頭重演的紀念日，台灣人會是何等心情一般。設想，再經過80年或更久遠的年代之後，香港人對中共政權今天所施加於港人的暴虐會是何等憤怒呢？

毛澤東建政之後經由幾次政治運動殺了千千萬萬中國人民，是南京大屠殺的200倍以上還有找。但中國人迄今似乎並不特別憎恨毛澤東！相反的還有為數不少的中國人將之視同神祇一樣日夜頂禮膜拜！是因為毛澤東是中國人，所以被賦予特權去大量屠殺中國人嗎？如果這論證屬真，何以換到鄧小平的六四天安門屠殺就要極盡可能地對中國人消除這段歷史記憶，務必令之永世不得再被提起？可見得任何當權者屠殺人民本來就是一種不可饒恕的罪衍，這依然還會是一種人類社會道德高點的普世價值。

這面向就得扯出習近平在今年年初時發表《告台灣同胞書》中對台講話所說的：「中國人不打中國人」！偏偏眼前天天都在上演「中國人打中國人」的真情實景之重大暴行。除非，中共政權願意證明香港人不是中國人！之後，也就可以同理可證：六四被屠殺的示威者不是中國人，和平協議下的圖博人不是中國人，信奉伊斯蘭教的維吾爾族人不是中國人、法輪功的集體信仰者不是中國人；中國境內數十萬因上訪被維穩虐打的維權人士不是中國人；果如是，則從來都不曾被中共統治過的台灣人民更有權聲言不是中國人了！

共產黨哲學：鬥天鬥地，無往不利

共產黨的本質是鬥爭，尤其是階級鬥爭。既要鬥爭就免不了使用殺人的手段。而且所謂「階級鬥爭」也會因時因地因人而做出完全不一樣的解釋。建政早年，共產黨發動農民鬥地主，這時節，農民是無產階級，舉凡地主、富農、官僚均屬資產階級，當然都要被打倒撲殺。直到中共黨國完全掌控國家機器並蛻變成權貴資產階級後，共產黨員才翻身成為唯一具備統治資格的無產階級專政之「新階級」，農民就只能淪為支持黨國權貴被動員的工具。緊接著就是統治階級之間為爭奪權力的黨內互鬥，也都會是刀刀要命的濺血場景。而且，集權統治的特性慣例就是：每當掌權者面臨內外交困之際，首先發動的一定是一場腥風血雨的「鬥爭」。

這也是習近平在9月3日出席中央黨校開學活動時，發表重要演說所稱的：「凡是危害來了，就必須進行堅決鬥爭」。習近平當時還特別表示，「凡是危害中國共產黨領導和社會主義制度，凡是危害主權、安全、發展利益，凡是危害實現『兩個一百年』奮鬥目標等各種風險挑戰，只要來了，就必須進行堅決鬥爭，而且必須取得鬥爭勝利。」習近平清楚指示：近期面臨的重大鬥爭不會少，港澳台工作就是其中之一，而且越來越複雜；因此要幹部對潛在的風險有科學預判，並且「該鬥爭的就要鬥爭」。對於港澳台工作近期正面臨鬥爭考驗，習近平要求底下幹部「該鬥爭的就要鬥爭」、「召之即來、來之能戰、戰之必勝」。

這番講話才是中共政權存在的本意初衷，也是習近平不經意所透露的嚴重危機感。凡是中共政權所做的任何公開談話，通常會有內外兩套目的性：一個是說給中國人民聽的，一套是說給國際社會聽的。所以，我們必須要先學會辨別其講話的內外對象，否則很容易會產生誤判。

當「發大財」已瀕臨夢碎，中國人民會夢醒嗎？

面向美國發起的貿易戰，中共是相對的弱者。開戰以來的一年多，中共基本是捉襟見肘，多次交手都處於挨打的局面。若從諸多統計數字上去觀察，實質上，中國經濟各項指標的快速下滑和外匯的資本出現嚴重短缺，都已成了癌細胞似的絕症顯像。即使連中共總理李克強在15日到西安主持之經濟形勢座談會中，都不得不公開承認「當前經濟下行壓力加大，特別是實體經濟的困難更明顯。」中共政權所擅長玩弄的「賜給你一口飯吃」或引領大家「悶聲發大財」之控制手段幾乎已經到了圖窮匕現的嚴重困境。先前中國人民或許願意用政治權力跟中共交換「賺大錢、發大財」的經濟利益，但是如果現在發現已經發不了財也賺不了錢了，那中共對人民長期沒收的政治權利是否願意還給人民了呢？或是繼續要用極權恐怖手段持續監控宰制中國人民？

我們閉起眼睛想像著一種已被試驗過的情境：一個寬敞的屋子裡關著十隻可愛溫馴的兔子，每天定時餵飽牠。具備隨時受孕之特性的兔子們會自然快速繁殖，多年後，這原本寬敞的屋子已被重複繁殖的兔子擠滿了，需要餵養的食物卻瀕臨短缺而必須逐日遞減供養甚至出現兔子的飢荒。試想：這一屋子的兔子將會發生何等可怕現象？

當外資紛紛撤離，製造業大量關廠，服務業相繼萎縮，失業率自然急遽增高，於是「發大財」也跟著開始夢碎之後，中共原本對人民承諾的「中國夢」不僅圓不了了，甚至還出現大逆轉的夢醒時分，中國人民的反應會不會像那屋子擁擠的兔子們一樣陷入集體焦慮的躁動症狀並突然就烽火遍地呢？

那麼，韓國瑜在15日的政論節目上無厘頭的說了個神燈裡的精靈與阿拉丁手上的戒指精靈，想用來比喻兩岸和外交情況，攪得大家都在猜測誰是戒指精靈，誰又是神燈精靈？那是因為韓國瑜想像的世界裡都只有一個中國，而且他很可能自認為時不時地總得要向中共政權有所交代的需要性，便也三不五時兀自掰出個不知所云的譬喻，一則博取媒體版面，一則讓自己變成不可測的天威。就像他在6月間在國民黨初選時拋出的「塞子論」一樣。

「芒果乾」流淌著的血液永遠都是紅色

如果將我們思想的座標移開中國北京而將軸心轉換到台灣來之後，我們就會豁然於台灣已經離開中國那塊陸地越來越遠了。一旦中國境內撤資逃難潮的一部分資金漸次被轉移到台灣之後，台灣經濟的榮景也必然會再次浮現，這也就是台灣軟實力的發光發熱。此乃當前的局勢使然，只要主政者掌穩舵，不要被對岸的土石流所波及，就可以順風順水駛得萬年船。當前這情勢既無關藍綠，也不需要刻意去掀起什麼惡鬥，只需要國家的掌舵者願意穩妥航行，並力圖扮演好公平正義的分配者之角色，台灣自然能再創一次經濟奇蹟。

因此，當國台辦引用這句「這個『芒果乾』流淌著綠色的血液，是一杯『鴆毒酒』」，我們將會驚覺於這些長居於深井庭院裡的中共官僚們，真的已經不理解井外世界都已經是以何等眼光在看待這個中共魔鬼國度了！他們更不敢想像，習近平發狠說：「任何人企圖在中國任何地區搞分裂，結果只能是粉身碎骨」時，台灣的人心，特別是年輕人的心，絕大多數都早就已經遠離中國而憤怒地斥之為「萬惡共匪」了吧！

所以，如果有戰爭會發生，絕不會是因為我們台灣這邊政府聽不聽話或嗆不嗆聲，而必然是因為中共政權所召喚來的神鬼所發動的，並且是基於對岸究竟有沒有能力動武並被迫敢大膽地越海而來。這也等於中共政權被逼著非要將自己的政權命運大膽押注在一場戰爭中以圖自保的最高度冒險行動。

台灣跟中共政權自蔣介石起即已對峙到今天，一場古寧頭外加一場823，都不是因為台灣這邊惹起的禍端，而是由對岸自行考量其內政或外交上的迫切需要性所發動的。今天，中共要擴張其霸權而亟欲突破的是第一島鏈的封鎖線，只是台灣正好位居於第一島鏈的正中間，所以才會成為重要打擊目標。跟甚麼中國領土或中國內政問題等等的都是試圖塑造其威嚇之自欺欺人的一個藉口而已。所謂「芒果乾」的根源本來就是中共一再威脅要併吞台灣而來的。也是因為中國總喜歡用戰爭不斷進行恐嚇而引發的！國民黨或韓國瑜只是剛好突然出現色盲而迷失了方向而已！

然而不能已於言者，請大家千萬勿忘香港人民所正掉進的痛苦深淵，他們是用肉身站在第一線抵抗暴政之摧殘，我想台灣人都應該對香港抗爭者們表示最深切的感恩之情並持續給予最大關注與支持才對！

發表於《風傳媒》2019/10/19

彭斯挺台批中，美中台關係已無模糊空間

通常美中兩大既然翻臉互打，台灣因地緣關係而突顯了戰略位置的重要性，很自然會成為對立雙方亟欲緊握的王牌。在現實上，中方打台灣牌擅長玩的是不斷霸凌、威嚇與恐嚇、孤立等手段；而美方採用的出牌方法卻是「盡量給糖吃」。於是，中共對台越是欺凌，美國給台灣的糖就越甜越蜜。這自然就要令人想起伊索寓言裡所傳述的那則「北風與太陽」的故事了！那麼台灣究該挑選去親近北風或是太陽呢？

10月16日，韓國瑜和莫健在高雄市府首次會面，莫健當面正告韓國瑜市長：「美台關係自『美台關係法』40年前設立以來，目前是最強健的時期。」此言聽在走進中聯辦的總統候選人的耳際裡理應敲響多麼尖刺的迴盪吧！

據報導，藍營立委許毓仁針對此次會面曾公開指出，美方樂見韓國瑜訪美，更提早準備了一張考卷，裡面五道題目包括：一、「若當選總統，台灣未來經濟是否會過度依賴中國？」；二、「如何證明在兩岸關係上，能夠處理得比總統蔡英文好？」；三、「若中國要求兩岸簽署和平協議，是否會屈服中方壓力？」；四、「對於中共介入台灣2020大選的看法？以及如何應對？」；五、「是否繼續配合與美對台軍購政策」？

讓全民一起來填寫「五道題」問卷

許毓仁於10月19日的臉書上又PO文補充說：這五大考題跟兩岸政策、經濟、國防、外交有關，是非常重要的，不只美方關心，台灣人民也有權利知道。市長在將來的競選過程，也一定會被對手問到。

許毓仁的話說得很漂亮，但畢竟韓國瑜並未如其所願地將這五道題的正確答案公諸於世，是以台灣人民也就無從得知這一位東西飄忽的總統候選人在這五道問題上的真實立場和態度。眾多評論者就只好從韓國瑜在會後宣布取消赴美出訪計畫的這一決定上去多做揣測與衍生！

在莫健南下高雄會晤韓國瑜的稍早之前，這位 AIT 主席已於 16 日在台北跟小英總統見過面，並強調，蔡英文雙十節演說中提到「台灣處於捍衛民主價值的最前線」，美國也非常關切中國對台灣不斷施加政治、經濟及軍事壓力大狀況。

歷史已翻開另一頁，親中親美已不容躲閃

我已在我的專欄上多次為文提示過台灣在美中關係的態度上，已經無法繼續保持模糊甚至故意閃躲。

1949 年蔣介石敗撤來台時，美國就曾決定要放棄台灣，並認真考慮要承認毛澤東的中華人民共和國，是因為韓戰爆發而逼使美國政策大轉彎，於 1954 年 12 月 3 日跟台灣簽訂《共同防禦條約》。自此驚惶中的蔣介石政權方始確立了「漢賊不兩立」的基本國策。也完全顯示台灣的蔣氏政權一面倒且不容懷疑地徹底採行親美反共政策。

史料顯示，1954 年 10 月 12 日，美國東亞助理國務卿羅伯遜飛抵台灣，開始與中華民國政府交涉《共同防禦條約》簽訂問題，但因蔣氏政權主張條約範圍應包括全中國大陸在內，惟美國政府的認知卻只能是防禦台灣島及澎湖，雙方各執己見，以致於交涉過程費時將近兩個月。11 月，中美繼續商談共同防禦條約，是年 12 月 1 日台美雙方達成協議共識，並發表共同聲明。其聲明的首條即謂：

美國與國府完成了為締結共同安全保障條約的交涉。該條約將與美國在太平洋地區所締結的其他安全保障條約同樣形式。該條約將承認條約國雙方對於台灣、澎湖島及美國管理下的西太平洋諸島安全保障是利害一致的。並且，關於在條約國雙方管理下的土地、協訂在這條約中，將留下把其包括在內的餘地。同時，該條約是準備對付所包含地區的安全保障受到武力攻擊的威脅。若發生這種攻擊或威脅之際，決定對此將隨時商討。

該條約精神不只是防止中共入侵台澎，也同時截斷了蔣家軍隊攻擊中國領土（反攻大陸）的企圖。一個中國兩個政權的形勢遂被確立了。這樣的穩定關係直到尼克森改採聯中制蘇的美國新政策，繼而於其訪問中國期間的 1972 年 2 月美中簽署發布第一份《上海公報》，台美關係開始產生「地動山搖」的巨震。

「北風與太陽」的伊索寓言

台美關係惡化情勢再延至 1979 年 1 月 1 日於卡特總統任內又出現一次大丕變，華盛頓宣布與臺北斷交並與北京建立外交關係。此後，美中政府開始展開長達 30 年以上你儂我儂的大蜜月期。這段期間台灣成了小媳婦，國際地位進入風雨飄搖困境中。這時亦就是蔣經國所主政而且兩岸關係很不好的「威權政府」，並力行「不接觸、不談判、不妥協」

的三不政策。當時的台灣完全處於美中兩大之間動輒得咎的尷尬情境，簡直連小三地位都還不如。

於今，美中兩國終結戀愛期，雙方徹底翻臉了。照理「媳婦熬成婆」台灣應該可以鬆開被綁緊的手腳大膽走出自己的路了，然而台灣被長期養成的小媳婦心態卻似乎還沒有來得及重新適應並進行自我調整，也才會不斷出現「不要跟對方大小聲」甚至直白到「藏人自殺讓中共很困擾」的奇言怪語！

通常美中兩大既然翻臉互打，台灣因地緣關係而突顯了戰略位置的重要性，很自然會成為對立雙方亟欲緊握的王牌。在現實上，中方打台灣牌擅長玩的是不斷霸凌、威嚇與恐嚇、孤立等手段；而美方採用的出牌方法卻是「盡量給糖吃」。於是，中共對台越是欺凌，美國給台灣的糖就越甜越蜜。這自然就要令人想起伊索寓言裡所傳述的那則「北風與太陽」的故事了！那麼台灣究該挑選去親近北風或是太陽呢？

10月24日，美國副總統彭斯在華府智庫威爾遜中心（Wilson Center）舉辦的首屆馬勒克公共服務領袖講座上致詞時又再度對中共政權火力全開。彭斯重申：

> 儘管川普政府將持續遵守一中政策，遵守中美三個聯合公報和台灣關係法，但中國透過金錢外交，在過去一年再誘使兩國與台斷交，改與中國建交，藉此對台灣民主施壓。國際社會永遠不該忘記，它與台灣的交往不會威脅到和平，而是會保衛台灣及整個區域的和平。

美國將始終相信，台灣擁抱民主，為全體華人展現出一條較好的道路。……

美國給台灣吃糖，多多益善

據中央社報導，美國官方今年2月12日完成台灣芭樂輸銷美國60天預告期，華府時間10月17日公告台灣芭樂准入。台灣成為第2個芭樂可以銷往美國市場的國家。

10月18日中央社又再報導：因應中國持續在國際上霸凌台灣，美國再出手挺台。美國國務院、商務部及農業部三大政府部門於本月初致函美國500大企業，強調美台關係緊密，並鼓勵他們強化與台灣的貿易、投資關係。該信函在最後提到，「台灣是美國重要夥伴，並呼籲美企好好利用台灣能提供的機會。」

對於該一消息，有涉外人士表示，美國政府雖曾在2014年與2016年相繼發函給地方政府，鼓勵他們與台灣發展經貿、文化關係，但這次是首次由三大聯邦部會致函給私人企業，強調美台的友好關係。

10月23日，美國在台協會處長酈英傑，特別前往拜訪位在台南的亞洲蔬菜中心。因為台美都是亞蔬中心發起方，酈英傑公開強調，台灣已經成為，全球園藝和蔬菜作物領域的專業知識提供者，美國也非常高興，能長期與亞蔬合作，見證台美間，蓬勃的農業關係。酈英傑也親自在亞蔬中心，種下一棵南洋杉，象徵亞蔬對人類的貢獻，以及亞蔬和美國的正面關係，並象徵美台在農業發展的合作。

由此可見得，台灣農產品大量銷美乃是指日可待之事，實在不必要像韓國瑜那樣大費周章親自跑到中國去簽一堆難以兌現的MOU回來，達成率卻不及7%而被譏諷為低級詐騙圈套。所謂：天堂並不遠，但是千萬注意要離中國越遠越幸福！

台灣國軍將列入美軍戰略考訓計畫

當中共自己因外匯日漸短缺而必須嚴厲執行外匯管制的當下，他們究竟還能來台買多少虛假應許的農產品呢？當中共自己的GDP已朝不保夕，資金逃難潮和企業倒閉潮繼續有增無減，失業率急遽攀高的經濟危局之中，台灣人民還真敢相信中共有能力來幫我們「發大財」嗎？中國企業級（公費）遊客還有多少消費能力來台灣耍弄土豪式的旅遊樣板嗎？

如果細心一點，我們應該會注意到莫健此行訪台是偕同AIT政軍組長唐默迪（Matthew Tritle）一起來台灣的。這位軍事組長訪台的任務是甚麼？可能事屬機密而並未公開其行程，只是如此不尋常的參訪，卻不免令人更加推斷其跟台灣國防防禦力及軍隊訓練作戰效率的提升方案存在著密切聯想：是否將要重新啟動當年「美軍顧問團」駐防台灣的新故事呢？

媳婦終究熬成婆，台灣準備好要迎風起飛了嗎？

誠如莫健所言，現在的台美關係不僅達到 40 年來「最強健的時期」，而且還有更多的台美合作計畫都正在陸續出爐中。不只是經濟發展的高密度合作，軍事國防上的合作也必然會達到另一個足以令人刮目相看的頂峰。

憑此，基本已可預言，中世代們在可預見的未來年代裡，亟應充分準備好去迎接另一個台灣飛升的新氣象；同時亦可諭示到：年輕世代們也都將會倘佯享受到台灣經濟起飛之後的最多紅利成果。

風水輪流轉，不管南漂北漂，好日子總會漂到各位的身上，但唯一重要的問題是：請問你做好準備要去迎接這新時代了嗎？

發表於《風傳媒》2019/10/26

沒有「國民黨」的台灣，將會是怎樣的國家？

「藍綠惡鬥」如果被限定在憲政體制下的內政現象，只要面對中共威脅時，無分藍綠而能一致對外，其實倒也屬於民主體制政黨競爭的正常型態，原也無可厚非。不意，連戰 2004 年再度敗選後的破冰之旅，卻完全改變了台灣政治生態，中共成了國民黨盟友，民進黨也因而成為國共合作下的共同敵人。隨著時間推移，有了中共介入下的「藍綠惡鬥」不斷升級的劇本，也讓台灣與中共之間出現了敵我不分，或是亦友亦敵的微妙關係。

在一場聚會中，有老友問到：如果國民黨主席吳敦義不推出這一份明顯親中的不分區立委名單，「王立強共諜案」的劇本會不會被推出到幕前開始上演？依我意，這道題必須要先回朔到美國政府的認知上究竟是如何看待台灣的歸屬地位。

我已多次在此專欄的各篇文章中再三闡釋，2005年連戰親率上百名國民黨黨產關係企業主浩浩湯湯到北京走了一趟「破冰之旅」，之後即開始帶動「台商」大舉西進，國民黨即已走上「經濟100分，政治0分」的不歸路。在當時，美中關係正在「你儂我儂」的熱戀期，國民黨也東施效顰跟著去和共產黨「你儂我儂」，更且傾其黨產前仆後繼地去「報效祖國」。

在當時的國際局勢下此一風潮乃是一種政治正確。相反的，當時阿扁總統對中共展開「遍地烽火」的外交政策反倒成了「麻煩製造者」。

那是美中相互擁抱一起發大財的年代。既是一種時尚趨勢，台灣的財團企業自是不可能置身局外。於是十幾年下來，國民黨人跟中共之間的「發財夢」也越演越纏綿悱惻，千絲萬縷的利益關係終至難以自拔。也因此而逐漸將該黨老祖宗被打得落花流水而一路被趕到台灣來避難的教訓與反共遺訓（或稱之為「黨魂」）忘得一乾二淨！

美中擁抱發大財已遠颺，有人仍在夢中叫不醒

無奈國際局勢突然來了個大逆轉，美中反目，從原本的親密戰友急轉成對抗的戰略敵手。美國這位老大哥不單是自己要反中共，也必然要求眾盟友小弟們跟著一起對抗中共。在太平洋勢力範圍內的日、英、澳、紐、加均不可倖免，都只能零選擇地跟老大哥緊密站在一起，這是不可違逆的宿命。地處在第一島鏈正中央的台灣，又如何能擺脱得了？

我再強調一遍，對美國人而言，第一島鏈的劃定乃是美國人在二戰時犧牲了數十萬青年的生命鮮血所贏來的，也即是美國的勢力範圍之必守戰略空間。國民黨政權被中共擊垮而退守台灣後，也完全是仰賴美國保護及諸多經援才得以延續其「中華民國」的生命力。這套統治邏輯，兩蔣政權再清楚不過：缺了美國奧援，你就甚麼也不是，甚至不是到只好去跳太平洋。

冷戰時期，美國在台灣海峽畫下一道「中線」，並喻令「維持現狀」，既防止解放軍越過中線侵犯台灣，也嚴禁蔣家軍隊越過中線騷擾中國境界。只要不違逆此一「維持現狀」的兩個政權政策，蔣家在台灣如何高壓統治則悉聽尊便。因此如何維持美國對蔣家政權的高度信任，乃是國民黨施政上的第一守則。

養虎為患，中共崛起乃係美國一手扶持的

只是，1972年尼克森總統改弦易轍，親訪了北京，開始新政策「聯中制蘇」的另一章，並且也大量援助中共的經濟發展並協助致力於中共科技能力的提升。這一路走來，國民黨

統治台灣的基礎也出現了大轉折，台灣戰略樞紐地位在美中熱情擁抱下，逐漸失去地緣政治上的重要性。

在這美中熱情擁抱的時代背景下，國民黨對台灣統治的正當性遭到強大挑戰，主政的蔣經國所掌握的對抗中共之台灣政權也被迫必須調整自己的統治思維，並重新思考如何延續國民黨統治的存在價值。這就是當時會出現台灣民主化的時空條件，因此當時才曾出現一種弔詭的課題：「沒有國民黨的台灣，將會是怎樣的國家？」

2000年台灣完成第一次政黨輪替，國民黨首度淪為在野黨卻依然掌握著國會多數席位。朝野相互激烈衝撞下，也種下了此後難分難解的「藍綠惡鬥」之惡質因子。

「藍綠惡鬥」如果被限定在憲政體制下的內政現象，只要面對中共威脅時，無分藍綠而能一致對外，其實倒也屬於民主體制政黨競爭的正常型態，原也無可厚非。不意，連戰2004年再度敗選後的破冰之旅，卻完全改變了台灣政治生態，中共成了國民黨盟友，民進黨也因而成為國共合作下的共同敵人。隨著時間推移，有了中共介入下的「藍綠惡鬥」不斷升級的劇本，也讓台灣與中共之間出現了敵我不分，或是亦友亦敵的微妙關係。

聯共制民：打不如買，買不如騙

對中國共產黨而言，統一台灣是列入其憲法的歷史任務。無論換哪個領導人都不敢貿然改變此一歷史任務。當美中熱情擁抱時，國民黨很識時務地也跟著去跟中共熱情擁抱，共產黨則在大國崛起的大格局中，順勢循著國共擁抱的脈絡中，開始出爐其滲透台灣的「買下台灣大計畫」。令人遺憾的是，國民黨在跟中共熱情擁抱的同時，竟然逐漸迷信於「經濟100分，政治0分」的政治騙局，終至於自廢武功而成了不設防的政治乞丐！

統一戰線，簡稱統戰，乃是共產黨人慣常採用的一種政治鬥爭方式，係指聯合不同政治團體及社會各界的力量，為同一政治目的而共同奮鬥，其基礎理論由第三國際確立。通過統一戰線，共產黨人得以聯合不同的工農階級，推翻敵對的資本主義勢力。在這層意義下，將這套理論運用到對台統戰策略，中共所欲聯合的最大政治團體就是國民黨，而其所欲推翻的敵對勢力當然就設定為民進黨。說白了，就是聯合國民黨一起推翻民進黨。國民黨是友，民進黨是敵。這應該很清楚說明了「藍綠惡鬥」長期難分難解的根本由來，也可以藉此理解韓國瑜所謂的要「叫爸爸」或是「罵王八蛋」的無厘頭比喻。「叫爸爸」要甚麼給甚麼，「罵王八蛋」就得準備挨一頓毒打！徵諸現實，確實也是如此的，端看你願不願委屈地去「叫爸爸」而已！

然而，當時序推移到2018年，美中貿易大戰開打，而且還越演越烈，連科技戰、金融戰、貨幣戰都已被推到戰場中而進入備戰狀態了。然而台灣很多政治人物卻猶然還沉迷於「叫爸爸」或口是心非、憑其智商可以玩弄著相互欺騙的既有大夢中，誤以為可以在兩大之間繼續保持左右搖擺的兩端平衡之「中性角色」，畢竟統戰紅利的迷幻力，實在很難以戒除之的。

莫健到高雄先對國民黨提出第一份示警

當10月18日，老大哥的代表人物莫健移樽就駕，到高雄市府親訪國民黨提名候選人邀其訪美，卻遭到拒絕。事後美國還透過國民黨籍的立委許毓仁放出美國對韓陣營提出了五道題目，包括：

一、「若當選總統，台灣未來經濟是否會過度依賴中國？」

二、「如何證明在兩岸關係上，能夠處理得比總統蔡英文好？」

三、「若中國要求兩岸簽署和平協議，是否會屈服中方壓力？」

四、「對於中共介入台灣2020大選的看法？以及如何應對？」

五、「是否繼續配合與美對台軍購政策」？

當時一般都認為這五道題不僅是給韓國瑜的考卷，更應該是美國對國民黨提出最嚴肅的提醒與警示。可惜，國民黨高層或因忙於內鬥，或沉迷於統戰紅利的貪婪性，竟因而麻痺到無視此一警示。

韓導驚句：老鼠偷拖鞋，大的在後面

觀諸這次澳洲出現的「共諜案」作為舉發者的第一配角「王立強」，如果真如已揭露的報導說是早於今年5月份即已向澳洲政府投案，延至10月，五眼聯盟的偵辦團隊應該已將整個案情爬梳清楚，莫健即來台並轉個彎對國民黨公開提示的五道預警題，其時間點的掌握豈非若合符節？

易言之，這個共諜案在當時即已寫好劇本並攤在莫健桌面上，就等國民黨的親中表現是否被點醒而能有所節制，再決定是否要使之搬上舞台公演而已！

再退一步設想，吳敦義「被迫」必須推出這一份紅通通的不分區名單的交涉過程中，也許美國老大哥都已經充分掌握其「被迫」情節，而且也隨其演進把後續的多向化劇情和道具都已模擬入戲了。套句韓國瑜的戲言說：「老鼠偷拖鞋，大的在後面」，也還算傳神吧！

就美國政府而言，只要放棄台灣戰略位置就會立即「被直接」威脅到美國本土的安全。更何況，請容我再一次提醒美國立場的認定：台灣是美國人在二戰時犧牲了數十萬青年的生命鮮血所贏來的地盤，豈能輕易就讓國民黨拱手讓給現在的敵人？

國民黨連環五爆，國民黨還能存活多久？

國民黨總統候選人韓國瑜的頻頻失言已導致民調雪崩滑落，連其副總統候選人張善政都逼不得已要自行成立自己的選戰辦公室，明顯要跟總統候選人切割，如此荒謬的選情發展，可視為國民黨的第一爆。

香港選舉結果民主派對抗親中派得到輾壓式的壓到性勝利，其對中共大聲吶喊「NO！」的外溢效應已明顯擴及到台灣，這是國民黨第二爆。

吳敦義強勢推出濃厚親中色彩的不分區立委名單，不僅讓自己的政黨品牌嚴重受損而罵聲連連，也致令所有區域立委候選人隨著該政黨的民調墜落而集體陷入咬牙切齒的苦戰中，這是國民黨第三爆。

「王立強共諜案」涉案主犯向心和龔青夫婦在台被逮，其複雜情節仍在演繹中，估計延續到投票日之後都還不得歇止。國民黨各區域立委候選人的選情已經因此案的渲染受到莫名牽連，紛紛陷入更艱困的苦戰中，這是國民黨第四爆。

最新戰情傳來，綠營已發動「1人tag3人，力拚藍營政黨票低於159萬」。如果此一網路運動被成功捲起巨大風潮，對國民黨選情勢將是一場海嘯式的巨大災難，很可能會造成三殺下場，國民黨也隨即淪落為中小型政黨格局，再難翻身，這是國民黨第五爆。

為了一份備受指責得紅通通不分區名單，導致一個百年政黨的傾圮，何苦來哉？

「敵我不分」的國民黨會被掃進歷史灰燼嗎？

吾人所關心的是：國民黨是否會在這大選中，因為自己違犯了「敵我不分」的嚴重錯誤而被老大哥揮刀嚴懲乃至於解體呢？

民進黨和國民黨可以互視為「政敵」，但畢竟都是立足於台灣的「同胞」，在面對中共這號意欲吞噬我們的強大「敵人」時，自當同仇敵愾，拔劍怒視之！否則，還要誤將投共者的諸多中共同路人視為自己人，那也只好任其自取其辱。果真如此而步上自我毀滅的地步，也不過是剛剛好而已吧！

只是，如果國民黨真的因為此役而終於被掃進歷史灰燼裡，我們似乎又得被迫重新思考那道曾經出現過的嚴肅課題：沒有「國民黨」的台灣，將會是怎樣的國家？

發表於《風傳媒》2019/11/30

「最後叛亂犯」談台灣「反滲透法」的必要性！

話說中共國台辦新上任發言人朱鳳蓮的一番說法著實令人非常錯愕！曾幾何時，中共政權竟然會關心起台灣的民主前景？更荒謬的是，一個極權國家還能如此張牙舞爪地厲斥民進黨「大開民主倒車」？為一黨政治私利，大開民主倒車的不正是共產黨自己危害最烈嗎？而且仍不忘罵街式地強烈抨擊蔡英文政府倒行逆施，製造「綠色恐怖」？朱鳳蓮的語態聽起來宛似台灣在野黨慣常使用的政治暴衝語言，也更像似台灣候選人的在不利情勢時口不擇言的競選嗆聲。莫非共產黨已經按捺不住總統選情的一面倒，而乾脆明目張膽直接跳下來取代在野黨干預台灣 2020 這場選舉了嗎？

逼近大選前夕，攸關台灣民主防衛機制的《反滲透法》突然成為熱門政治議題，不僅國民黨高層如馬英九、連勝文、洪秀柱等人紛紛公開咒罵蔡政府「違憲亂政」「仇中、反中」，而且連宋楚瑜和郭台銘都要站到台前表示反對聲音。自思我本人在當年就是被蔣家政權以「懲治叛亂條例」所追殺之人，當年只因言論不同於當道，即被起訴判刑，跟當今所討論的《反滲透法》根本就不可同日而語。因此今天就此議題跟大家一起來談談。

《反滲透法》自今年3月中旬由民進黨多位立委公開倡議，在5月底由民進黨和時代力量黨團在立法院分別正式提案，國民黨團則採取杯葛手段一直都拒絕溝通討論。據說，在美方非正式管道的催促下，執政黨立法院黨團即於11月底提出《反滲透法》草案，並以最快速度排入議程，再強力動員將全案逕付二讀。當時的國民黨黨團亦強力動員，只是卻出乎意外地竟然選擇集體缺席拒絕參與表決，即使親民黨黨團也採取缺席態度。按立院內規，等待一個月冷凍期過後，將於12月31日的院會進行表決。

宋楚瑜和郭台銘兩位，基於他們的兩岸政策之主張迄今仍一廂情願地堅持要「和平往來」或「友好相處」，而且他們跟中共的高層都不乏重量級友人，因此，會站出來表達反對意見，其實見怪不怪。但令人質疑的是，何以該法提案之後都對此保持完全沉默，卻在國台辦號召全台親中勢力站出來反對《反滲透法》的命令之後，才開始跟進發聲反對？這樣的時序，未免也太巧合了吧！

宋楚瑜和郭台銘睡了一整年，突然才驚醒過來？

在25日的第二場總統候選人電視政見會上，宋楚瑜表達：「反滲透法」有三大不可，其一是沒有經過行政部門和立法院委員會的討論，就公開要求立法院12月31日要通過，完全違反程序正義；同時，在中國有200多萬台商，也有宗教和旅遊交流，這麼多人若是查證不實，人人自危，影響國家威信。宋楚瑜還強調：最重要的是，國家當然要有安全，但民主常規是必須依照新民意決定重大立法政策。宋楚瑜說：「如果我們的總統無視於憲政分權，跟民主正常運作的規範，這跟69年前美國的麥卡錫主義沒有兩樣。」

請問，這位永遠的省長，在此前都在睡覺，或根本無意參與《反滲透法》的積極討論嗎？

再看看郭台銘在先前也是對此法案從不置一詞，卻突然在24日站出來表示反對。他在當晚接受民視「周玉蔻辣新聞」專訪時即相當激進地嗆聲：民進黨執意在月底通過反滲透法，他將帶團到立法院集結。他說「當初太陽花學運怎麼反對服貿，我們就怎麼反對，我可能沒有能力翻牆，就睡在那裡」。為此，輿論為之譁然！隸屬郭粉的「老虎軍團」重要成員黃澎孝先生即於25日在臉書上PO文直陳：「郭董再見！」黃先生並怒嗆：「反滲透法」真是個照妖鏡，同時宣告退出郭粉所有社團組織。郭董在輿論壓力下旋於當日立刻在自己的臉書上PO文澄清說：郭台銘從未有過反對「反滲透法」。

國台辦吃錯藥?竟然會關心起台灣的民主前景?

不過事情還是得先得回到國台辦發言人朱鳳蓮在25日在例行記者會所宣稱的:「民進黨當局強推惡法,倒行逆施,製造『綠色恐怖』,禁限兩岸交流交往,升高兩岸敵意對抗,損害台灣同胞利益,終將會自食惡果。」朱鳳蓮還聲稱,「民進黨當局為一黨政治私利,大開民主倒車,完全置台灣民眾福祉利益於不顧,強行以所謂『修法』手段來進行政治操弄,影響極其惡劣,危害極其嚴重。」

朱鳳蓮的這番話著實令人非常錯愕!曾幾何時,中共政權竟然會關心起台灣的民主前景?更荒謬的是,一個極權國家還能如此張牙舞爪地厲斥民進黨「大開民主倒車」?為一黨政治私利,大開民主倒車的不正是共產黨自己危害最烈嗎?而且仍不忘罵街式地強烈抨擊蔡英文政府倒行逆施,製造「綠色恐怖」?朱鳳蓮的語態聽起來宛似台灣在野黨慣常使用的政治暴衝語言,也更像似台灣候選人的在不利情勢時口不擇言的競選嗆聲。莫非共產黨已經按捺不住總統選情的一面倒,而乾脆明目張膽直接跳下來取代在野黨干預台灣2020這場選舉了嗎?

朱鳳蓮有一段話簡直令人啼笑皆非,她說:

台灣各界人士已紛紛表達強烈譴責和堅決反對,該法一旦通過,凡是與民進黨立場不同的政黨、團體、人士,敢於批評民進黨的媒體,來大陸就學就業的台胞,參加兩岸交流合作的人士,都有可能被『莫須有』地扣帽子、打悶棍,遭到隨意調查、罰款，甚至是判刑坐牢。

試問：台灣人到中國土地上，有多少人已被消失了？台灣人在中國土地上，有誰敢批評中共政權或其黨營媒體？到中國去就學就業的台灣人，哪個不會擔心可能被「莫須有」地扣帽子、打悶棍，並遭到隨意調查、罰款，甚至是判刑坐牢？

朱鳳蓮的威嚇言論是在故意開世界玩笑，或是她自己對台灣民主生活本來就全然無知呢？

中共何以大張旗鼓動員台商反對《反滲透法》？

再倒推到12月18日，台企聯買下台灣聯合報頭版半版廣告反對民進黨團12月31日將強推《反滲透法》。該廣告文以「再弄惡法、民心不寧」為標題，內文則寫道：

《反滲透法》是變相的《中共代理人法》，再次讓廣大台商、台胞義憤填膺，又聞《貿易法》修訂，平添困擾。綠色恐怖一波未平一波又起，如何讓廣大台商安心回家？

12月23日，赴中台商組織「全國台灣同胞投資企業聯誼會（全國台企聯）」在北京舉行2019全國台協會長座談會，約150名台協會長、台企聯幹部及台商負責人出席。有評論者高度質疑這場全國台商座談提前在台灣大選前舉辦，以及台企聯還買下聯合報頭版半版廣告，外加華南、華東等多處「台商協會」紛紛舉辦大型活動，甚至出現和韓陣營類似的看板、口號，種種動作都是在為韓國瑜選總統造勢。

這也不禁讓人想起毛澤東對共黨徒所曾訓示的一句銘言：「敵人反對的，我們就要堅決擁護；敵人擁護的，我們就要堅決反對！」秉此原則，已經在享受著民主活的我們，在面對中共耍弄其惡霸姿態時，應該很容易可以得到一個最高指導原則：舉凡中共反對的，就是對台灣最好的，所以我們要「堅決擁護」。這道理，也正告訴我們一個最直接的答案，中共很害怕台灣通過並執行這個《反滲透法》，必將傾其全力阻擾此法的通過。

因此，當對岸的國台辦動用如此大陣仗，用了如此最大力氣要來反對台灣國會通過「反滲透法」，這就很容易得出一個結論：我們絕對要「堅決擁護」《反滲透法》的立法通過。

蔡衍明又抓到交心的大好時機

這裡面還有一位持反對意見的「大紅人」旺董蔡衍明，對於如此可對國台辦交心的機會，他當然絕不會缺席。25 日他即時在自己的 YouTube 頻道上直播《反滲透法，就是戒嚴！就是獨裁！》。他沉痛表示，對於蔡英文政府，強勢要在 12 月 31 日前通過《反滲透法》，感到非常失望、痛心，他為此震怒痛批《反滲透法》就是搞戒嚴、搞獨裁，內容不清不楚，法令不清不楚；蔡英文為了要拿到總統整個統治的權力，把台灣人帶到這個地步，「你們民進黨晚上睡得著嗎？對得起全台灣 2 千 3 百萬人嗎？」

令人莞爾的乃是：怎麼從不見旺董為習近平搞獨裁、搞極權而感到痛心呢？怎麼區區一個《反滲透法》就讓他痛不欲生了呢？

有評論者看了紅媒老闆蔡衍明的直播後立即酸說：有旺董和國台辦出面反對《反滲透法》，大約就可預告12月31日一定過關了！

國台辦何以表現出如此氣急敗壞的態度？答案其實很簡單：因為《反滲透法》一通過，就可能把他們這十幾年來處心積慮在台灣所設下的諸多滲透和第五縱隊的安排布局全都打散而歸零了，他們豈能不跳腳呢？

全球民主國家都紛紛祭起防堵中共的民主防衛機制

當前全球被中共滲透不會只有台灣，因此為了民主防衛機制，諸多國家都已陸陸續續立法設立防治中共滲透的屏障，比如：美國的《外國代理人登記法》《反宣傳法》《誠實廣告法案》；澳洲的《反外國勢力干預法》《反間諜法》；歐盟的《外資審查框架法案》；英國的《叛國法》；德國的《社交網路強制法》等等不一而足。此前，多起美商來台洽談投資案時也都曾對台灣提出「防治中共滲透」的法律保障之深重疑慮。也就是說，當我們的盟邦都已正襟危坐地大抓共諜之際，台灣豈能繼續容忍對岸有恃無恐地「打著民主反民主」之滲透顛覆？

如果台灣已經被美國列入印太戰略伙伴之一，則建立一套足以令盟國放心的「民主防衛法律體系」乃是必備的合作條件。依此以觀，台灣要跟每一個戰略盟國合作發展經濟，也顯然必須要先建立一套可以自衛的民主防禦機制。則，《反滲透法》也不過只是一個起步點而已吧！

更進一步言，從對抗中共《反分裂國家法》的主權觀點切入去論述，則《反滲透法》的政治意涵除了堅守住「自由、民主、人權」的台灣基本價值之外，還可以提升到一個更高的國家層級的基本思維之辯證：中共到底是不是中華民國（台灣）的敵人？何況當美中已然形成新冷戰的局勢下，兩岸之間的對等關係也絕不宜再委曲求全或總是要矮半截式的仰承鼻息。

台美建交指日可待，《反滲透法》乃是起步台階

只要中共繼續處於似敵非敵的模糊狀態，台灣的政治紛擾就永無平息的一天。同樣的，當已簽署生效的美國《國防授權法案》正式納入加強台美網路安全合作，美艦應常態性穿越台灣海峽等內容，並要求國家情報總監須在台灣總統大選後 45 天內提出報告，都在在說明了中共干預或破壞台灣選舉的行動之事實，以及美國為阻止中方行動所正在執行的努力。

同時觀察到，12 月 23 日有兩位美國眾議院外交委員會的成員：眾議院「國會台灣

連線」的主席、共和黨籍眾議員夏波（Steve Chabot），以及民主黨籍眾議員薛曼（Brad Sherman），已共同提出《台灣特使法案》（Taiwan Envoy Act）。該法案要求「美國在台協會」台北辦事處的處長（Director），須經參議院同意其任命案。此舉意味著，只要該法案一旦通過生效，則現在AIT的台北辦事處處長酈英傑（William Christensen），以及TECRO代表高碩泰（Stanley Kao），他們的身份就會相當於美國和台灣互派的「大使」。

果真台美關係真的走到這一步，則台美建立外交關係也即是指日可待的一個未來囉！而這是不是也意味著「兩國論」的具體實現呢？

那麼，你要是站在美國政府的立場來思考，你會希望台灣這一套《反滲透法》應該在這一屆立院會期通過或讓此一法案留到下一屆再說呢？

發表於《風傳媒》2019/12/28

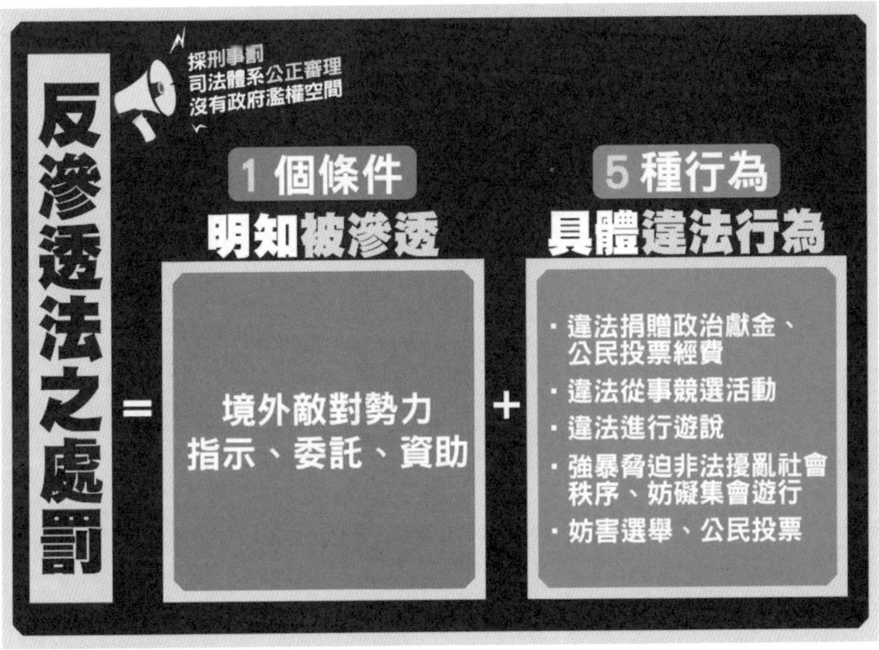
反滲透法之處罰
採刑事罰
司法體系公正審理
沒有政府濫權空間
=
1 個條件
明知被滲透
境外敵對勢力
指示、委託、資助
+
5 種行為
具體違法行為
・違法捐贈政治獻金、公民投票經費
・違法從事競選活動
・違法進行遊說
・強暴脅迫非法擾亂社會秩序、妨礙集會遊行
・妨害選舉、公民投票

台灣科技產業是美國核心利益，豈容被赤化？

形式上看，2020 大選在台灣是藍綠對決的一場大選；實質上，美中兩國的手都對台灣伸入很深很深。親美或親中的兩大黨就地捉對廝殺，美國和中國所扮演的角色和施展的手段也當然絕不輕鬆。

我已不只一次提醒過，台灣就是美國的禁臠之地，是美國核心利益的關鍵所在，不只是地緣戰略位置的核心利益，現在還更是半導體尖端科技的第一重鎮，焉容紅色勢力輕易染指？

一如預期的，《反滲透法》如期在12月31日順利通過；也一如預期地，立院國民黨團並沒有頑強阻擋；或更精確的如該黨團所形容的「抗議不抗爭」、「抗議不杯葛」，將「假戲真做」反轉操作成「真戲假做」。

2020元旦日，小英總統的新年公開談話中重申：「民主與威權，無法同時存在於同一國家。」也即是再一次對中共表達悍然拒絕「一國兩制-台灣方案」的決心。這也正是執政黨趕在2019歲末必須趕著通過《反滲透法》的意志展現。同時對於中國氣急敗壞地大動作抨擊台灣通過《反滲透法》之立法意旨，她則明白指出「解鈴還是要繫鈴人」，包括台灣，還有很多民主國家都紛紛立法或推動政策，要防止中國對他們國內事務的滲透與介入。問題不在立這些法的國家，而是北京是不是停止這些滲透介入的作為，成為國際上信賴的夥伴，才是真正的正本清源。

《反滲透法》立法原意的「四個認知」

而且小英總統繼續提到他先前已提示過的「四個認知」：

第一，破壞臺海現狀的是中國，不是臺灣。所以，當中國逼迫我們的時候，我們必須一致對外。

第二，中國利用「九二共識」，正在掏空中華民國。所以，我們必須更加堅定，捍衛國家主權。

第三，不能以主權交換短期經濟利益。所以，我們必須要有一條底線，確保主權不受侵犯。

第四，要警覺中國正全面滲透，分化臺灣社會。所以，我們必須把民主的防衛機制建立起來。

這其中的每一項認知，都圍繞著《反滲透法》的立法原意而補強說明。特別是這一段斬釘截鐵的保證：「我再強調一次，我們是反滲透，不是反交流。兩岸之間的正常交流和往來，都不會被這個法案所影響。」

揚言要睡在立法院的郭董何以默然無聲了？

如果我們注意到郭台銘先前所曾誓言的訊息就絕對值得玩味：原本慷慨激昂地說要去睡在立法院的郭台銘，何以事後卻突然爆料「蔡英文這法案必需過，我也曉得中間是有一些，因為我已經跟3個黨鞭都通過電話，了解為什麼要倉促立法，今天我在這邊不好說。」

郭董這句超曖昧的「不好說」，用來對照原本反對最烈的「國民黨團」突然改口說：他們也支持《反滲透法》，就更加引人深思了。果然，原本被認為山雨欲來的一場政治風暴，當《反滲透法》如期立法通過後，一切復歸雲淡風輕了！

那麼，郭董所傳敍的這句「不好說」，究竟暗藏了什麼玄機呢？

千一句萬一句，這句「不好說」，其實「很好說」，也再簡單不過了：只因為《反滲透法》根本就是來自美國老大哥的壓力，所以非通過不可。國民兩黨各自扮演著黑白臉，彼此各自對其背後靈都交了差，然後皆大歡喜，一起等著太陽依舊從東邊升起。

而，弔詭的是習近平似乎一反慣例，經歷過大半年的香港「反送中運動」之後，竟然沒在 2020 的新年談話中出現「一國兩制」的對台政策繼續叫囂或宣告強化？設想，美中兩國即將於 1 月 15 日簽署第一階段貿易協議，則習近平又何必要為了台灣的《反滲透法》而節外生枝呢？也由此可以認知到，中共急於解決美中貿易紛爭的位階，實際上是遠遠高於其對台政策的。

美中台的三方關係的微妙演進

正因此，我們與其膠著在《反滲透法》的民主防衛機制之討論，還不如用更大的關心來探討美中台的三方關係之正在急遽進行中之演化情境。

觀諸美國在 2019 年內已陸續通過多項友台法案，諸如：《台灣旅行法》、《亞洲再保證倡議法案》、《台灣國際參與法案》。但直到 12 月 20 日由川普迅速簽署的《2020 國防授權法》，才讓台美關係確立了實質上的「共同協防」的戰略夥伴關係。而這正是台灣這次必須限期通過《反滲透法》的最重要根本因素。

且讓我們往前回推到去年 10 月到 11 月所發生的台美大事：

10 月初，美國國務院、商務部及農業部共同致函美國 500 大企業以及州級政府，內容談及美台關係緊密，鼓勵各級單位強化與台灣的貿易和投資關係。由此啟動了美國幾大科技巨頭開始研商投資並入駐台灣的可行性評估。

10 月 29 日，美國參議院的院會以「無異議同意」通過《台灣盟邦國際保障與強化倡議法》（簡稱《台北法》）該法旨在透過美國對與臺灣擁有外交關係的世界各國採取實質行動，予以支持確立臺灣在國際之地位。眾院外交委員會旋於 30 日跟進通過眾院版《台北法》。

11 月 4 日，美國國務院公布《自由開放的印太地區：促進共同願景》報告（A Free and Open Indo-Pacific: Advancing a Shared Vision）首次在印太戰略中提到將與「新南向政策」緊密合作，其中在「捍衛良善治理」的部分，將台灣與澳洲、日本、紐西蘭並列為優先合作的夥伴，是為台灣戰略定位重大突破。

11 月 15 日，AIT 發出「全球合作暨訓練架構」（GCTF）的聯合委員會照片，這個台美合作架構今年一共辦了超過二十場的公開活動，甚至還有移至第三國舉行的培訓及會議行程。一般論者都認為美方已藉此掌握台灣金融密鑰，並因此而得以運算出兩岸和海外的非正常匯兌金流紀錄，再以之全面掌握清剿地下賭盤的情報資訊。

另外美國國防部副助理部長 Heino Klinck 則於 11 月中旬秘密訪問台灣，但行程和訪問內容均未公開。一般認為跟美國即將落實執行的《國防授權法》有關。尤其是該法案要求美國國家情報總監在台灣大選後 45 天內提交報告，說明中國干預或破壞台灣選舉的行動，以及美國為阻止這些行動的努力。

臉書大舉刪除幽靈帳號，導致韓粉大軍退潮

大約是去年 8 月份，有報導指出：社群媒體巨頭推特（Twitter）、臉書（Facebook）在當地時間 19 日刪除大量疑似中國網軍帳號，推特移除刪除 936 個帳號，停權 20 萬個帳號，臉書也刪除 7 個粉絲專頁、3 個社團和 5 個帳號，臉書特地以中文發布聲明，直接點名中國網軍，「移除來自中國的有組織非真實散佈行為」。

當時臉書還強調：「Facebook 絕不希望平台被人們用作操縱他人之用，因此會持續偵測並制止這類行為出現。」當時因為香港反送中運動正在推高血腥鎮壓的情勢下，多數觀察者多認為這項大規模刪除帳號行動乃是來自中國的小型網絡組織。無獨有偶，台灣大量深具攻擊性的韓粉五毛也在這時候出現逐漸退潮現象。

頗具諷刺味的是，根據當時中共黨媒報導，習近平為此一刪號行動也對外發表聲明：

「中國是個尊重民主自由，愛好和平的國家，西方霸權社群軟體惡意停權中國人帳號，意圖影響香港局勢發展，實屬可恥，香港的未來應該是由十四億中國人決定，台灣的未來也應由十四億中國人決定，西方世界號稱民主自由卻惡意限縮中國人的言論自由，這是對中國的霸凌」！

迄至12月13日，中央社報導：今天Facebook在台灣移除了118個粉絲專頁、99個社團，以及用來管理這些粉絲專頁與社團的51個多重帳號。這51個多重帳號試圖以虛假手法提高貼文內容的人氣，違反Facebook的社群守則。Facebook強調，揭露的這些行為，是Facebook持續主動審查平台上疑似不實行為的一部分，也是Facebook要「保護台灣選舉公正」的一環。隨著選舉即將到來，Facebook會持續偵測平台上不實的互動手法以及其餘違反社群守則的行為，並主動採取行動。

臉書成立「台北戰情室」，進行24小時監控操演

就在《反滲透法》預定要通過的前一日，也就是12月30日晚間，臉書公開表示，為了確保選舉公正，臉書在亞太區總部新加坡設立「地區性選舉中心」，成員來自數據科學、社群營運、工程、研究、法務等團隊。臉書也首度為台灣總統選舉，特別在台灣成立「跨部門工作小組」，將與地區性選舉中心共同監看平台，並即時回應可能出現的威脅。臉書也指出，臉書致力維護平台上的安全，提供24小時全天候的監看，地區性選舉中心是臉書為維護平台安全所提供的另一層保護。臉書表示，台北戰情室預計會在1月11日

選舉投票日後再維持運作一段時間，以防發生突發狀況，針對不同情況都已有備案。據了解，事實上，在2018年美國期中選舉時，臉書就曾在加州矽谷總部設立戰情室，打擊影響選舉的假帳號和假新聞，甚至使用人工智慧（AI）技術來辨別用戶虛假貼文。

臉書台北辦公室的戰情室（war room）將包括臉書公共政策、政治廣告、內容審核、法務、系統安全等不同部門的成員在內，基本上24小時運作；臉書香港、台灣及蒙古國公共政策總監陳澍在這段時間也將親自坐鎮台北戰情室。

臉書對這次的24小時全天候的監控措施，一般認為跟美國國防部的網路情報蒐集有相當密切關連。應可視為對付中共網路攻擊的一次大數據之尬場演練。

美國往外「切香腸」則勢將切斷中共的手指頭

這樣一路看下來，我們已經可以確認美國在這次的台灣大選中，毫不避諱地大辣辣公開介入，完全無視中共的喜怒哀樂了！

雖然中共黨媒《環球時報》於12月24日曾發表社評痛批說，台灣雖然是最容易挑釁、刺激中國大陸的地方，但也是對美方來說風險最大的地方，「如果美方在台灣問題上不停地『切香腸』，它早晚切到自己的手是注定的」，強調中方不但可以直接反制美方的挑釁，讓美國付出代價，還可以增加施壓台灣的力度，讓美方陷入尷尬局面。

然而，前美國在台協會處長的楊甦棣卻在12月30日在《台北時報》發表的文章公開聲言：美台這兩個長期夥伴應該探索其他途徑來深化彼此的關係，美國國會和白宮也應該重申支持台灣，對抗習近平尋常對待台灣的霸凌，與此同時他也提醒習近平，最好提防來自政敵的攻擊，「那些8年前幫助他得到權力的人或許沒有想到他會宣布自己成為終身統治者，剝奪了他們成為中國最高領導人的競爭機會。」

形式上看，2020大選在台灣是藍綠對決的一場大選；實質上，美中兩國的手都對台灣伸入很深很深。親美或親中的兩大黨就地捉對廝殺，美國和中國所扮演的角色和施展的手段也當然絕不輕鬆。

台灣的科技核心技術就是美國的核心利益

我在本專欄系列文章中，已不只一次提醒過，台灣就是美國的禁臠之地，是美國核心利益的關鍵所在，不只是地緣戰略位置的核心利益，現在還更是半導體尖端科技的第一重鎮，焉容紅色勢力輕易染指？

再進一步看，現在美國憑甚麼會願意把F-16戰機的亞太維修中心設置在台灣？這算不算是在對國際宣示美軍決心駐防（協防）台灣的另一種變相的意志展示？因為設置「F-16戰機的亞太維修中心」所連動創新的航太高科技產業鏈等核心技術之研發與提升，將能為台灣帶來多少實質的經濟利益呢？

再接下來，如果美國也跟台灣中船簽約設置某些新型軍艦的亞太維修中心，並將美艦的運補作業入港停泊，這樣又算不算是美軍全面性駐防台灣呢？同樣的，因此而引進的各種船艦之周邊產業供應鏈，又將會為台灣的經濟成長挹注多龐大的商機呢？

而且，歸本溯源，倘若今天沒有通過《反滲透法》的民主防護傘，你認為美國敢對台灣的國家安全機制這麼放心嗎？

那麼，「下架吳斯懷」這樣一個單一訴求，不也是在提醒台灣人民：美軍機艦駐防台灣的一個基本前提：建立反紅色滲透的國家安全機制。

那麼，為了表達拒絕「一國兩制」，請多多呼籲台灣人民一起能投下最多的選票明白且大聲對習近平說「不」！

所以，1月11日，你擁有的一張選票，你願意輕易放棄嗎？

撰文中，驚聞多位軍方傑出將領和軍士官在執行任務中搭乘黑鷹直升機失事殉職，謹藉此表示深深的哀悼！也祝福傷者早日康復！

美國AIT(在台協會)處長酈英傑對此災難證實後即時PO文表示：「能有機會和沈(一鳴)將軍共事，一同促進美台安全關係，我感到非常榮幸。他是一位具有睿智見解、高度幽默感、且備受愛戴的領導者、同事和好友。我會非常懷念他。」

更耐人尋味的是，AIT的PO文尾巴附註了一句話：「美國在台協會已準備好，隨時就此一事件為台灣提供協助。」

這是否表示，該一涉及最高階將領的空難事件仍有太多待解開的謎團呢？

發表於《風傳媒》2020/01/04

817萬選票，台灣終將走自己民主的道路！

中共發言人或台灣代理人總是愛說：「我們維護國家主權和領土完整的決心堅如磐石，絕不允許任何人、任何組織、任何政黨、在任何時候、以任何形式、把任何一塊中國領土從中國分裂出去！」

事實是，中共把中國領土從中國分裂出去的案例早已不勝枚舉，當台灣人都不懂中共建國歷史嗎？僅只盯緊台灣，成天喊說要殺要打，不過就只是因為台灣的地緣戰略地位之至高重要性罷了！

大選揭曉當夜，吳敦義為何忡忡辭去國民黨黨主席？相反的，卻有人提議要小英總統同鍋去當民進黨黨主席？世情冷暖真的是兩樣情喔！

回憶小英總統在2016年一月16日勝選當夜，講了一番頗為讓人動容的當選感言，她說：「台灣是一個民主自由的國家。這個國家偉大的地方，就在於每一個人都有做自己的權利。這個國家，保障所有國民，自由選擇的權利。在這裡，我要以總統當選人的身分，鄭重呼籲，任何人，都必須尊重這份自由。」

我們都是台灣人，所有的台灣人都是家人！

這一次2020年，在1月11日當晚，勝選的小英又再次以堅定而感性的語態宣示：「未來四年，我們一定會繼續守護主權、繼續堅持民主、繼續推動改革，把我們曾經承諾過的事情，一項一項來實踐。」而且也很溫馨地提示：「未來四年，我會拿出更大的誠意，來獲得各位的認同與信任。我們都是台灣人，所有的台灣人都是家人。」

反觀敗選的總統候選人韓國瑜，不說放鳥國際記者會的不禮貌風度，還把現場上萬傷心落淚的支持者全都置於不顧，自己開開心心帶著妻女趕去跟親信閨蜜們大啖汕頭火鍋相互取暖。也就在這場餐會裡被透露出韓國瑜另一套「北風北」計畫。

根據《壹週刊》調查，「韓國瑜私底下另與親近幕僚談話時，也曾臨危不亂地沙盤推演該如何因應下一個戰場『高雄市長罷免案』。」該報導據此一訊息而推論說：

據了解，喜歡用打麻將術語來比喻兩岸、政治情勢的韓國瑜，用了麻將最後一局「北風北」形容他現在的處境。「北風北」猶如棒球比賽 9 局下半 2 出局，輸就輸了，但最後一搏，搞不好可以靠其他戰術拚上壘，火力連接的話，說不定來個再見全壘打逆轉勝。

韓國瑜私下評估，自己現在回到高雄市政工作崗位上努力打拚，但隨著情勢演變，如果高雄罷免案有可能過關，他也不能坐以待斃，政治生涯不是不能「最後一搏」，即轉攻競選國民黨主席，完成他口中常說的「國民黨要改革」，並藉此掌控 2022 年九合一選舉提名，然後再戰 2024 年總統。

基進黨又再度反串韓粉，力挺韓國瑜進軍黨主席

這是總統大選的延長賽，而且據《蘋果新聞網》進行即時民調顯示，高達 55.4% 支持韓國瑜接任國民黨主席，而且單憑其鋼鐵韓粉在敗選後所餘留的沖天怨氣，韓國瑜要選黨主席也絕對會手到擒來。新科立委台灣基進的陳柏惟在 15 日接受蔻蔻姐廣播專訪時幽默地表示，可以讓韓國瑜接任黨主席，但他解釋說「他如果去選、選上了，國民黨會新黨化、倒得更快，這樣的話青壯派會認真考慮退黨。」也因此，坊間瘋傳說基進黨幾乎傾全黨之力支持韓國瑜出任國民黨黨主席。

我的看法是，倘若如願讓韓國瑜接手黨主席，按照其「睡到中午」和「遲刻魔」的生活慣性，再加上所謂「非典型」的生活思維，這個本來就已經不知所從的政黨在短期內絕對會被流行中的「H型病毒」給攪動得更加不得安寧，也正好將早已奄奄一息的殘存餘命盡快斷氣了結。則四年後，他還會有機會翻本嗎？

藍營各路青年世代齊聚抗議：揚言要「清黨」！

再看看國民黨在15日下午提出的2020年敗選檢討報告以觀，全文羅列了被戲稱為「七原罪」的七大敗因，分別為：

一、「討厭民進黨」終不敵「亡國感」；
二、兩岸論述未能掌握話語權，無法因應當下變局；
三、惡質網軍帶領風向，候選人品牌形象飽受挑戰，難以爭取中間選民認同；
四、高雄市長勝選模式無法複製，選戰策略選擇失誤；
五、黨內矛盾不團結，輔選力道仍待加強；
六、不分區名單未能符合外界期待；
七、青年參與政治程度高，國民黨不受青年選民青睞；

某些評述認為該份文件「堪稱總統民選以來，國民黨針對敗選最真切且毫不掩飾的選戰檢討報告。惟，其中還多數均係劍指韓國瑜選總統的個人缺失而嚴厲抨擊之。因此，多數觀察者多認為這簡直可以稱之為吳敦義主席的個人撰述報告。是以，由此不難窺見國民黨內鬥的劇烈程度可能比外界原本的猜測還更嚴重。

也就在國民黨中常會公布這份敗選報告的同時，藍營各路青年世代的人馬都同時殺到中央黨部去嗆聲揚言要「清黨」抗議，並且與在場較年長黨工爆發激烈推擠衝突，一場混亂中連豎立在一樓正中央的「永懷領袖」大石也跟著遭殃，鑲崁其上的國民黨徽直接被擠掉。

此時吳敦義率同幾位副主席和一千一級主管等集體總辭，又是經過一番混亂後才宣布由中常委林榮德接任代理黨主席。而這位在政壇上根本陌生的林榮德先生，在查考其背景後豁然發現竟是位「台商頭頭」，其背後靈不就是國台辦緊緊扯動的那根紅色繩索嗎？則該黨的後續命運基本上大約已經都可以預料到了。

不過，這一切都只涉及到國民黨黨內家務事，且先按下不表。國民黨真正該面臨的最大考驗應該是跟「中國」的既有關係將作何因應？

國民黨撕得掉「親共」紅色標籤嗎？

國民黨新生代意見領袖徐巧芯在1月14日臉書發表《「親共」才是國民黨最該撕去的標籤！》寫道：

結果反而提到國民黨，民眾都覺得是「親共」的。包括很多人在大陸做生意、大陸勢力影響政治人物的疑慮、對大陸的發展歌功頌德，卻對他們威權統治一字不提……一次一次的事件，一層一層的累積，國民黨在2020年的今天，還對得起堅持反共、企圖收復大陸的老蔣、小蔣嗎？（當然，民進黨也有這種人，但如果我們自己也很多，又如何正氣凜然的指出這一點？）

當台灣人民對大陸的恐懼不斷增生，我們一天不拾起「反共」的初衷，就很難在總統級的選舉贏得人民支持。

徐巧芯這位年輕的台北市議員屬於國民黨內極少數真正願意思考反省的新世代民代，只是她對於此一問題的認知其實只觸及到現實面的一半而已。至於另一半所曾發生過的龐大黨產在過去二十年來，已陸續被「五鬼搬運法」通通搬到中國「進行投資」，並次第被轉換成黨內眾多大老的個人資產，藉以牟取鉅額的兩岸統戰紅利中飽私囊。此一現實，或許是徐議員並不完全清楚，抑或是故意隱而不表呢？

設想，如果黨內眾多大老都因為上述途徑而至今猶然享受著鉅大統戰紅利，則這個被元老們掌控的政黨焉能不被中共緊密牽制綁架？這條統戰紅利的鎖鏈不敢揮舞大刀斬斷，國民黨又如何能撕得下「紅色標籤」？又如何敢交棒給新世代進行改革或來一次驚天動地的革命呢？

台灣人可以到全世界去賺錢，卻唯獨到中國做生意就都要被迫做全面性的政治表態，尤其非要被強迫認同而宣稱以中國人自居不可？難道為了賺錢就非要委屈到去舔中、跪中、降中不可嗎？「波特王」的案例已經又再一次給了我們最好示範：「賺錢人人都想，但我就是跪不下去，所以這錢不是我所能賺了！」

或者像王金平在選前所聲言的：「我要有我自己的尊嚴嘛，一切隨緣吧！」

也許，自行另組一個台灣國民黨，新世代們還更可能描畫更合適自己的政治光景吧！

中華人民共和國的前途是由14億中國人民決定的嗎？

在1月15日，挾著817萬張選票的絕對優勢，以及至少60個國家與國際組織的領袖、政要及友人的紛紛致函、賀電等友誼。小英總統因此加足飽滿的底氣，直接升級為辣台妹2.0，在BBC(英國廣播公司）的一次專訪中充滿自信地對中共提出一份台灣發出的考卷。

首先，小英總統完整地表達：「我們已經是獨立的國家了，我們自稱為中華民國（台灣）」，然後：

1. 中國需「面對現實」並「尊重」台灣，小英總統還說「台灣擁有獨立的身分，有自己的國家，任何事情與這個理念相違，對我們來說無法接受。」

小英總統堅持道，台灣的主權無庸置疑也沒有談判的餘地。

2. 小英總統說：「情況已經改變。模糊化已不再能達到當初的目的。」因此，她建議，「真正需要做出改變的是中國。」

3. 小英總統認為，台灣利益已無法透過空談來滿足，而是需要透過面對現實，尤其在面對支持她理念的年輕族群。

「我們擁有獨立的身分，我們有自己的國家。因此，如果有任何事情與這個理念相違，他們會站起來，說這對我們來說無法接受。」

「我們有成功的民主制度，良好經濟，我們值得中國的尊重。」

4. 當 BBC 記者問小英總統：在她看來，發生戰爭的風險有多大？

小英總統侃然回答說：「任何時候都無法排除戰爭的可能性。問題是必須做好準備，加強自衛能力。」

5.BBC 記者追問：台灣能抵抗軍事行動嗎？

小英總統則自信地回答說，台灣軍事能力相當不錯，並說，「入侵台灣，中國將付出龐大代價。」

好了，小英已經把球投出去給中共了，這回該換北京來填寫這份考卷了吧！

1 月 15 日上午國台辦發言人馬曉光說：「台灣是包括台灣同胞在內的全中國人民的台灣，台灣的前途由全體中國人民共同決定」

留英國際關係博士汪浩先生對此僅用輕巧的一句話駁斥說：「中華人民共和國前途是由14億中國人民決定的嗎？」

馬曉光又稱，「我們警告民進黨當局領導人，不要自我膨脹，誤判形勢，進一步製造台海緊張動盪，把台灣帶向危險的境地。我們維護國家主權和領土完整的決心堅如磐石，絕不允許任何人、任何組織、任何政黨、在任何時候、以任何形式、把任何一塊中國領土從中國分裂出去！」

事實是，中共把中國領土從中國分裂出去的案例早已不勝枚舉，當台灣人都不懂中共建國歷史嗎？僅只盯緊台灣，成天喊說要殺要打，不過就只是因為台灣的地緣戰略地位之至高重要性罷了！

再一則，《反滲透法》已正式宣布公告實施，首當其衝就是白狼和蔡正元兩位「疑似」赤色份子，案情刻正在循序發展中，其涉案的複雜性可能遠非外人所能想像，且看日後再行分解囉。

發表於《風傳媒》2020/01/18

台灣與中國的距離

#「關籠捉鳥」，中國百萬台商能苟活者幾希？

果真是有錢賺而甘願當豬當狗也勉強稱得上是個道理，偏偏太多台商現在還未必真的能賺到錢，而且目前正卡在進退不得的困窘下，特別是在中國當下的經濟政策已進入到大清洗的此一階段裡，台商相比於其他國度的中國經營者，自不免更多了一層政治風險，說不準就可能會淪為「兩岸政策的人質」之下場？

年節期間有個頗嚴肅的課題在老朋友聚會場合熱議著：「經商營利做生意，該不該關心民主人權？」這課題又會被轉回到之前曾經很流行的一句名言：「民主能當飯吃嗎？」

通常會觸及到「人權」問題的企業係以在中國設廠的台商為最大宗。最近就有位律師透露了一個駭人數字：「目前，光是在中國大陸東莞，就有高達400名台商在監獄服刑。」受訪的陳彥文律師說，他以經驗分析，大陸的刑法是以「有罪推定」為原則去審判的，就連行政處罰，也動輒罰得讓你很痛。只要掌握公權力的官方認定有罪，涉案者就得自己舉證因何無罪！最糟糕的則是涉案者通常是在已被扣押或監禁的狀況下要為自己無罪進行舉證，結果如何自是不言自明了。

利字當頭，民主人權又不能當飯吃？

黨國年代，我們可能很熟悉於一句話：「天底下那麼多人，為何偏偏要抓你？」這意思很明白的告訴你：「抓你的理由很簡單：因為我認定你有罪。」套用台灣所流行的說法，就是先射箭再畫靶的押人取供。台灣在威權時期就是這樣的一套司法制度在運行的。中國幾千年傳統王朝奉行的不也就是這一套「王法」？

臺商泛指臺灣商人，字面上的理解當指的是：來自臺灣的企業家或商人。但一般習慣上都會是以在中國投資或營利的商人為主要指涉對象。

早期，中國經濟市場未具消費能力，儘管政府在宣示其高度風險性，少數台商基於追求廉價勞動力和土地成本的誘惑而想要到中國投資設廠，多數必須具備冒險犯難的精神和勇氣。也因此，非正規性的企業經營模式乃成了此一波扮演「侵入者」的投資潮的主流態度。而且基於過往跟威權黨國營營苟苟所曾過招的純熟經驗，這第一批涉險的投資者們，可謂是藝高人膽大的投機客。因此，這一批打前鋒的台商，在中國勾結官方勢力投機倒把無所不為。當時的台灣政府既擋不了，也就乾脆放手不管，聽憑自生自滅。

中期後，中國積極對外招商引資，各級政府也對台商極盡攏絡之能事，能給的優惠都盡釋而出，李登輝政府雖然祭出「戒急用忍」政策，仍不敵在野民進黨主席許信良的「台灣新興民族」「大膽西進」迭次號召，台商赴中遂掀起大潮。

迄至2005年連戰直接越過阿扁政府，親率百家大企業主（多數是國民黨黨營事業）直接以「國共合作」名義登臨中南海的破冰之旅，讓台商投資中國的熱度達到至高點。

中國招商引資，台商投懷送抱

依中國方面統計資料顯示，2000年到2002年，中國批准台商投資專案合計12131個，協議台資金額176.3億美元，實際投資94.9億美元，分別占歷年台商投資總數的21.8%、28.6%與28.5%；依臺灣自身的統計資料，這三年台商對中國投資達92.5億美元，占累計投資總額238.6億美元的38.8%。到2002年底，台商對中國投資專案實際投資金額累計332.9億美元，分別占中國全部利用境外資金的13.1%、7.4%與7.4%。若是將通過第三地轉投資中國的金額計算在內，台商已是僅次於香港的中國第二大境外投資者。（按台灣經由第三地投資中國的資金其實並無法正確統計，一般認為，台灣透過地下金融所投入的資金遠高於一般統計數字。）

現在2018年了，再回身去看這些投資金額究竟有多龐大，其實都只是冷冰冰的一堆數字，其對當時中國的真實意義在時序推移中更已經是模糊難辨了。請容我先行引述暢銷專欄作家范疇老先生在去年3月間，所撰述的短論《中國商場上那些事兒》提示過一些數字，也許還約略可以讓我們有個基本概念：

1992年，微軟公司的比爾蓋茲的資產是59億美金，股神巴菲特是48億美金，香港的李嘉誠38億，台灣的蔡萬霖34億。中國的「首富群」，資產平均是這些世界首富的幾百萬分之一。

2016年，僅僅24年之後，中國的「十億（美元）翁」數量從零達到世界第二，以251名次於美國的536名，香港則有55人，台灣33人。「社會主義特色的市場經濟」製造富豪的速度也是資本主義的十倍甚至百倍，真神奇。

事實上，中國的「十億翁」的數量遠遠不止檯面上的那251名，所有的紅色家族、官場家族都不在會計制度的雷達上。習近平已經、即將打掉的老虎，也都不在西方媒體的統計表上。絕大多數通過特權、套養殺，代持、抵押、擔保、空殼上市、私密小金庫、海外曲線上市圈錢、與西方投行相互勾結而得的財富，都在地下或影子內。

「關龍捉鳥」的政策清洗下，還能苟活的台商幾希？

也就是說，台商除了像郭台銘或港商李嘉誠等「超」字輩人物之外，想要全身而退的幾乎難上加難，別說反覆出籠「養、套、殺」的一般商業手段。單就一個「騰龍換鳥」再轉換到「關龍捉鳥」的政策清洗，就足以造成哀號遍野了。而這麼多能挺到這階段來的台商們，你說「經商營利做生意，到底該不該關心民主人權？」

在台灣，你要是受到政府一點點委屈，不說必然能討回公道，至少你一定會毫不考慮的先哇哇大叫再說：網路群組上叫、媒體上叫；再要想不開，就上立法院拉布條，或各級政府機關門口去靜坐示威。

而在中國，你根本就是「叫天天不應、叫地地不靈」吧！再叫就讓你進牢房去面壁思過！

商人不關心政治，政治卻跟你如影隨形

台商在台灣向來被歸入到「經濟選民」之列。最經典的通關語是：「要拜佛祖應先顧好肚子」。他們認為創造利潤才是本務，追求利益最大化才是責任；所以他們諱談政治，他們厭惡藍綠，甚至會將台灣社會的混亂歸咎於「民主」之禍，也因此他們多數會跟郭台銘學舌說「民主能當飯吃嗎？」

等到他們返回中國企業所在地後，他們卻不能迴避談政治，他們不得不表現兩岸統一的立場或口號，他們必須要跟著讚美共產黨，他們還只允許表達對習主席的赤誠效忠等等，這不叫精神分裂，而是「識時務者為俊傑」？更甚者，極少數人乾脆自鳴得意的嘲弄：「只要有錢賺，當豬狗都願意」的自殘境地。

果真是有錢賺而甘願當豬當狗也勉強稱得上是個道理，偏偏太多台商現在還未必真的能賺到錢，而且目前正卡在進退不得的困窘下，特別是在中國當下的經濟政策已進入到大清洗的此一階段裡，台商相比於其他國度的中國經營者，自不免更多了一層政治風險，說不準就可能會淪為「兩岸政策的人質」之下場？

聽好聽懂習大大的話：我們要守住共產黨的家業

陸委會主委張小月在2月21日出席台商春節聯誼活動致詞時曾提醒，「中國大陸經濟發展已進入『新常態』，並面臨產能過剩、債務擴大及金融風險等問題，穆迪與標準普爾等國際信評公司，已陸續調降中國大陸的信用評等。此外，中國大陸政策與法規趨於嚴格，一年多來查稅、防治污染各項措施，使得台商在陸的經營面臨多重挑戰和困難。」

這只是很含蓄的官方說法，真正道理仍在中國其實並沒有真正的「市場」可言，更遑論會有「私人財產」的保障。

所謂「市場」其實就是「地盤」，政治角力才是硬道理：哪一方得勢，就由哪一方擁有「市場」。你想進入市場，你就得選對邊！如果連馬雲和馬化騰等已經列入世界首富名單的電商巨賈們，都不得不對黨中央俯首聽令，你在中國算得上哪根蔥？

而所謂的「私人財產」，其實就是個「使用權」的尋租概念而已，隨時隨地都可以被共產黨收回。最耳熟能詳的那句「率土之濱莫非王土」，都已早早告誡我們說：中國人民豈可擁有土地所有權？

中國看似個現代大國模樣，整個統治的思維其實都仍困在王朝帝國的模型裡。就像王丹前幾天才在臉書上嘲謔習近平親口對農民說的那句真心話：「我們要守住共產黨的家業」。

那麼絕大多數台商們在中國這麼多年的一切奮鬥與打拼，其成果既然不能全身而退，豈非都必歸於中國共產黨呢？

也或許，只要人身能安全撤離已是萬幸，身外之物只好看開點了！

民主與人權，也在這樣的危局中才能顯示其可貴面吧！

發表於《風傳媒》2018/02/24

習近平的7分鐘，就把「微笑老蕭」處決了？

如果認真追溯，台灣曾經亮麗的經濟成就，幾乎就是在蕭萬長任職行政院長時所開始出現第一塊倒下的骨牌，而終於導致台灣經濟一路輸到底的慘狀。由此也不得不讓我們回思：當時被掏空的那幾百億幾百億的台灣資金，都被搬到那裡去了呢？當時所流行的億來億去的「五鬼搬運法」，官商合作無間的劇情，究竟掏空了多少台灣老本？新世代們對此仍會有多大興趣去「溯及既往」？

台獨」，這樣兩岸的路會越走越寬，「兩岸民眾應該共同推進祖國統一大業，共圓中華民族偉大復興中國夢。」大略可以當作就只是些場面話，所以這不是閱讀重點。倒是《自由時報》的資深記者鄒景雯也即時對此刊出特稿寫道：

北京私下是這樣描述老蕭的。他們說，蕭萬長是老朋友，他身體不好，有「經濟問題」，不接台灣地氣。短短幾句話，很是傳神的做了人物定位。

蕭萬長生於1939年，算一算也是逼近80高齡大關的過氣人物了，再加上「身體不好」（罹患肺腺癌三期），何以還硬要如此的舟車勞頓的跑到海南島去搶在這場大拜拜中強出頭？

微笑老蕭是引爆「本土型金融風暴」的財經閣揆嗎？

敏感一點的台灣人，不免會將此問題的關注點落在某些中國人士所傳言的關於蕭萬長的「經濟問題」上。蕭萬長是卸任副總統，基於老蕭的「財經專業」背景，在20世紀末的台灣經貿政策上曾扮演過極吃重角色。1997年8月底，經李登輝總統提名接替連戰為行政院長，當時號稱為「第一位出生於台灣的閣揆」。卻時運不濟，1998年台灣引爆「本土型金融風暴」，翻讀當時報導細述說：

從東隆五金范芳魁、新巨群吳祚欽、國揚侯西峰、國產車張朝翔、張朝喨兄弟等集團紛傳掏空、違約交割，而後風暴擴大到東帝士、台鳳、華榮（中興銀）、安鋒、廣三、長億、華隆、鴻禧，甚至力霸等集團，最後是全民付出上兆元代價，幫這些落難大亨打銷銀行呆帳，才讓風暴漸歇。」

事實上，當時引爆的這場「本土型金融風暴」並未如上列報導中所說的「全民買單上兆元」而止血！其延續的後爆強震，直到2000年8月，又再度爆發了東帝士集團「終於發生跳票」，該集團負債金額一度高達700億元。但這數字在2007年初，再一次被力霸集團的王家給打破，查看北檢起訴書所記載的，力霸案的主謀王又曾夫婦及親友共涉掏空力霸集團高達731億元。

老蕭任內引爆台灣經濟雪崩的第一塊骨牌

如果認真追溯，台灣曾經亮麗的經濟成就，幾乎就是在蕭萬長任職行政院長時所開始出現第一塊倒下的骨牌，而終於導致台灣經濟一路輸到底的慘狀。由此也不得不讓我們回思：當時被掏空的那幾百億幾百億的台灣資金，都被搬到那裡去了呢？當時所流行的億來億去的「五鬼搬運法」，官商合作無間的劇情，究竟掏空了多少台灣老本？新世代們對此仍會有多大興趣去「溯及既往」？

當時被迫下台後的蕭萬長，並沒有就此真正引咎而歸隱山林。他對自己所已掌握的豐沛的財經人脈也並未就此鬆手。卸任閣揆後，他開始招兵買馬，對台灣財經界諸大亨們積極勸說「錢進大陸」的美好遠景，並於 2001 年 3 月宣告集資籌組成立了「兩岸共同市場基金會」（Cross-Straits Common Market Foundation）負責推動及研究「兩岸建構共同市場」。

如果我們也回顧這次上場的「博鰲亞洲論壇」（Boao Forum for Asia），其首度召開的時序正是在 2001 年 2 月 26 日和 27 日，則這兩者之間是否本來就存在著微妙互動關係呢？

「蕭習老交情」肇始於浙江省委書記任內

2005 年，習近平擔任浙江省委書記負有對外招商引資的業績需求，因此特意邀請蕭萬長組織台灣工商界領袖集體前往考察浙江投資環境，並希望蕭萬長和台灣各工商大老們提供發展建言。猶記得當時蕭萬長對習近平所曾下的評語即是：「觀念，務實開放；態度，積極明快」。似乎的，蕭萬長沒看走眼，習近平確實並非池中物。如今習既已貴為中國第一獨裁者，並還誓言要爭取世界霸主地位，對台灣的威脅與打壓更是日勝一日。這就是「蕭習」老朋友的交情，也即是 7 分鐘友誼的特權短劇演出之基本原由。與朱立倫只能見到劉一結的赴中待遇相比較，也的確是高了半個位階。

演述至此，我們似乎還沒觸及到：這位幾乎已經淡出江湖的「財經政客」，都已「逼近 80 高齡」的蕭萬長老先生，何以還非要這麼顧不得「身體不好」的千里迢迢跑到海南島去強出頭呢？

儘管坊間對此有很多說法，若是按照我個人的認定，蕭萬長這次的博鰲之旅不外是要親自對習近平表個態，所以他所被分配到的很有限的3分鐘面聖時間裡，他只好勇敢直奔主題：

上午與習近平見面時，自己當面向對方提出「惠台31項措施」大陸要儘快提出施行細則，並且確實落實執行。蕭萬長說，習近平對此則頻頻點頭。

習近平「頻頻點頭」究竟代表何意？

跟中共官方打交道大抵都會有一種心照不宣的深刻經驗：中國官僚們在你發言時對你「頻頻點頭」，其實根本是不具實質意義的。那可以是：「我聽到了！」也可以是「我理解了！」更可以是「我已經讓你發言了！」然後船過水無痕，就當甚麼事也沒發生過。頻繁往來於兩岸間的「微笑老蕭」絕對也會了然於這層中國官僚的「潛規則」。

這樣的景況下，老蕭「馬革裹屍」的深切用心應該不難推論出來了吧？這是說好聽的：「我在抓住每一個能為百萬台商請命的機會。」若要說難聽的，按照目前多數滯中台商所陷入的進退維谷的困境去理解，老蕭的發言3分鐘，只好是用「乞求的哀鳴！」來形容了！

當年，老蕭藉助於「兩岸共同市場基金會」親率台灣工商大老們大舉「錢進中國」，是因為這位財經專業的台灣政治領袖完全看好中國市場，更完全迷信中國市場可以任憑台商馳騁揮霍。這樣說法尚屬無可厚非。因為儘管出身黨國庇蔭而輝煌騰達，老蕭腦袋裝的畢竟仍是財經思維「賺錢第一」。所以天真浪漫的老蕭，萬萬也想不通人家中共的綿裡藏針之歹毒詭計，更難以想像中共官員翻臉如翻書的政治慣性，也完全不識中共黨國極權體制下所緊密控制的社經系統，一旦形勢轉換，就隨時會玩出一招「騰籠換鳥」的怪招，讓財經老蕭的追隨者們頓時陷入到「動彈不得」的淒涼處境！而拖延到今天，中共宣告要稱霸世界了，就再使出另一招「關籠捉鳥」，百萬台商終於陷入到暗無天日的巨大恐慌中！

「微笑老蕭」對中共到底還是在迷夢中吧？

那麼，請問「微笑老蕭」，該不該為當年緊隨他的衝鋒號而勇敢跨進中國的台商們負起責任？如果說，老蕭果然是還有點良心，願意在這把年紀了仍然挺著染恙的身子站在習皇帝面前為台商請命，這點或許還稱得上是正面的說法。只是，這老蕭似乎根本沒能在其迷夢中醒過來，還繼續演出「走錯房間、喊錯口號」的癡呆症。

俗云，人生七十而從心所欲不踰矩，可惜的，頂著財經專業光環的老蕭，都快到80歲了，顯然並未真正看破世情，也顯然仍未對中共的「掏空台灣」之毒辣用心有所覺悟，因此才還對中共「「惠台31項措施」有所傾心有所幻想！那，能不能說，微笑老蕭行走江湖，其實都只會這麼一招「掏空台灣」的思路呢？

可憐的是，曾經位極人臣遊走兩岸的台灣財經大老，於今卻讓其信徒們陷落在蒼茫神州而走投無路，這晚境的下場情何以堪？

可嘆的是，這樣的老蕭，在台灣還會數得出多少人呢？

發表於《風傳媒》2018/04/14

中共網軍大舉入侵，直指「總統大選」！

回顧 2016 年初小英勝選之際，各家媒體都在幫國民黨去協尋小英總統這類民進黨的「新物種」。而現在，韓國瑜在網路上猛然拔地而起，即又有人說他就是國民黨的「新物種」！中共人士也都稱之為「非典型的國民黨新領袖」了，據此，正好提示了，選後的國民黨是否即已提前暗藏了「大分裂」的危機呢？……（編註：果不其然被不幸言中了！）

蕭萬長今年幾歲了？台灣有多少人知道？習近平何以會跟他「站立接觸」？

本來台灣多數人大概已經都快忘掉這號人物了，尤其是新世代們，有許多人可能連蕭萬長這名字都已不知何許人了。不意，這次卻能在中國博鰲論壇上重新躍上新聞版面。許多媒體都報導了：習近平開幕式當天上午在發表主旨演講前，公開接見了來自台灣的企業家代表團，並與率團前往的蕭萬長一行人寒暄「七分鐘」。中共導演這齣極短劇，刻意安排的這樣的「特殊禮遇鏡頭」，寧非奇事哉？

習近平編導的「罰站七分鐘」短劇

所有媒體都報導了這一幕刻意安排的「罰站七分鐘」短劇。據報導，「微笑老蕭」在事後正式跟媒體說明這場只有七分鐘的「蕭習會」內容時表示：「今天和中國大陸國家主席習近平見面時，他當面告訴對方，儘快提出對台31條的施行細則並確實落實執行，習近平則頻頻點頭。」

中央社報導寫道：「據現場人士轉述，習近平接見由蕭萬長率領的台灣企業家代表團並握手、拍照、寒暄，整個過程約7分鐘，由於現場未擺放椅子，眾人站著說話，習近平共發表約3分鐘講話。」

習近平在此幕極短劇中，當然仍不忘續彈八股老調：一定要「堅持九二共識、反對

「北柯南韓」在網路鵲起的聲浪，突然成了選戰最熱門議題。這股無根的風潮甚至還讓中共涉台機構公開倡議說：「韓國瑜應該與柯文哲合作，直接競逐2020年總統，對兩岸正向發展才最有利。」

立場絕對親中的《旺報集團》日前刊登了獨家信息，標題頗為聳動：「**涉台人士：韓柯應合作選總統**」。從一場地方選舉驀然躍升為中央層級的國家領導人競選之議，所謂「涉台人士」究竟是何許人也？該報的報導不單是認定柯文哲和韓國瑜已經穩定當選北高兩市市長，還更毫不隱諱地直接評述說：

「韓國瑜若拿下高雄是一個象徵。但最重要的是國民黨是否有這麼大的眼光去做出調整與考量，以國民黨的身分去找柯文哲，再加上韓國瑜，兩人直攻2020年，這是國民黨戰略眼光的問題」。一名涉台人士透露，如果國民黨仍扶不起，韓國瑜必須勇於承擔，但地方選舉與台灣領導人選舉有所不同，選領導人要展現其協調能力，以及在兩岸關係須有完整論述，及跟柯文哲的合作方式，都是韓國瑜未來的挑戰。

中共藉由龐大網軍染指台灣網路媒體強颳大風向

作為中共在台傳聲筒的「旺報」會以「類採訪稿」的形式，為中國涉台機構放出這樣的風向，必然有其主觀上的意圖才是。若果多長幾個心眼再去解讀該一報導，我們也許可以解剖出一個很怪異的結論：中共已經準備要放棄國民黨了。看在吳敦義、朱立倫、馬英九的眼裡，真是情何以堪？

這馬上就又挑出一個很尷尬卻有趣的問題了：所謂「韓柯配」難道是按其指示要讓柯P擔任副手呢？或是改換成「柯韓配」，委屈韓國瑜出馬選副總統？則柯粉與韓粉可就得先全面對決一次，讓台灣社會也跟著再嚴重撕裂一次！

2020選總統，中共直接下指導棋來了！

值得注意的，該報導中還特意引用了一位留美的年輕研究台灣的專家直白地道出其真正用心：

北京清華台研院副院長巫永平表示，台灣人民已對傳統政治感到厭煩，希望新一任領導者是具有個性、能符合選民內心需求的人物，而韓國瑜的定位清楚，也試圖與傳統國民黨人士做區隔；雖然現在判斷韓是否會出征2020年尚早，但是國民黨要在台灣的政治形勢下獲勝，一定要出現一個非典型的國民黨人。

這篇報導的語意至此已表示得夠清楚了。直白說，這次即令是韓國瑜能順利當選高雄市長，中共就希望讓韓國瑜能承擔起改造國民黨的重責大任，成為該黨第一大太陽，乃至於直接要韓國瑜去找柯P合作，另組「非典型的國民黨人」的新形態之「政治勢力」。

倘若是對照到今年5月以旺旺集團為主的中字頭媒體，所大辣辣推出的「無色覺醒」之主張，我們實在不難看出中共所正召喚柯韓兩人投效入營的積極效應。

北京啟動對台信息戰，今年就是大練兵

無獨有偶，《鏡周刊》於10月24日也揭露一則聳人訊息略謂：「本刊掌握權威消息，與我關係友好的盟邦近日提供一份關鍵情資，揭露境外勢力計畫以2020年扶植親北京政權為目標，對台啟動訊息戰，並以台灣年底大選練兵實戰。」該刊很明白寫道：

> 知情人士透露，關鍵報告揭露境外勢力參考「克里米亞併吞」及「通俄門」2個由俄羅斯以假訊息攻擊烏克蘭、美國的成功經驗，組織號稱世界第一規模編制的「信息戰部隊」，並以2020扶植親北京政權為目標，啟動對台訊息戰，年底大選就是該部隊組建後操演假訊息戰爭的首度練兵，主責這些工作的是中共解放軍2015年成立的最新軍種，專責網路攻防與電子對抗的「解放軍戰略支援部隊」。

回想上兩次選舉，國民黨在網路上被摧枯拉朽似地大幅面暴打，當時被喻為「送進加護病房」且還正等著被送進太平間。曾幾何時，無論網軍力量來自何方，這次輪到全面執政的民進黨在網路上淪為處處挨打，還幾近無招架之力的局面，我們是否也該滿懷同情地悄聲問問：選戰操盤的諸位高手們情何以堪呢？

「傲慢一黨」的特質「內鬥內行，外鬥外行」

有人說，民進黨因為全面執政，所以全都陷入「傲慢一黨」。許多人以為只要贏過黨內初選獲得提名就可以躺著等待當選。最叫座的金句當屬林飛帆的那句銘言：「某黨推個西瓜出來都會當選。」

即以我自己的親身經歷來談吧。年初時，在某次餐會上因巧合正好跟某現任政務官員同席且旁靠而座。這位政務官一直顯得很不自在，我為了表示善意，特意找個話題想請教他農業政策的施作見解。他還算耐心地聽我幾分鐘論述後，竟然冷冷回應我一句迄今記憶猶新的傲慢之言：「國民黨已經敗到這地步，所以我們沒必要太去考慮政績了！」當時，我是否聞之色變已難以憶及，但我的心所湧上來的那一陣絞痛則是終生難忘的。

事後證明，這位政務官其實並無心於國家政務，他之所以會被任命，只是為了要在他的資歷鍍上一層金而已！很快地他也許就又更上層樓去攀登高位，也或者會去走完由他掛帥出征的選舉之路。

往昔，在民進黨內曾流行著一句自嘲之語：「內鬥內行，外鬥外行」。其意是指針對黨內同志，只要非我派系者可以不擇手段展開鬥爭極力排除之，能砍掉一個就可以少一人來共享資源；但對於開拓創造外在世界的資源空間上則顯得興趣缺缺，亦或是本來就「無半撇」。

借用知名暢銷作家范疇先生強調過的論點，形容國民黨是宮廷式鬥爭，民進黨則是梁山泊派系的內鬥。其實，包括共產黨在內，都沒脫離開大漢文化下的「天下觀」：「誰贏來的天下，就歸誰所有！」

誰贏來的天下，就歸誰所有！

所以，中國的紅二代或紅三代們聚會打屁時，最喜歡說的一句話就是「父祖輩打下的江山，豈能在我們手上被毀掉！」

國民黨沒落權貴們所最在乎的，又豈非那塊破敗不堪的「中華民國創建者」神主牌位？

而民進黨呢？遺忘了「創黨初衷」事小，集體迷戀權位巧奪的肉桶政治學，以致貽誤國家政經改革和治國大事，方是快速頹敗的根本源由。

如果，1124選舉開票，民進黨在台中失守就代表選輸了，小英會不會按慣例辭掉黨主席職務？

再如果，高雄再被韓氏賣菜郎斬旗易幟，小英仍有資格能延續其連任之夢否？

有耳語盛傳：選舉輸贏，民進黨部都不必辭職改組

坊間已有耳語流傳，說中常會已自行偷偷做出決議：這次選戰無論輸贏，黨內所有職務都不必改組也不會有人辭職，即使連洪耀福的秘書長一職都不必異動。我不太相信民進黨敢違逆此一長久的傳統，雖說無風不起浪，卻很可能又是條假新聞吧？請問，洪耀福該不該出面加以澄清？

回顧2016年初小英勝選之際，各家媒體都在幫國民黨去協尋小英總統這類民進黨的「新物種」。而現在，韓國瑜在網路上猛然拔地而起，即又有人說他就是國民黨的「新物種」！中共人士也都稱之為「非典型的國民黨新領袖」了，據此，正好提示了，選後的國民黨是否即已提前暗藏了「大分裂」的危機呢？

網路機器人已經大軍壓境，國防部還在裝睡？

再回到文首所提到的中共專責網路攻防與電子對抗的「解放軍戰略支援部隊」。中共是敵國，這一直是我堅定的認知與立場，所以他們會無所不用其極地滲透顛覆台灣政權，並不斷製造社會不安與動亂，乃是可以確信的。台灣的民主制度，必須確實保障言論和結社與集會自由，也勿庸置疑。可是在面對中共已然組織的國家攻擊部隊正在日以繼夜地發動對台灣的信息戰之際，台灣政府到底有何應對之策，是否也應該適度地公布對敵戰略與戰術佈署，好讓國人能夠安心睡覺呢？

在前述引用的《鏡周刊》還有一段文字，值得讓大家萬分警惕的：

如國民黨高雄市長候選人韓國瑜接受「館長」直播專訪，媒體熱議觀看人數飆破700萬，韓的臉書也突破百萬人次觀看，但對照在臉書擁有2,500萬粉絲數的美國總統川普，直播觀看人氣也不過百萬出頭，甚且分享、按讚數量還不如韓。

韓國瑜的網路聲量爆漲，挺韓的PTT推文也被起底來自世界各地，這些IP來自境外，不只日本、韓國、越南、印度等亞洲國家，還包括委內瑞拉、烏克蘭、俄羅斯、墨西哥等國，而且推文完就隱身，很難不讓人懷疑沒有假帳號機器人或境外網友加持，但台媒卻未曾認真看待。

友邦示警我政府的關鍵報告當中，特別點出國內媒體對假訊息不設防的情況，已讓自由言論市場變成謠言擴大機。

這已是進入到現在進行式的「(信息)戰爭狀態」了，別說台灣媒體神經太大條，連絕大多數國人竟然都毫無警惕地跟著搖旗吶喊，究竟是誰導致的?而，承應對敵信息作戰的政府部門也一直都在裝睡，更絕對難辭其咎的。

對岸既然是以解放軍編組對我大規模進行信息作戰，台灣的軍方該如何奮起應戰?這也讓我想起國防部有個政戰總局，政戰總局轄下有個「心戰部隊」，專責「對抗對岸心理戰、輿論戰、宣傳戰」等等，總也該對全體國人有個交代吧?

台灣國防部的心戰大隊是畏戰？厭戰？不想戰？

近期裡有位署名「何中尉」的年輕政戰軍官，對於「台灣心戰大隊的無為而治」疾言厲色、痛下針貶，連續發表了一系列文章《不戰而敗的兩岸心戰》。我個人以為，何中尉先生已完整勾勒出台灣面對中共信息戰的無孔不入，以及台灣軍方心戰部隊無心應戰的可怕之虞！遂以較大篇幅援引其系列文之片段供給大家參考警惕，他說：

> 對岸的心戰部門已經洞悉台灣輿情各「同溫層」的差異，學會收買台灣人當五毛，學會打正體字和使用台灣用語，學會「假扮成藍軍來打擊藍軍」、「假扮成獨派來打擊獨派」，學會選擇性炒作／壓抑特定議題。
>
> 於此同時，台灣的心戰部門的領導者不要說去瞭解對岸網路生態了，連自己國內的網路生態都不太清楚，更無意去分析各議題背後的政治族群與意識形態脈絡。因為對於第一線的分析者而言，「就算寫出來，上面的人也看不懂，高層只想要有數字幫政策背書」。
>
> 對岸的心戰部門抓住台灣各年齡層流行趨勢，開始製作大量正體字圖文投入 Facebook 和 LINE，至少已經抓住了部分族群的政治脈動。
>
> 於此同時，台灣的心戰部門還被迫要畫一些畫風過時、配色弔詭、文字冗長、既沒美感也沒幽默感的老式政治諷刺漫畫，這些漫畫在現實世界中幾乎派不上

用場，也不會正式投入社群媒體使用，只是為了迎合外行領導的喜好而畫。……

果真如是，則我們國防部每天信誓旦旦地說有充分信心保衛台灣國家安全，捍衛我們的主權地位，誰還敢相信？

當年國民黨被共產黨擊潰而敗亡到台灣，據說最最關鍵就是敗在心戰一役！如果有像何中尉先生所言的，我們現下的心戰部隊根本無心對敵作戰，是否也算是像國民黨當年一樣，被指涉的該一部隊早經腐蝕了？

國軍的官僚作風遠勝中共數倍，慘狀令人不寒而慄。

何中尉先生很悲切地闡釋道：「國軍和中國共產黨都是官僚積習深重的地方，但是在心理作戰這個領域上，國軍的官僚作風竟然還遠勝中共，慘狀令人不寒而慄。」他在系列文(三)還剴切地陳述說：

軍人不必去支持特定意識形態或政治立場，但如果政治思想薄弱到一貧如洗的地步，只會空喊「為台澎金馬百姓安全福祉而戰」，那樣的思想韌性是極度脆弱的。軍人無法和關注國家議題的民眾溝通，這樣要如何去從事輿論戰？如何在自己土地上抵禦敵人所擅長的政治攻勢？

一般小民無法也無力去要求國防部正視此一涉及國家安危與社會安定的頭等大事，所以我只能藉此向立委諸公們大聲呼籲，請立刻直接傳喚國防部門的心戰部隊正式出面，為全體國民「坦率」提示「對敵心戰的反制計畫」！和平需要捍衛、民主需要捍衛、自由人權更需要仰賴台灣國軍的智慧和勇氣奮起應戰。

信息戰、輿論戰是一種長期無槍砲聲的對抗戰，而網路世界無遠弗屆，除了在自己國土上短兵相接進行激烈巷戰之外，最理想的心戰叫陣喊話，則必須將戰場延伸到敵後縱深區域內形成草木皆兵的無數個大小戰場，正所謂「敵不動我動」的信心全面瓦解之摧毀戰役。選舉結果鹿死誰手都只是一時的，惟兩岸對敵心戰的攻防殲滅卻不能一刻稍歇，否則就只好悉聽擺布、引頸就戮，這絕非你我所願矣！

年底的選戰局面既已如此險峻，敵方中共已全面運用信息戰肆意擾亂我方，正讓島內台灣人民真假難辨之際，執政黨的「選舉對策委員會」還只能拿一些人民都不一定相信的「民調數據」在做春秋大夢！這也算是「台灣民主特色」的一大笑點吧？

發表於《風傳媒》2018/11/03

「習五點」正告全世界，台灣是台灣、中國是中國。

我完全無意誇大這次「習五點」對於兩岸問題的超級重要性。相反的，我反而認定「習五點」所展示的，因為其將所有「拒統者」一律打成「台獨份子」，反倒認為是對台灣的一種極大助益。

因此，倘若我們願意從更加高度的「價值標竿」來看待這件事，我們是否能一改「拒絕統一」的防衛性態度，不再每次都委曲求全地跟中共「說NO」，今起，我們應該都要轉個手勢，換成為「以台灣為座標」地大方跟世界「說YES」？

先前，任何反對中共的意見都被視之為「仇中」或「去中」，現在經由「習五點」的一封告白書，更往前推進為：任何「拒統者」一律冠上「台獨」稱號。對台灣統獨紛擾現狀，這應該算是一大進步，習近平無意中幫了台灣一次大忙。

首當其衝的當然是國民黨。在「習五點」正式發布聲明後，國民黨拖了7天，才在1月9日由該黨中央黨部邀請15位藍營首長召集一場「便當會」的閉門會議。名為「討論兩岸城市交流」，實則希望能針對「九二共識」找出統一口徑、步調與論述調理。可是據會後的幾位藍營縣市長受訪時的說法，對於「習五點」或「九二共識」的回應卻仍呈現一片混亂。

藍營15位首長多只在意如何討好中共政權

比如南投縣長林明溱受訪時即表示，「現在就不要提一中各表，一中各表是過去九二共識的方向，兩岸的和平相處，大家認同九二共識，雙方往來就比較密切，大陸喜歡不要堅持台獨，就會陸續想到台灣來旅遊。」這說法跟現任主席吳敦義仍繼續強調「九二共識，一中各表」的公開表述顯然有很大距離。只是，不管國民黨在言詞上怎麼解釋，應該都無法擺脫掉「拒統」的緊箍咒。

按習五點的「全面促統」之說法：「絕不為各種形式的台獨分裂活動留下任何空間。」那麼，國民黨的「一中各表」若果被詮釋為「拒統」的字義，是否也自然要被歸類到「台獨」的罪名之列？

當小英總統正式且堅定地拒絕接受「九二共識」之後，中共手握的那張考卷自然就轉到國民黨手上，也因而讓國民黨被迫陷入到長考階段。

高智商的柯P，如何能通過美國發給的問卷？

習近平之前還有一句聖諭：「兩岸一家親」，被柯P當作親中的「通關密語」。現在他一樣被對岸推進到升等的考場裡，「你必須在考卷上圈寫：支持統一。」不過柯P到三月份還必須面臨由美方出題的另一個考場，相信應該有許多人會很好奇：高智商的這位台北市長到時又會怎麼作答呢？

其實「九二共識」有另一個新解釋：「你家就是我家」。

所謂「千秋萬載，一統江湖」，每個人的家都當然是我家，習近平或許會很喜歡這樣的具霸氣的說法，也或許適合國民黨可以用來重新詮釋其一貫的「魅中意識」。

「你家就是我家」是2013年曾在各大影展上大放異彩的一部日本電影。電影中佈滿荒誕情節，電影作者乃意圖要對日本多元文化強力進行解構的優異電影。建議國民黨忠實信徒們不妨回頭去找來參考觀賞。對於台灣當前多元文化下的社會處境，以及面對中共不分黑白是非的強勢霸凌姿態，定然會有更深度的認知和頓悟。

台灣有 90 個政黨將組團赴北京參拜協商？

在「習五點」的第二點裡有這樣一段話：

在一個中國原則基礎上，台灣任何政黨、團體同我們的交往都不存在障礙。以對話取代對抗、以合作取代爭鬥、以雙贏取代零和，兩岸關係才能行穩致遠。我們願意同台灣各黨派、團體和人士就兩岸政治問題和推進祖國和平統一進程的有關問題開展對話溝通，廣泛交換意見，尋求社會共識，推進政治談判。

於是，有某些位過氣政客就來勁了，據說不到一周內即已召集到「號稱」90 個政黨領袖報名要前往中國去參與「政治協商」。就我所知道的傳述名單中，還包括了過去頗具名氣的綠營的政治人物。他們在圖什麼？他們又能得到什麼實質性利益？大概也是頗為令人好奇的趣事。

我大約打探到，其中有 90% 都屬一人政黨，剩餘 10% 的列名「政黨」都不超過 10 名黨員，每個成員都可以亮出一張設計精美的名片，並印上比天還大的閃亮頭銜。

假設，這批阿公阿婆果真成行並進入到北京城內，堂堂皇皇地接受中共當局招待饋贈，而且還應卯式地一起畫押外加合照，再一致宣稱說「認同九二共識、接受一國兩制」，這會對台灣政府造成什麼影響？又會對國民黨形成什麼壓力？或只會是博得大家會心一笑？

從「買辦」快速演進到選戰網軍的搶攻戰略

很久以來，中共在台灣的代理權向來都掌握在國民黨手上。這些被中共批准核定具備代理資格的人，一般都被稱之為「買辦」。但在太陽花運動洗禮之後，又面臨2016大選而國民黨遭逢大敗，中共終於認清「國民黨不再能代表中華民國」了。因此才決定捨棄這種方便式之「兩岸貪腐勾結」的代理人統戰模式，而改弦易張為「三中一青」政策（中小企業、中低收入、中南部以及青年）直接到民間找到其代理人。然後在2017年5月間又更易為「一代（年青一代）一線（基層一線）」新模型。

延至2018年底的九合一大選，民進黨慘遭滑鐵盧，相對程度上，對中共產生了莫大鼓舞作用，令其重新燃起解決台灣問題的信心，因此在「習五點」的第四點上，他才會提出：

> 我們要積極推進兩岸經濟合作制度化，打造兩岸共同市場，為發展增動力，為合作添活力，壯大中華民族經濟。兩岸要應通盡通，提升經貿合作暢通、基礎設施聯通、能源資源互通、行業標準共通，可以率先實現金門、馬祖同福建沿海地區通水、通電、通氣、通橋。要推動兩岸文化教育、醫療衛生合作，社會

保障和公共資源分享，支持兩岸鄰近或條件相當地區基本公共服務均等化、普惠化、便捷化。

形式上，這似乎是要落實「人進貨出」的選舉口號，並對藍營15個執政縣市希望與中國進行商貿合作的積極回應。實際上，中共卻已悄悄地修正了「經濟一百分，政治零分」的政治呼籲。也就是，中共提示一張超級可口的大餅，要想分食者就必須承認中共的政治論述；「接受統一與一國兩制的未來可能」。也就是形勢利導的一種政治交換。這清楚的訊號，正是讓藍營陣腳大亂，並需要15位縣市長集合起來開一次閉門會議，讓大家都必須慎重以對的基本原因。

然而，當美國全面防堵制裁中國經濟的此時，中共快速下滑的經濟現況，還有多少實力能供養這麼些「發財夢者」？

進入「銳實力網絡」的網軍組織建構模式

與此同時，中共對台統戰進程立即快速加碼再次升級，通告台灣所密布的各直線代理人，密集徵募儲備幹部，大批量安排赴中接受參訪的落地招待（名為旅遊，實為講習）。又指令給各省市認養台灣各縣市所招募的培訓名額，並責成將之督導為「在地協力者」。說白了，就是建構網軍之「銳實力網絡」的組織模式。只要你細心留意，就在選後的這一個多月裡，你身邊很可能就已經有很多親朋好友到中國去被「落地招待」過了。

先前，國民黨作為中共唯一代理人（買辦），本土反中共人士所要面對的目標清楚而一致，可以萬眾一心直接指向國民黨並硬是將之扣上「賣台集團」令其百口莫辯；現在中共的統戰滲透已然大跨步進化到「千家萬戶」的無所不在了。套句威權年代的口號說「匪諜就在你身邊」，請問政府國安層級的謀國者們，是否已經擬具「民主防衛機制」的防範良策呢？

選舉前的11月3日，我曾撰文發表《**中共網軍大舉入侵，直指「總統大選」！**》行文間即曾呼籲過：

> 信息戰、輿論戰是一種長期無槍砲聲的對抗戰，而網路世界無遠弗屆，除了在自己國土上短兵相接進行激烈巷戰之外，最理想的心戰叫陣喊話，則必須將戰場延伸到敵後縱深區域內形成草木皆兵的無數個大小戰場，正所謂「敵不動我動」的信心全面瓦解之摧毀戰役。選舉結果鹿死誰手都只是一時的，惟兩岸對敵心戰的攻防殲滅卻不能一刻稍歇，否則就只好悉聽擺布、引頸就戮，這絕非你我所願矣！

從對中共「說NO」，改換為「台灣座標」的「說YES」

我完全無意誇大這次「習五點」對於兩岸問題的超級重要性。相反的，我反而認定「習五點」所展示的，因為其將所有「拒統者」一律打成「台獨份子」，反倒認為是對台灣的一種極大助益。

今後，任何人，無分藍綠面對中共官方場合都必得贊成「統一」，否則就是「台獨」。然後讓台灣的「台獨」人口倏忽加增到 90% 以上，寧不值得可喜麼？只是這樣說，又似乎含帶著高度阿 Q 的「梗」！

因此，倘若我們願意從更加高度的「價值標竿」來看待這件事，我們是否能一改「拒絕統一」的防衛性態度，不再每次都委曲求全地跟中共「說 NO」，今起，我們應該都要轉個手勢，換成為「以台灣為座標」地大方跟世界「說 YES」？

最好的典範之作，當然是原轉會各原住民族代表們，於 1 月 8 日所發表的那份聯合聲明，他們直接且毫不客氣地告訴習近平說：**「台灣是原住民族的傳統領域，不是中國的領土。」**

台灣有許多人讀完該聲明後都不禁為之動容，甚至還都無可抑制地哭出聲來。更妙的是，該聲明在文末很風趣地加上了這麼一小段話：

如果有一天，中國放棄扭曲的歷史觀、民族觀、國家觀，樂意成為我們的善良鄰居，而不是強行要當我們的父母。那個時候，我們會誠心舉杯，敬中國這個鄰居一杯小米酒。pasola xmnx na mansonsou!（願您每回呼吸都順暢；鄒族語）

應該這樣說吧，我們都應該對於發出這封聲明的每一位連署者「誠心舉杯，敬他們」一勇於對強勢霸凌者喊出「我家不是你家」，並以台灣座標豪放地「說YES」，我真切地認為，台灣人都應該向他們行以90度鞠躬再加上致以最高敬意的禮讚！

發表於《風傳媒》2019/01/12

「厲害了我的國」！從新疆到台灣的「九二共識」

所謂「兩岸關係好，台灣同胞才會好。」早已成為中共統戰兩岸問題的慣用套語，已經沿用多年了。這命題的政治邏輯顯然存在著前題式的形式謬誤。說得淺白一點，在美中抗衡對立下，中國經濟已呈現快速下滑，其貨幣供應量的 M1 窄意貨幣增長已來到 30 年的最低點，企業和政府現金流呈現高度緊張，也即是中共本身的經濟形勢都已是泥菩薩過江，還如何能有餘力照顧好「台灣同胞」？更真切的說法是：這些血淋淋的事實呈現，都在在清楚地告訴我們一個再鮮明不過的答案：「兩岸關係越好，台灣人的遭遇就必然會更悲慘！」……（編註：武漢肺炎疫情正好為此一說法提出顯著明證！）

「九二共識」到底等不等於「一國兩制」？

因為，國台辦馬曉光於1月16日的記者會上說：「九二共識」是兩岸關係發展的共同政治基礎，明確界定了兩岸關係的性質，表明雙方在努力謀求國家統一進程中均堅持一個中國的原則。「一國兩制」是實現國家統一後的制度安排，強調兩者並不相同。

前車之鑑，香港、西藏是台灣人刻骨銘心「反教材」

中共的統戰語言向來具有無比「魅術」。兩蔣父子對這一點曾經是吃盡苦頭的，終致於從中國被趕到台灣來，而也才會畢生奉行「絕不與中共談判妥協」的終極信念。可惜兩蔣這一信念傳到連戰手上時就完全被揚棄。

中共所堅持傳遞的「九二共識」符號，其實就是「一個中國原則」。也因為有了此萬萬不可撼動的「一個中國」，才會有「一國兩制」的後續衍生。而且，一談到「一國兩制」就一定會扯到「和平協定」。西藏如此，香港如此，這次對台灣的統戰魅語也不會例外。

西藏和香港的今日處境如何，已有太多人寫了太多文章進行論述了，此處就不再插一腳多所贅言。

我倒是對於馬曉光在這次記者會上說的下一段話較有興趣。他說：

兩岸關係好，台灣同胞才會好，但是對於那些開歷史倒車、倒行逆施的人和勢力來說，兩岸關係好，他們的日子就不一定好過。因此他們（指民進黨）才會肆意否定「九二共識」，誣蔑「一國兩制」。

易言之，承認「九二共識」，日子就會好過；否定「九二共識」日子就一定不好過。港人、藏人、維吾爾人，都沒有「九二共識」，他們的日子都過好了嗎？

連豬瘟疫情都無能控制，你還相信他有能力「攻台」？

所謂「兩岸關係好，台灣同胞才會好。」早已成為中共統戰兩岸問題的慣用套語，已經沿用多年了。這命題的政治邏輯顯然存在著前題式的形式謬誤。說得淺白一點，在美中抗衡對立下，中國經濟已呈現快速下滑，其貨幣供應量的M1窄意貨幣增長已來到30年的最低點，企業和政府現金流呈現高度緊張，也即是中共本身的經濟形勢都已是泥菩薩過江，還如何能有餘力照顧好「台灣同胞」？請問已經被統併的「香港同胞」都被照顧好了嗎？北京皇城內的「低端人口」被照顧好了嗎？新疆的「再教育營」裡到底算不算是中國同胞？更激進一點問：馬雲等民間企業大頭們都被照顧好了嗎？

更真切的說法是：這些血淋淋的事實呈現，都在在清楚地告訴我們一個再鮮明不過的答案：「兩岸關係越好，台灣人的遭遇就必然會更悲慘！」

可是，在台灣偏偏就有某些人，會跟著中共統戰號角應聲起舞。

非洲豬瘟在中國境內已經接近全面失控的極大危機，也嚴重威脅著中國周邊十幾個鄰國。而一個宣示要稱霸世界的大國，竟然對此疫情沒能力進行有效防疫，卻倒是整天對台文攻武嚇，請問這國家是不是得了甚麼病？他哪來攻台能力？

現在，連第一個支持中國「一帶一路」倡議的國家吉爾吉斯也爆發了中亞最大反中示威。成千的示威者們上街就是要抗議：北京當局透過「一帶一路」建設將勢力滲入該國，並對北京施壓新疆維吾爾族人感到憤怒。

發文罵小英，是為了「保護」在中國的財產？

幾天前，有位常年往來兩地的「文史工作者」在群組裡發文大罵小英總統拒絕「九二共識」，還用很不入耳的語言責備她完全不顧「300萬台商」的身家性命。

也是巧合，正好有個機會讓我與這位鄭姓友人在聚餐場合同席而坐，我滿懷好奇地低聲請教他：他在Line群組上的發言是真心的嗎？

當時他被問得有點突兀，因此有點尷尬地四下張望著，半晌後，才低聲回我說：「我們經常要往來兩地，那邊也都置產了，若不這樣表態，在那邊的財產就可能難保了！」

我理解地點點頭，然後又再追問一句：「這樣說，你們都有接到他們的指令囉？」他還是保持低調地回答：「應該說，即使沒收到指令，大家也都會按例表態才對吧！」

為了保護個人在中國的財產，很自然地配合中共的政治態度，所以就自動在台灣的親友之間當一次（或多次）應聲蟲，看起來似乎還很合人之常情。

對於這位鄭姓友人最單純的想法是「我很無奈，但我不得不為！」如果再去套用「經濟100分，政治0分」的口號，這位鄭先生不過只是為了要「保護自己的財產」（經濟100分），他對於兩岸誰對誰錯則是選擇「置而不論」的（標準的政治0分）。

如果將鄭先生的這種看似很不起眼的「自我保護」之個人行為，放大為千倍萬倍乃至幾十萬倍，這些人都被制約要在台灣親友群組裡發送「攻擊」「詆毀」執政黨的「造謠訊息」，或是反覆散佈對岸所製作的「農場文」，聚沙成塔，當然就會形成相當強大的「網路壓力」，也就是「發布假訊息」的強大網軍。對鄭先生個人而言，會認定為理所當然（我沒有絲毫政治企圖，只不過是為了個人財產隨手而為），也當然會自認為心安理得，不會產生絲毫愧疚感。

被綁架的旅中人士都可能成了「攻台網軍」嗎？

經這麼一推敲，我猛地恍然大悟，莫不是這樣的無知而討好的現實面，才會讓中共國台辦的馬曉光每次都敢這麼嗆聲：「兩岸關係好，台灣同胞才會好」？

原來幾百萬台商（或台幹、台生等等）都已經被中共利用為綁架人質了嗎？

由此再推論到，近日惹議的「順風快遞事件」。媒體報導是這樣說：

馳名兩岸三地的香港文化人梁文道，從台灣經酒店快遞多本書籍到香港時，有三本涉及中國大陸政治、歷史和哲學期刊遭在大陸起家的順豐速運拒絕寄送。台灣順豐聲稱審查包裹禁寄物品是按各國海關管制規定處理，但梁文道表示，香港並無管制政治書籍進出口，質疑台灣人自我審查，讓「一國兩制」早已在台灣落實。

威權時期，蔣氏政權有個類「東廠」的警備總部，乃是專門審查並執行懲處人民思想的機構。戒嚴時期實施久了，台灣人的心中在其陰暗角落就都自然被孕生出一個「小警總」，也都被乖乖教育成順民心態下的「自我審查」心理關卡。台灣民主化之後，這個臭不可聞的警總被撤銷關門了，滿以為自此台灣人民可以過上「免於恐懼」的生活了。豈料，對岸的獨裁天威就像一張天羅地網似地撒到台灣這片土地上，「自我審查」的恐怖心裡又死灰復燃地肆意想要侵蝕著台灣人心。

民主自由的國度裏，容許用「中國邏輯」來營運？

香港時評人楊繼昌先生在最近發表的《台灣可以推動兩國四制》一文裡，其文首即不客氣地提出強烈質疑：

作家梁文道在台灣透過順豐托運書籍被審查的證言，似乎得不到台灣媒體的關注。可能全球華人都會認為這是自然不過的事，陸資企業的「文化」，理所當然會自我審查。然而一間在行業內有壟斷性地位的企業，在自稱已經實踐民主自由的國度裏，卻以「中國邏輯」來營運，要活在民主社會的人民接受「中國模式」的消費行為，難道台灣的朋友不認為這是對民主自由的威脅嗎？

楊先生生活在香港，也被列入曾被中共迫害過的族名之列。對中共的嗆害霸凌自有其感同身受的深刻體驗。

在兩蔣的威權時代，台灣被管制的出版品是極為嚴苛的，有多少文字獄在白色恐怖的案件裡怵目驚心難以想像。當年若想找到幾本較具內涵深度的思想性著作，很多人大概都只能到香港去蒐尋，然後再想方設法地偷渡進來台灣，再大家一起暗地裡傳閱。

風水輪流轉，現在，換成香港人要到台灣來找書購書再寄送回去了。這是台灣人長年抗爭下才爭取到的「出版與閱讀權」，是現在頗令香港人所羨煞的。卻如果還任由對岸所操縱的「中國邏輯」運營模式去進行，以致被要求必須先「自我審查」，台灣人所自傲的民主自由模式還能剩有多少自我悍衛力度？

賴神呼籲：建立國家利益為優先的政黨文化！

賴清德在14日正式卸任行政院院長時除了抛出引人注目的憲改議題，也順勢呼籲說，

台灣面對中國打壓的當下，應該建立國家利益為優先的政黨文化，「兩岸問題很大，也很複雜，但起始點在台灣，只有台灣團結，沒有政黨利益，只有國家利益，這個問題才可以迎刃而解。」

曾被稱譽為「賴神」的這位前院長是不是「神」級人物，姑且不論。但他執掌政院500多天的日子裡，台灣的政經運轉並無多少起色，則是可以公評的。也許時間太短，難以有所表現，我們不必在此太過苛責。但當他說「應該建立國家利益為優先的政黨文化」時，又會讓問題轉回到原點了：究竟要效忠哪個國家？

換個角度來問：執政者心中跟在野黨所想像的國家到底是不是同一個主體意識？答案如果是否定的，那又如何能「建立國家利益為優先的政黨文化」？

美國民主黨國會議員可以威脅要彈劾川普總統，但他們面對中共稱霸威脅時的表現，是萬眾一心的，是齊力發威的。

日本國會反對黨經常處心積慮要進行倒閣，但在遭遇外力威脅時，可以同時面對敵人發出怒吼！

很不幸的，只要有一個惡鄰居隨時在對我們分化離間，還不時以小恩小惠對執迷於「經濟 100 分，政治 0 分」的所謂「經濟選民」招安示惠，就像本文所指陳的那位台灣人鄭先生那樣，可以為了保護個人財產而不顧國家利益（因為政治 0 分），並且還認定這是天經地義的私人行為。則，這個要以「國家利益為優先的政黨文化」的期望，就簡直比登天還難。

發起「拒絕統一」運動，是建立「台灣共識」的濫觴

單單只要問賴清德到底願不願跟柯 P 握手合作一致為國家利益而聲討外來的威脅，有多少人會持樂觀態度？有多少人會認定那根本就是緣木求魚的大難題了！

這次習近平丟出一封標誌「習五點」的告白書，將台灣所有「拒統者」全都冠上「台獨」稱號。而且，如果國民黨對該一告白書中的主軸「一國兩制」之回應所採取的乃是「拒絕接受」，就可以被中共列入到「拒統」的「台獨」名單之列。

那麼，執政當局是否應該可以鄭重考慮來一場盛大，無私心的，不分黨派的「拒統運動」？或許這正是可以朝向「以國家利益為優先的政黨文化」之濫觴喔！

發表於《風傳媒》2019/01/19

美國「集氣」打中共！台灣還在「裝睡」做大夢？

所以，我們當然很容易感受到，中共對台灣越是施壓霸凌，美國就會以實際行動表現對台灣更友善更支持。於是就有人要警告說，千萬要小心，不能成為美國的棋子（或棄子）？令人啼笑不已的倒是：在相同景況下，卻很少有人警告說：千萬要小心，不要成為中共的棋子（或被爆打的虐子）？

新春過年按照習俗都想要沾點喜氣，所以許多政治人物都會趁機到處發紅包。可是中共卻趕在除夕夜前的2月3日發布新歌「我的戰鷹繞著寶島飛」，該MV中還出現眾多台灣畫面，特別是台北101大樓的畫面中還有一枚空降兵徽章，充分表露濃濃的對台武力威嚇之意。與此同步，「留島不留人」的肅殺之語也在網路上隨之而起！

據說「留島不留人」是遲浩田在國防部長任上說過的。遲浩田是六四屠殺事件的關鍵人物。1989年5月，戒嚴部隊進駐北京，在劉華清擔任總指揮和遲浩田擔任副指揮的剿滅下進行了「六四清場」，這位遲大將軍對待自己人民從不手軟的。遲浩田於1993年出任國防部長，傳說曾經對台恫嚇口出狂言道：「寧可台灣不長草，也要解放台灣島！」惟，另一傳言則說是另位中共上將國防部長曹剛川任內撂下的狠話。只不過這都已是上一世紀權當笑話的雲煙往事了。

中共強烈意圖要阻止第三國干預其侵略台灣

今年最新的情資應屬於美國國防部於1月16日公布的《2018年中國軍力報告》，該報告指出「中國近年來擴展轟炸機巡航能力，很可能將美國與其盟國作為攻擊目標，解放軍也持續加強攻擊台灣的能力，意圖阻止第三國干預中國攻打台灣。」

另，則消息則是1月29日美國國家情報局長寇茲（Dan Coats）在出席美國參議院情報委員會所舉辦的全球威脅評估年度聽證會上所指出的，「幾乎可以肯定，中國將會繼續對台灣施壓，並且同時提供誘因，迫使台灣接受『一個中國』框架，達成台灣最終被中國管控，而中國也會以美國的反應作為指標，評估美國對該區域的決心。」寇茲同時還認為，「中國會干預西方民主選舉，加劇竊取美國及其盟友的經濟、軍事和技術機密，並利用美國社會的開放來達到影響美國政策及削弱民主的目的。」

寇茲在參議院的證詞中所提到的「中國會提供誘因，迫使台灣接受『一個中國』框架，達成台灣最終被中國管控。」之言，凡此都在在警告著美國社會對於美台關係的高度警覺性。說白了，如果美國再不快速加強對台灣關係的緊密度，台灣難免要陷入到被中共赤化的深重危機！

有誰會問：千萬不要成為被中共爆打的受虐兒？

寇茲之言是不是危言聳聽呢？只要回想一下諸如「台灣旅行法」、「國防授權法案」以及「亞洲再保證」等諸多親台的政策內容之制定與實施，甚至於上月底還主動釋放出美國國會議員支持「邀請小英總統訪美並赴國會進行演講」的敏感訊息，即可洞悉美國對台政策確實正在加速進行大幅度修正。

所以，我們當然很容易感受到，中共對台灣越是施壓霸凌，美國就會以實際行動表現對台灣更友善更支持。於是就有人要警告說，千萬要小心，不能成為美國的棋子（或棄子）？

令人啼笑不已的倒是：在相同景況下，卻很少有人警告說：千萬要小心，不要成為中共的棋子（或被爆打的虐子）？

還有人翻開歷史對我們振振有詞地說：之所以會擔心成為美國棋子而隨時會被美國「出賣」，是因為美國曾經出賣過台灣？

對此，綠營說的無非是戰後美國把台灣交給流亡政權的國民黨軍隊並支持其遂行恐怖統治，代表作是柯喬治的《被出賣的台灣》(FORMOSA BETRAYED)。而藍營所說的，則是中國內戰時，美國放任中共打垮蔣氏政權導致大好江山全面丟個精光，又於1979年捨棄台灣的外交關係轉為跟中共建交的史實。

徵諸現實，無分藍綠，雙方所談的「美國會出賣台灣」都屬於「台灣性」和「中國性」的感情屬性之相對投射，也可以說都是老年代所曾經歷過的一種被蓄意蒙蔽的史實認知所做的謬誤演繹。

現在卻又多出一份版本：比如阿北柯**P**這類語不驚人死不休的「歷史白癡」，在去年所說的「台灣只是美國總統川普架上的一項商品（**Taiwan is only a product on the shelf**）。」然而，如果有人去反問柯**P**：「那台灣是不是中共架上的一塊肥肉？」我猜，他可能又只會摸摸頭顧左右而言他吧？

「和平協議」就是投降合約，必成千古恨！

又還有另一類人喜歡說：「兩岸關係」的位階高於「台美關係」！因為只要搞好了跟中共的關係，就一定會天下太平，然後大家一起賺錢發財（這得要先具備「權力尋租」的超級本領）。也因此而在「習五點」被正式提出之後，即開始有人跳出來重彈「兩岸和平協議」之說。

比如前省議會議長高育仁所提的：兩岸現階段應「相互承認重疊的主權，相互尊重分立的治權。」另一位則是藍營太陽之一的王金平，再度公開拋出：「簽署『和平協議』是遲早要談的事情」。

議談「和平協議」是個美麗的謊言，習近平站在中共的立場自該會樂於接受。但彼所預設的前提必然是已先綁好的「一中原則」，也就是在一個中國，而且是「中華人民共和國」的唯一原則下才得以展開「兩岸和平協議」的洽談。這不免又得令人想起1951年簽訂的《和平解放西藏十七條協定》，其結果就是演出了一場解放軍進入西藏的屠殺與人身自由的無限禁制；再往後延伸到香港的「港人治港」50年保證不變之鄧小平的鄭重承諾：「實際上，五十年只是一個形象的講法，五十年後也不會變。前五十年是不能變，五十年之後是不需要變。」

言猶在耳，香港才回歸20年不到，2014年6月10日中共國務院即發布《「一國兩制」在香港特別行政區的實踐》白皮書聲稱：香港社會有人對「一國兩制」方針政策和《基本法》認識模糊、理解片面，所謂的香港高度自治「限度在中央授予多少權力，香港就享有多少權力」；該文件還高調指出：在「一國兩制」中，兩制僅能「從屬」於一國，特首人選「必須愛國愛港」，特首與立法會普選制度都要「符合國家安全及利益」。

如果再加上北京低端人口的無情清洗，以及新疆維吾爾族的「再教育營」之暴行，還有成千上萬的無端被消失所謂「異議人士」們；則果真台灣有人要推動「兩岸和平協議」，也姑且假設那些推動者們真的是要居於謀求「兩岸和平」的基本用心，是不是也應該先把這類惡名昭彰的先例都要站出來「說清楚、講明白」呢？

台灣人嚴重缺乏「基於國家自信」的安全感

台灣之所以總會有人對於是否成為美中兩國的棋子而心存疑慮，正充分彰顯了台灣人嚴重缺乏「基於國家自信」的安全感。從歷史上看，400多年來，我們就從不曾擁有獨立主權的「正常國家」。即使從荷西的大航海時代起算，到明鄭入台，再到清領及日據，台灣一方面是東亞海上貿易樞紐，又都是聽憑任何強權宰制的俎上肉；即令戰後蔣氏敗撤入台，也一樣當作「基地」(而不是個正常國家)在統治。而蔣家父子之所以能面對中共並「保住」台灣，其實真正的倚仗的就是美國。職是，我們就聽到了文首所提及的美國國家情報局長在國會之證詞所直陳之言：「中國也會以美國的反應作為指標，評估美國對該區域的決心。」

從這句話裡，我們已經很清楚的意會到：中國是否會侵台，完全繫於美國「對該區域的決心。」

那麼，為何寇茲不是說「美國對台灣防衛決心」？而卻要說「美國對該區域的決心」呢？

所謂「該區域」（從亞太第一島鏈擴展到印太戰略）就是一種防堵中共擴張圖霸的基本布局。請容我再說一遍：戰後的太平洋格局乃是美國犧牲多少年輕人的鮮血與生命才打下來的地盤，並經過數十載的用心經營而奠下的基業（一大群親美政權的盟邦）。她怎可能放任中共去染指並侵蝕她的龐大根基？

「保護台灣」＝「保護美國戰略利益」

80年代以降，美國迷信經濟能與民主自由是相輔相成的。所以她們傾盡全力扶持中共政權，包括對中共不斷踐踏人權的案例也視若無睹，充耳不聞。如今終於夢醒，中共並非美國所預想的。當中國經濟崛起之後，卻反其道直奔「世界新秩序創造者」的圖霸之路。是可忍，孰不可忍？美國舉國開始集氣反中共。縱使沒有川普上任，換上任何人當總統也都必然要對中共進行圍剿。

是以，當時序來到「八國聯軍」已正準備二度興兵痛打中共政權之際，台灣島所處的地緣政治位階也隨之來到前所未有的「重中之重」之分量。而同時的，「保護台灣」就也成了「保護美國戰略利益」的同義詞了。

如果這樣去理解，你認為美國還如何能把台灣當「棄子」嗎？

萬一台灣被中共侵佔，美國會不會攻台？

返一步說吧！如果台灣被中共統一，中共會不會又像當年日本發動戰爭一樣的把台灣當作南向的基地般，又再次將台灣用為「西出太平洋」的前進基地？

還有另一個更突兀且更深刻的後續問題，台灣立刻就成為美國必須奪回的戰略島嶼，屆時，台灣人民會不會為了中共政權而抵抗美國人？台灣人屆時能有選擇權嗎？

然後，我們大概就不會再去問說：「美國會不會棄台？」反而的，我們必然要去認真面對一個看來很滑稽的大難題，或說是更正確的問法是：「美國會不會攻台？」

兩岸關係已經沒有模糊化的空間了，台灣也已來到選邊站的時序了；所謂「維持現狀」乃是基於中共願意「保持現狀」，如果習近平已三令五申地要實現「中華民族偉大復興」再進而創造「新時代中國特色社會主義」，所藉以營造出來的「中國夢」之「民族主義」的巨大能量，已經讓她回不了頭了！說穿了，當前就已經是「現狀全都改變了」，小英總統還要自欺欺人地死守住「維持現狀」的挨打的小媳婦政策嗎？

小英連任的嚴苛難題：在內政而不在外交

嚴格講，台灣面對的現實非常嚴苛。台商和中共一起合作創造了中國世界工廠的地位。現在中共則意欲借著這幾十年累積下來的資源去打一場世界霸主的賭賽。這就深深觸動了美國朝野的敏感神經。重返歷史現場，當年是賓拉登的恐佈攻擊讓美國整整迷失二十年，將精力全都投注到反恐事業上，才讓中共乘機一步步竄起。而今川普或民主黨已是有志一同決心要拉下中國，使出的手段必會層出不窮。但以台灣長期以來的藍綠惡鬥，無異是忙著「向內看」而疏於「向外看」。

大勢只能跟著走，而不是逆著硬行。國民黨一行人忙著跪降賣台，只圖著要賺人生最後一桶金；而美、日兩國不懂中文，無法從社會底層接觸並認識到台灣的庶民社會，這一塊恰正是老K可以拿來變賣的最大籌碼。

如今，我們所面對的乃是一場地緣政治變動的大戰危機，而我們正是危機的焦點之一，隨時都有擦槍走火的事件會突然爆發。無奈政府與民間似乎從未好好正視或做好準備！

民主選舉只是內政的改造，無法改變外面的大格局。美國承續英國建立的霸權，是最成功也是最溫和的帝國主義，換成史達林、希特勒或大日本帝國，絕沒這麼好對付。而這就是軟實力的抉擇，台灣如此，中共的權貴們亦如是。所謂的「中國夢」縱使真正達成了，卻是連中國人自己也都無法享受的另一場「惡夢」。

在全球競足下，軟實力對於台灣已是排名在前段班，但硬實力卻因長期疏於經營而逐漸往後退卻中。如果我們能認真去細看中國的 2025，並領會出那才是台灣急需發展的科技事業，也許我們就不至於如此迷惘了。

老實說，台灣政府至今的科技產業政策仍停留在舊時代，諸如 5G 事業，人工智慧，超級電腦，量子電腦，AI 機器人，精準醫療，及高端軟體研發事業等等，我們的政府根本仍停在喊口號的自嗨情境而已。試想，教育部忙於課綱，科技部忙於計算研究論文，幾年數十億的公共投資完全與此無關，人民的納稅錢就這樣被墮落的官僚們虛擲浪費了！

簡單說，台灣國家機器已喪失引領社會發展的能耐，而政治人物則忙於選舉，現又忙於扮演網紅而急於曝光，對全球科技大戰略的佈局自是完全落空了！只要我們肯虛心對比於以色列、新加坡、日本，我們大約就能知道問題何在了。

無知無法領導，那也不是多數決的問題，更不是韓粉、柯粉所能理解的能耐。是要善用人材、重用人材，而不是只用奴才、盡聽媚語！單單大學博士教育的崩解，藍綠高層都不願去認知其嚴重性，且還都提不出一套方法，只能空看幾千億公共預算白白流失而已！不圖於此之銳意改革，換誰來當總統都照樣「找不到台灣人的未來與自信」！

發表於《風傳媒》2019/02/09

「統、獨」最終是生活方式選擇的問題！

「統一」代表的意涵乃是：「同意」接受中共統治；「獨立」代表的意義就是「拒絕」接受中共統治。簡明易懂，憑黃瀞瑩學姐的學經歷也絕對看得懂這兩個比較句。

所以所謂「統獨問題」，無非就是一種生活模式和生存價值觀的個人選擇而已。這是活生生擺在我們每位台灣人之間的一道選擇題目，你只要放棄選擇，就必然會由別人幫你選擇並作成決定。

統獨到底是不是個假議題？

這個柯P很喜歡掛在嘴邊的白色語詞，最近透過學姐黃瀞瑩的無腦發言而再度引起多方爭論。我們先來確認這位人稱學姐的高顏值副發言人所說的原話：「我實在不知道統一跟獨立，每兩年都在台灣會出現一次，到底在吵什麼，我不會因為今天投票而決定我接下來馬上台灣會獨立、還是馬上台灣會統一。」

網紅粉專「蒂瑪小姐咖啡館」則以精采文筆加以補敍說：「統獨是一個假議題，我不會因為今天投票就決定台灣馬上獨立，還是馬上統一。我只關心我留在台北可以做怎樣的工作，可以獲得怎樣的生活？政治人物要告訴我，他要給我一個什麼樣的台灣環境？這是我們關心的。」

律師作家呂秋遠隨即於隔日即PO文斥之為「荒謬」。他寫道：

每兩年一次的大小投票，讓我們不斷的有機會選擇往生存或死亡靠近。有時候我們可以安慰自己，吃塊炸雞排又不會變胖，即使我們知道這是用餿水油炸出來的。但是這個國家，已經到了最危險的時候，去年一口氣吃進了搖頭丸、海洛因、餿水油、砒霜，還搭配每天吃五花肉、炸雞排、泡麵，竟然還有人認為，每次選舉都不能決定統獨議題？

你選了國民黨，就是往統一靠近一步。你選了民進黨，就是往獨立的維持現狀靠近了一步。民進黨不敢宣佈獨立，國民黨可是會附和中國的九二共識。你每一次的選擇，不會讓自己「立刻」活不下去，但是每一次選擇的總和，卻可以造就未來的統一或獨立。

學姐的經歷不該是政治素人，何以演出「萌萌秀」？

黃瀞瑩學姐記者出身，擔任過立委蘇巧慧的國會助理，後來被延攬進入柯P市府團隊，專責經營柯P的官方推特與臉書等粉絲專頁。去年輔選柯P拍攝「一日系列」之《一日市長幕僚》影片時，黃瀞瑩被製作單位設計成「學姐」角色，帶著節目主持人郃智源體驗市長幕僚的一日行程，因其顏值超級亮眼而意外地掀起超高點播率。去年12月25日，因輔選有功，獲拔擢為北市府副發言人。

由以上經歷觀察，這位學姐應該不是政治素人，而且也經歷過一場完整選戰，照理不至於是「政治小白兔」，而且以其擔任市府公職身分更不會是那種無腦式的「裝萌」小女孩才對。可是卻就這麼毫無遮攔地演出這樣一場與其目前所擔任的政府角色完全不對稱的「嘴炮走光秀」！

先前批評民進黨最流行的說法是「獨立無膽、民主無量」（從嘲諷國民黨的「獨裁無膽、民主無量」變奏而來）。即使是綠營內部對於民進黨內最大派系吃像難看也迭有怨怒的沖天之氣。台派人士面對中共在國際上的打壓，以及境外網軍屢次對台發動騷擾的超限戰，也等於被對岸強壓著打，而卻找不到還手之著力點，自然也就將那股憋在胸中的怨氣全都丟到不急不徐的小英政府頭上。

國安局長「朝有話，夕改又何妨？」

小英總統在1月15日PO出維持「三個堅定」：堅定守護中華民國台灣的主權及安全，堅定維護我們民主自由的生活方式，堅定的往「壯大台灣」的方向前進。小英縱令是因此而贏得「辣台妹」撿到槍的稱譽而一時士氣大振；然而如果看到前天國安局長在立法院備詢時被立委群逼問韓國瑜訪「中聯辦」是否屬賣台行為時，他即席答詢說：「是有掉入統戰陷阱的可能性」。叵料國安局即在當天下午發布新聞稿，罕見地「否認」彭勝竹在立法院的答詢。

政府官員在立法院答詢可以在事後再用一紙新聞稿推翻之？那立委今後的任何質詢，每位政府官員都可以胡亂應付，事後再發新聞稿任意否認之？這算是甚麼負責任的政府？還何況是國安局這麼重要的單位，一碰到「中共問題」就嚇得魂飛魄散、不知所云麼？無論小英個人發再多的強悍宣示，有這樣一位「朝有話，夕改又何妨」的國安局，也全都被抵銷了！這樣的國安單位，國人究竟能相信他也真能像小英總統所宣示的那樣「堅定、有效捍衛」我們的國家嗎？

統一＝同意中共統治，獨立＝拒絕中共統治

回到「統獨到底是不是個假議題」。「統一」代表的意涵乃是：「同意」接受中共統治；「獨立」代表的意義就是「拒絕」接受中共統治。簡明易懂，憑黃瀞瑩學姐的學經歷也絕對看得懂這兩個比較句。

所以所謂「統獨問題」，無非就是一種生活模式和生存價值觀的個人選擇而已。這是活生生擺在我們每位台灣人之間的一道選擇題目，你只要放棄選擇，就必然會由別人幫你選擇並作成決定。

為什麼台灣人非選擇要統或要獨不可？原因也很簡單：因為台灣緊鄰的那頭共產恐龍永遠都會對台灣虎視眈眈，有事沒事都要朝著台灣吞吐她的火焰威力，並且還會不時地直接威脅說「你家就是我家！」

把「統 VS. 獨」的兩種對立意義更深入理解：選擇「統一」就是自動把個人的自由權完全交給「黨」，然後一切聽命於黨的指揮；選擇「獨立」就是保有當前個人所享受的自由權利，包括言論自由，居住自由，宗教自由等等；若要縮小來談，選擇「獨立」你可以任意上網不受限制，你要嗆誰就嗆誰，想要讚誰就去讚誰，但是任何法律責任必須自己負責。

而選擇「統一」你連FB或Line都「無權」使用，你一上網就會遇到兩萬個關鍵字打不出來的鬱卒；還有你發出的帖子或PO出去的文都可能遭到秒刪，甚至還可能隨時會被突然逮到某個不知名房間裡日夜審訊，再甚至無端「被消失」了！尤有甚者，自此你將永遠失去你本來所享有的生活選擇權！只因為你選擇無條件交出你現在所正在享受的每一項權利！而這些權利乃是之前有多少人用生命血汗所拚搏而來的！

這樣一比較，學姐們總應該知道「統一」跟「獨立」有多大分野了吧？

香港民主人士何以對韓國瑜進「中聯辦」如此氣憤？

去年的投票，在高雄因為多數選民選擇了韓國瑜，所以韓國瑜得以被邀請進入香港中聯辦去「閒話家常」，也得以讓國台辦主任劉結一移樽就駕，從天朝皇城搭機南飛到深圳「接見」韓大市長，這就是高雄選民的選擇結果。而這代表著甚麼重大意義？又顯示出甚麼重大訊息？那就是高雄人的此一選擇已經讓台灣往「統一」的方向挪移了一大步！也同等重要地，這件事情告訴我們，我們當前所正享受的生活權利已經逼臨到有可能「被消失」的危機境地了！只要認真想一想，你大概就會知道：香港民主人士對於韓國瑜走進「中聯辦」這件事，為什麼會反映出如此緊張情緒，而且還罵得比台灣更大聲，更氣結的原因了吧！

如果讓時光倒回到去年底2018的那場投票，換成是陳其邁贏了，也許高雄還一樣會被罵「又老又窮」，也許陳其邁還照舊無法讓高雄經濟有甚麼太大起色，但至少我們不必擔心當前的所正享有的權利有所減損或被遺失了。

將之推論到明年1月11日的那場總統和立委的選舉也是同樣的道理：你可以依據你的自由選擇去投票，無論投藍投綠都是你的個人自由意志。但選擇投下的這一票也很可能將決定未來你的生活方式是否會因此而有所改變。投藍會讓藍營的「統一主張」因為得到多數民意支持，被選出的那位「台灣領導人」（我們稱之為總統的那個人）在未來四年裡的哪一天就會被邀請走進「中南海」，然後開始國共間的「統一和平」商議；然後中共在台北設立「駐台中聯辦」；然後也像香港那個「駐港中聯辦」一樣的，對於「總統府」發號施令；然後立法院成了北京「立法局」，開始奉北京之令通過各種限制自由人權的禁制法令；再然後FB被封殺了，Line也禁止使用了；再然後軍公教被勒令進入「思想改造營」，像新疆那樣地限制使用「台語」……抱歉，實在族繁不及備載，只好請大家自行去推理或想像了！

台灣人血液裡暢流著「愛賺錢」的基因

不過還有一點非再補充不可的，台灣人通常都很愛「賺錢」，這是台灣移民歷史所遺留「基因」，原也無可厚非。以前日本人統治台灣就充分運用了此一特殊「基因」設計出嚴密的社會控制體系；國民黨據台後也是諄諄告誡台灣人「只要賺錢，不要碰政治」；

現在又出現了另位「非典政治人物」，因為摸透台灣人這「愛賺錢」的根底後，便喊出「經濟100%、政治0分」的口號，果然漩風陡起，席捲全台，而且所向披靡。

「愛賺錢」很好啊，但總得要先把「愛賺錢」的自由權利維護好吧！這樣我們才能安穩且安心地去「賺大錢」耶！惟，只要你選擇了「統一」，也就等於連「賺大錢」的機會都得交給那個無所不在的「黨」，沒有「黨」的批准，誰也都別想要「賺到錢」，或是「賺來的錢」隨時都可能被「黨」收繳，馬雲已經有個典範給我們參考了。

那個「黨」所牢控緊握的就叫作「政治權力」，於是，本來該是你生來與俱的那份「權利」，你卻用投票將之無條件奉送給那個「黨」，那，你還奢想自己「可以賺到錢」麼？選擇「統一」就是同意讓台灣被關進一個恐怖的「極權社會」，而在那極權主義社會裡，權力永遠比金錢重要。你能不能發揮或享受台灣人的天生本領「賺大錢」之樂趣，全靠你是否能跟「掌權者」尋租到他所賦予你的一絲絲「權力」。

因此，學姐黃瀞瑩們，局勢來到這一步田地了，「統獨問題」已經不再是柯P胡言亂語的那一套「誑語」的空洞內涵了！「統獨問題」已經是攤在我們面前的一個由不得我們不做決定的「生命十字路口」。

最後再補幾句：統一或獨立永遠不會今天投票明天就變天的，而是會像冰山融解一樣地緩慢地變幻，等到你察覺時，一切都已經來不及了！

林智群律師（klaw）在其臉書上就是這樣寫道：

《主權是怎麼消失的？》

我說「主權」這種東西是慢慢流失的，

真正失去時，你才會恍然大悟：「啊我失去了！」

價值觀的建立絕非一天兩天可完成；同理，台灣人民今天所已享有的自由權利和生活模式，乃是經由幾十年的集體奮鬥之後才爭取到的。

但請謹記，我們手上的這一張選票，卻極可能決定了我們是否仍然能夠擁有此一享有的權利喔。

發表於《風傳媒》2019/03/30

台灣特首或台灣總統，「誰」有能耐下決定？

網路上正在流行新的 SLOGAN：「打不如買，買不如騙」！此句的註解就是：「要打的就是民進黨，要買的就是國民黨。」不過要特別注意還有後面一句：「要買可以花大錢，但要劃出曲線圖，絕不能讓買家心滿意足；要打得可以常態化，但要注意使勁力度，絕不可以一棒打死。」

中共戰機飛越海峽中線，這件事很嚴重。可是藍營政治人物卻多數裝得好像沒發生。更絕的是，吳敦義還居然說：台灣應該要和平對待中國，因為兩岸同為炎黃子孫，血濃於水。

吳敦義説得真好。和平，人之所欲也；戰爭人之所惡也！但越過海峽中線的是共機，挑釁意圖十分明顯，這位偉大的吳主席卻反過來警告台灣人應該要「和平對待中國」？這話説得好像很有耶穌精神：你來打我左臉，我就把右臉也讓你打？大野狼都到門口敲門要把小豬吃掉了，你還跟小豬説應該要跟大野狼「和平對待」？

共機飛越中線挑釁，美國比台灣更緊張

倒是美國比台灣還更緊張。美國在台協會（AIT）很快在當日即由發言人孟雨荷（Amanda Mansour）公開譴責北京「片面改變現狀、破壞區域和平架構，這是有害的」，並呼籲北京停止脅迫手段並恢復與「台灣民選政府」對話。孟雨荷發言的關鍵字就落在「台灣民選政府」六個字。

中共是一黨專政，而且是很標準很牢實的「以黨領政」體制，更且也將這體制明明白白寫進憲法中。「黨」的位階永遠高於「政府」，這體制已行之幾十年，已歷經三代人了。所以當台灣呼籲或要求中共應該跟台灣「政府」交流談判時，中共定然很難適應：要談當然是「黨對黨」才正確，黨跟政府談，就是不對等的，這樣對「共產黨」是不合理也

不公平的。

民進黨有個被中共視為極大罪惡的「台獨黨綱」。且不管其內容是甚麼，在台灣，除了極少數想操作「台獨議題」的人之外，大概沒幾個人會在意這「台獨黨綱」條文到底有理無理，充其量不就是一個政黨的主張而已！縱使她已經是執政黨，包括現有幾十萬黨員在內，約略也沒幾個黨員說得出這被中共視為毒蛇猛獸的「台獨黨綱」到底是甚麼了不起的「信念」。在台灣這個任何人都有權對任何政黨比出「中指」的民主社會裡，究竟有幾個人會關心或相信哪個政黨有甚麼「堅定不移」的政治意志？

可是對於早就習慣於「以黨領政」的中共，這樣一條「台獨黨綱」，就足以讓民進黨永遠被吊上超級十字架上接受千刀萬剮，永世不得翻身。以致於，只要是民進黨執政，中共一定關起交流談判之門，並擺出最兇惡的嘴臉強勢做態，硬是要把民進黨踩死不可。

統與獨的對立也由這一個小「點」拉開來，越拉越遠，越拉越成不共戴天的勢不兩立之局面。

中共眼中，民進黨就是萬惡不赦的「美帝走狗」

正因此，期望中共跟民進黨執政的政府坐下來談判，根本就是比登天還難。無論這個政府有多符合台灣民意，中共都一律斥之為「中國人的叛徒、漢奸、國賊」。如果套用中共領導階層早已根深蒂固的天朝觀來看，民進黨政府就是頑劣不冥的匪類，就是美帝走狗，只能強勢打擊之，絕不可輕縱姑息。

若是從這個面向切入去了解，我們大概就應該看得清楚，中共對台的總體戰略了。民進黨執政，就一定要不留餘力把他打死。無論是阿扁、小英，乃至日後即使是換上賴神、陳菊、鄭文燦等等，都絕對不會刀下留人，想要讓她打開談判交流的大門絕對免談（開一扇密使型偷偷摸摸的小門不在此限）。

可是，如果是國民黨執政，從以前的馬英九，再到2020，無論是吳朱王韓，都一定會想盡辦法大量釋出中國紅利（真假不論），處心積慮營造兩岸和平的諸多假象，比如像馬習會。然後再像溫水煮青蛙似地，將台灣逐步轉型成「內政化」，再然後雙方派駐代表設立「辦公室」，再然後，直接對「台北總統府」下達中南海指令，最後階段則是增加一張中華人民共和國副主席座椅的擺設，由國民黨黨魁兼任之，兩岸於是宣布完成統一。

究竟「誰在操作統獨議題」？

問題這就又繞回到「統 VS. 獨」到底是否假議題的爭議上了。我們其實更應該問的是：究竟「誰在操作統獨議題」？

知名戰略作家范疇先生在前不久發表過一篇文章**《2020台灣不能真的傻掉》**。在該文內，他對於「統獨」自有一番有趣的闡釋：

什麼樣的台灣中共最樂見？那就是一個被統獨二分法撕裂的台灣，一個在二分法下永遠原地打轉的台灣。看清楚喲，中共最愛的不是一個贊成和中國統一的台灣，而是一個包含獨派力量的台灣。

沒有了獨派，台灣就會變成「麻煩製造者」。麻煩來自兩方面：首先，中共將失去和美國明爭暗鬥的最有份量的槓桿著力點。還有，台灣可不是香港，一個已經一人一票的台灣，若急著和中國統一，會把共產黨內的明白人嚇出尿來，因為台灣的民主制度、選民風氣雖然距離完善還很遠，但是喚醒中共治下人民的意識卻是綽綽有餘。

中共真的很害怕台灣的民主嗎？

范疇先生曾經再三表明他是個真誠的演化論者，所以所有的言論都是與時俱進的，也都不會讓自己被強迫要選邊站。但我們只要用心去細查他所曾發表過的言論，他都有一個很清楚的邏輯：「中共很害怕台灣的民主」，或是換一種觀點來說：「台灣的民主對中共已構成非要拔除不可的那根很嚴重的芒刺」。

設若我們改換成這個觀點去觀察中共，我們也照樣能看到，中共一直都是對素無淵源、無怨無仇的民進黨咬牙切齒，寧可老死不相往來；卻跟那個在歷史上本來打得你死我活、趕盡殺絕，且已種下深仇大恨的國民黨反而很喜歡打交道？

表面理由說是「一中原則」，骨子裡其實是因為：民進黨喜歡喊民主，有事沒事都把「民主」掛在嘴上，而且所有親綠的民進黨的台灣支持者們，也各個都顯現出「超常民主」的性格；光是蔡英文一上任就鼓勵人民「不爽可以翻桌」的說法，對中共威權統治絕對是個「天大忌諱」。萬一中國人民也有樣學像地如民進黨天天找共產黨去喊民主、要民主，甚至要翻桌，中共怎受得了？共產黨還怎麼去喝斥人民「一切聽黨指揮」？

反觀國民黨，無論上至主席，下至小小黨員或藍色民眾們，到中國拜訪旅遊或交流，大致上都會謹遵教誨「入鄉隨俗」，恪守「客隨主便」的古來銘訓，隨時警惕自己「千萬不要讓主人難堪」的基本禮貌，所以都不會也不敢說出「中華民國」的字眼，生怕主人一生氣當場就翻臉了。擴而大之，即使中國官員到台灣來訪問或「視導」，也都會很識相的轉身套用「主隨客便」，主動把自己的「國旗」收起來，以免讓「客人（或上級）」出現尷尬場面。

藍綠兩邊，誰會是中共治下的良民？誰又會是刁民？

兩個主要政黨，或乾脆就說是藍綠兩邊吧，在中共黨政官僚的心目中，很自然就生出了一把尺，用以丈量在台灣人裡，誰會是中共治下的良民和刁民之別。然後，你大概就可以推演出，統獨問題在台灣內部何以會歷久不衰，而且還越演越烈了！

上舉范疇先生的文章裡，對此又有一番說法：

不知你看懂了沒？中共幾十年來只敢對台灣談「一國兩制」，而不敢談「一國一制」，就是怕中國人民開始意識到一個問題：一國一制，哪個「制」啊？

因此，中共對台灣的統戰方針，必須保持台灣獨派的一定溫度，不能太熱，但也不能太冷。熱了，要降溫，冷了，要加柴火。比方說，20度C到25度C之間最合適。

所以，中共不能讓國民黨內的某些派系太強，否則弄假成真；民進黨內的某些派系也不能太強，否則假戲真做。但兩邊也都不能太弱，否則一個不分裂的台灣，引擎發動起來，對中共的威脅太大了。走這平衡鋼索，人家中共真的很不容易，你說呢？

我說呢？若按范疇先生論點追索下去，就必然要天天上演藍綠各自「抓匪諜」遊戲，炒得兩邊陣營雞犬不寧的自清運動。最壞的結果可能就是綠的更綠，藍的只好更藍。

中共最新統戰出招：「打不如買，買不如騙」！

網路上正在流行新的 SLOGAN：「打不如買，買不如騙」！此句的註解就是：「要打的就是民進黨，要買的就是國民黨。」不過要特別注意還有後面一句：「要買可以花大錢，但要劃出曲線圖，絕不能讓買家心滿意足；要打得可以常態化，但要注意使勁力度，絕不可以一棒打死。」

美國在台協會（AIT）發言人孟雨荷已於 4 月 4 日首度證實：AIT 現址的派駐人員，從 2005 年起就包括美軍陸戰隊在內的現役軍人。

這是何等大事，該問的則是：美國何以會選在這時候突然揭出底牌？

所以，往後，如果看到巡守台灣海峽的美國軍艦突然轉進到高雄港停泊，我們也實在不必太驚訝的。

那麼，2020 選總統，到底會是誰有能耐來決定誰才能當台灣總統？你說呢？

發表於《風傳媒》2019/04/06

從「買不如騙」看台灣媒體與政客的墮落貪婪

新華社有則社訓：「要把地球管起來」！這則社訓的的原句是「把地球管起來！讓全世界都聽到我們的聲音！」這是毛澤東早於 1955 年對新華社負責人吳冷西所直接下達的指令，也是共產黨要不斷輸出無產階級革命乃至赤化世界的神聖任務之先鋒隊。這是無聲的悄悄的洗腦革命。歷經五十多年後，這作為革命工具的「大外宣計畫」已經布局底定。此即是習近平敢於在 2016 年 2 月 19 日於北京主持召開「黨的新聞輿論工作座談會」時提出「黨和政府主辦的媒體必須姓黨」的基本底氣。

「買下台灣時機已到。」這是當前在中共高層密切研議的對台主訴求。很駭人聽聞，卻是千真萬確。幾年前就一直都傳聞說：「打下台灣不如買下台灣便宜」；後來中共對台機構又發現「與其買下台灣，不如騙下台灣更伐算」。而「騙」這伎倆，不外乎是政治人物的唬爛術，再搭配媒體網路的文宣造勢。

說要「打下台灣」，就是屬於武力軍事的威嚇。一群武統論者所扮演的乃是專事打嘴砲的「黑臉」；另外有一群人則負責充當散財童子扮演到處撒錢「買下台灣」的角色。據傳聞中共中央每年編列有5000億人民幣的鉅額「對台經費」，鑑於中共層層剝削的既存體制，實際上能用到台灣的操作經費大約是不到1500億人民幣，折合新台幣約6500億，也算是一筆龐大費用了。只要真實地每年將這筆「買台」經費花在一些選定的兩萬人身上，絕對足以造成台灣難以遏制的騷亂與惶恐。比如每年花個幾百億補助台灣某幾個媒體（台灣慣用語叫「業配」），就很足以讓該媒體的報導風向完全俯首聽命。

中國旺旺領取中國政府補助金額達152.6億元

4月23日蘋果即報導說：

中國旺旺集團近11年來積極領取中國補助，引發各界關注。據港交所公布的中國旺旺近11年的財報顯示，從2007年起，中國旺旺就開始領取中國政府補助，金額從4億元到22億元台幣不等。

最近一期公布的2017/2018年財報，更是來到高峰，達21.8億元台幣，總計近二年，中國旺旺領取中國政府補助金額高達152.6億元。

此其一端，而且這也還只是個小錢，其間還有未見揭露的媒體透過各種「合法管道」接受「補助」的案例絕對大有可觀。

與西方媒體『爭奪話語權』的『大外宣計畫』

中共的「大外宣計畫」並非始自今日，據中國旅美經濟學學者何清漣新著《**紅色滲透：中國媒體全球擴張的真相**》在其序言裡即開宗明義直接鋪陳：「自從中國2009年決定投入450億元人民幣鉅資在全球推廣『大外宣計畫』，藉此與西方媒體『爭奪話語權』以來，有關中國大外宣的新聞不斷出現。」然而何清漣筆鋒順勢一轉，即時噴出下一大段話，她寫道：

但西方社會並不知道，中國的所謂「外宣」並不始於現在，中共當年作為在野政治勢力之時，就已經行之有效地開始了「外宣」公關，而為其「外宣」主動效力的就是西方諸多左派記者；西方社會也不瞭解，中共建政後經過七十多年磨礪，其「外宣」早就形成了成熟的整套方略。在西方的中國觀察者聽到北京將投入450億推進「大外宣」計畫之時，遍布全球的華文媒體大多已歸附北京旗下，非洲更是結出「大外宣」的碩果。這種由中國政府投入大量金錢，由中國國家媒體、香港、台灣或其他地區的華人資本出面打造的媒體集團，形成了一種「恩庇侍從」結構，這種結構支配下的媒體，就是中共宣傳機構的延伸，而非自由媒體。

這即是最典型的「溫水煮青蛙」真實版，等你自己發現陷入困境時就已經都來不及了。

把地球管起來！讓全世界都聽到我們的聲音！

新華社有則社訓：「要把地球管起來」！這則社訓的的原句是「把地球管起來！讓全世界都聽到我們的聲音！」這是毛澤東早於1955年對新華社負責人吳冷西所直接下達的指令，也是共產黨要不斷輸出無產階級革命乃至赤化世界的神聖任務之先鋒隊。這是無聲的悄悄的洗腦革命。歷經五十多年後，這作為革命工具的「大外宣計畫」已經布局底定。此即是習近平敢於在2016年2月19日於北京主持召開「黨的新聞輿論工作座談會」時提出「黨和政府主辦的媒體必須姓黨」的基本底氣。

往前回朔，2010年7月，時任中共中央書記處書記的習近平在「全國黨史工作會議」先提出「黨史姓黨」的訓示；2015年12月，已是中共總書記的習近平又在全國黨校會議提出「黨校姓黨」、再延至2016年2月19日前往中國3大官媒《人民日報》、《新華社》和《中央電視台》視察訪問，還在《央視》播報台上體驗主播工作，並召開座談會強調官媒「必須姓黨」、「把政治方向擺在第一位」，《央視》大門也打出了「央視姓黨、絕對忠誠、請您檢閱」的口號來拍馬屁。於今回視，其實都跟中共對「大外宣計畫」的布局進度不無關係。

政治操控媒體是一種自生的內在邏輯

然後，我們返身來看看台灣的媒體現況。政治操控媒體是一種自生的內在邏輯，一有機會就必然要伸手進行控制。在極權專制體系裡，這樣的控制被視為理所當然，但是在民主社會裡，媒體既被稱為「無冕王」自有其獨立自我運轉的生存邏輯，政治妄圖要插手其中，就會發生抗拒，甚至衍生巨大衝突。

可惜，台灣好不無容易轉型為民主體制，但媒體界的民主素養並未跟上急速快走的民主腳步，人民費了很大勁才把威權年代的黨政軍勢力排除出去，另一面向卻又洞門大開，還牽引進另一頭九頭蛇怪獸就稱虛而入。

回顧 2008 年 11 月（馬英九主政時期），專賣米果的旺旺集團總裁蔡衍明突然以個人名義入主中國時報集團，蔡衍明當時話講得很漂亮，曾經公開表示他將概括承受中時所有負債，絕不會有員工資遣，也沒有年資結算問題。蔡衍明甚至還誇言說，接手中時集團是「因為有社會責任」，他希望接手之後，繼續弘揚時報集團的價值理念。時隔半年，2009 年，中時集團與旺旺集團正式整合為「旺旺中時媒體集團」(Want Want China Times Media

Group)，成為一個橫跨食品、媒體等產業的企業集團。2009年4月的財訊專訪中提到，蔡衍明要求中時不應批評總統與政府官員，就像公司老闆不好，應該做的是離開公司，而不是批評老闆。馬英九就像是大家選出來的老闆，所以不應該批評。賣米果的大老闆搖身成為媒體老闆後的態度竟然是主動靠向掌權者，這已開始搖擺起「應聲蟲」的尾巴。

同時蔡衍明在該篇訪問中，將自己定位為「本土、愛台、親中」，但卻出現了另一段令人驚駭的文句：「台灣人民變成中國人民，一樣是人民，沒有降級」。尤有甚者，他還說了：「誰對台灣好我就親誰：中國對台灣人沒有不好過，欺負台灣人的是國民黨，我搞不清楚為何台灣人那麼不喜歡中國」。

媒體的集體墮落與貪婪，讓台灣陷入到極度危機中

2010年1月，中時總編輯夏珍因於頭版頭條報導臺灣海峽交流基金會主管稱中國大陸海協會長「陳雲林是C咖」等相關新聞隨即被蔡衍明認為「冒犯了人、傷害了我」而遭到撤換。

台灣媒體的自我做賤也由此開始急轉直下。不但日常「業配」盛行其道，甘當政治傳聲筒或打手者亦大有人在。無關藍綠，大家玩的都是同一個套路。

從人性看，墮落是一種習慣病，除非醍醐灌頂，否則墮落就只會加而很難減；同樣

的，貪婪也是一種習慣病，除非附加了處罰的恐懼感，貪婪之心也只會更多不會越少。

媒體界的墮落與貪婪多番交疊攪動之後，媒體界的自律守則也隨之蕩然無存，甚至連主管媒體自律的獨立機構也跟著沉淪跟著頹敗，跟著一起下到十九層地獄去了。

自去年九合一選舉，多家媒體啟動龐然巨大的造神運動並成功掀起韓流狂潮之後，媒體被墮落與貪婪自嗜的程度更是變本加厲，甚至已到達走火入魔的地步。結果是，左手受罰 100 萬，右手被塞進 1000 萬，至於道德、正義、良知全都成了去他 X 的廢渣渣！

這現象的危險也在於台灣 2020 這一局的總統選舉上，得之不易的台灣民主，很可能會在媒體嚴重自嗜的崩解下，毀於一旦。

若我們願意虛心地將這樣的危機與上文提及的中共「大外宣計畫」併同檢視，我們勢將看到其嚴重的危機性已然迫在眉睫了。

想想吧，全台小吃店多被鎖台，旅遊業一條龍都是在這架構下串起的統戰模式；而郭台銘能超越馬雲能保住在中國的財富，就必須拿下台灣做為投名狀；但因旺報已押下韓國瑜來爭取中共中央更高利益，故雙方必興起代理權之大戰。郭台銘已喊出捐出財產，拋棄妻小之口號，韓也喊出不入初選之挑戰。這儼然當年香港特首選舉，兩派人馬爭執之翻版。誰拿到台灣總統，利益會由中共借由各種明的暗的補助。而民主派都在正規經濟架構下而日趨消亡。再看宮廟系統、軍方、情報體系的綜合運用，屆時會讓美日不知如何因應。而台灣人就在自己的民主架構中，讓出主導權。如港人一樣，先輸經濟，再輸民主，最後連自由也會一併消逝。

所以，我願意藉此鄭重呼籲，蔡賴配或賴蔡配都已不是台灣人民最大的關心點，如何匡正台灣已被赤化的幾大媒體，毋寧才是我們最應該正視並起而捍衛的最大目標。

發表於《風傳媒》2019/04/27

第一島鍊正對準「北上廣深」，台灣何必妄自菲薄！

關鍵是，中共如果從早期訂下的「打下台灣不如買下台灣」，既已轉型成「買下台灣不如騙下台灣」的侵台戰略，她們實際上要對台發動武統戰爭的可能性已經降到最低點了，所有的武統言論都只是敲山震虎的心戰喊話而已，更何況台灣幾千枚飛彈導彈都集中命準北上廣深四大城市，中共只要認定擾台騙台的策略有效，實在犯不著冒這麼大代價的風險，搞得魚死網破的。

「美國兩黨已經一致反共，但這不等於美國會在台灣人自己不願意流血的情況下讓美國大兵先為台灣流血」？

著名戰略作家范疇先生最近發表一篇專欄**《2020台灣人心中必須拿掉的「等式」》**。在該文中提示了十幾個「不等式」的假設清單。首開第一條的「不等式」假設質疑，就是文首所舉出的一句最具敏感性，卻是被多數人故意迴避的迫切性假設課題。若翻成更直白的問句，大約可以是：假使兩岸開戰，美國人會願意讓他們的年輕人用生命來幫助台灣「捍衛主權」嗎？

也許很多人對此假設會嗤之以鼻，乃至於回嗆你「危言聳聽」、「庸人自擾」、「杞人憂天」等等！這是人之常情，趨吉避凶，原就無可厚非！或是說「縱使天塌下來，反正有高個子頂著」！對此一阿Q式的諷言，其中的「高個子」，台灣人在下意識裡所寓涵的，自然就是「美國人」莫屬。可以斷言的，多數台灣人根本不願也不肯針對此一命題進行深究。反正有美國當靠山，愁也是白愁！

中國軍機再跨越台海中線，一定下令強勢驅離。

5月26日，撿到槍的小英總統在嘉義參加一場小英之友會的聚會活動時，面對台下一千多位支持者發表談話說：她執政三年來，在國際間一直都不是麻煩製造者，全世界也沒人說台灣是挑釁者。台灣不接受一國兩制，國際間也不支持一國兩制。台海中線是確保台海和平的線，被跨越就代表是關鍵時刻，若領導人還不做決定，怕東怕西，國際一定會質疑我們的意志，人民也會質疑總統是否有意志要保護這個國家，所以若中國軍機再跨越台海中線，她一定下令強勢驅離。

對於小英總統的上述公開表態，有人報以如雷掌聲，有人深鎖眉頭，有人則顯得有點倉皇，當然譏罵之聲也定然不絕於耳。這是台灣民主常態不足為奇。可是，更重要更嚴肅的課題應該是「強勢驅離」之後呢？緊接其後的可能狀況之一就是「戰爭」。

所謂「多算勝，少算不勝，而況於無算乎？」萬一，甚至是萬萬分之一，驅離過程中擦槍走火而引來無可預期的戰爭凜然形勢，誰來收拾？誰來解決？誰來面對？「勇敢的台灣人」那首選舉戰歌，會開始在全國大街小巷內被高唱入雲霄嗎？年輕人會爭先恐後地投身軍旅誓死保衛「大台灣」嗎？或者是藍綠繼續各自開罵，互指對方的所有不是，結果則是忘了戰爭已經開打了？

美國的琉球駐軍會不會緊急馳援而來？

這盤棋，不能算，也不好算，因為似乎誰也沒把握。於是，就會來到一個最簡單而直接的問句：美國最近的琉球駐軍會不會緊急馳援而來？

然後范疇先生那一句大哉問就立刻派上用場了：那麼「美國會讓美國大兵為台灣流

血」嗎？

上列問句的答案絕對只有兩個：「會」或「不會」，完全沒有模糊地帶。不過，范先生的命題裡先預埋了一個意願性的前提：「在台灣人自 己不願意流血的情況下」。所以這道題又會分出兩個子題：

一．美國願意或不願意：「在台灣人自己不願意流血作戰」的情況下，讓美國大兵先為台灣流血？

二．美國願意或不願意：「在台灣人自己已經流血奮戰」的情況下，讓美國大兵來台灣跟著流血？

無論答案是肯定或否定，反正都是「自在人心」，無所謂「對與錯」，也無所謂「好與壞」或「真與假」；更反正一樣都會是吵成一團，雞同鴨講。

順著范先生的問句，我也想藉此提出一個倒裝句來對台灣年輕人嚴重質疑的。

假設是美軍和共軍開火，台灣要不要支援？

迄至今天，誠如上述，絕大多數人都集中在討論如果共軍侵台，台灣國軍要怎麼執行反侵略作戰？美軍要不要出手幫忙共同擊退共軍？但是，如果該問句換成：

萬一，或萬萬分之一，美軍和共軍早一步先開火互擊了（先不論哪一方先開出第一擊），那麼台灣要不要出兵去聯合美國人一起擊退共軍？

且先別笑說這是天方夜譚，在發生的機率上，這問題遠比中共發動侵略台灣還更可能貼近現實情況。

雖然柯P已一再主張說，中共太大，台灣不要故意去挑釁中共，乃至於他還在議會直接答詢說：「其實甚麼都不要講就好了」。柯P說的任何話其實都不必太過認真，因為他隨時都會耍賴說他忘記到底講過那些話，或他當時說那些話只是碎碎念或開開玩笑而已！不過隨口任意指責台灣（或攻擊小英）是挑釁者，卻是一種極度敗德的獵巫惡意！這且跳過不論。

關鍵是，中共如果從早期訂下的「打下台灣不如買下台灣」，既已轉型成「買下台灣不如騙下台灣」的侵台戰略，她們實際上要對台發動武統戰爭的可能性已經降到最低點了，所有的武統言論都只是敲山震虎的心戰喊話而已，更何況台灣幾千枚飛彈導彈都集中命準北上廣深四大城市，中共只要認定擾台騙台的策略有效，實在犯不著冒這麼大代價的風險，搞得魚死網破的。

美國全球布局的大方向是要建立起科技鐵幕防護網

從南韓、日本到台灣正好在第一島鍊的上半截，剛好對應在中國沿海的北京、上海、廣州的科技商業重鎮。美國退出第一島鏈，等於將東北亞最精華的科技經濟重鎮送給中共。南韓已因中國經濟崛起而重創（注意，這是美中對抗前就已發生），而川普此行訪日已和安陪定好第一島鍊的合作主軸。再來就是台、韓兩地側翼之佈局。

整體布局的大方向就是：以第一島鏈的科技經濟為先鋒，帶動東南亞及印度的垂直分工，而美國持續在金融及高科技扮主導角色。真正重點在切斷第一島鍊對中國的技術輸出，也就是建立起科技鐵幕的包圍和防護網，確實執行堅壁清野之冷戰形式。

香港已快被美國切開，美國深知台灣之關鍵地位：失掉台灣等於輸掉東北亞，而輸掉東北亞等於輸了全球。

中共也深知，台灣不止是地緣政治利益而已。所以早已派出各路人馬，在島內設媒體、宮廟、科技間諜流竄。問題在台灣人民，尤其台灣社會的中下層因不耐經濟利益分享不到（如房價高漲、薪資低廉），就容易被收買、被統戰！而其認知大都停在日常政客的口水戰中。此台灣處於當前局面重中之重的大轉折下是完全體會不到的。

2020大選，若不幸本土政權失敗，則台灣在東北亞就逐漸香港化，成為中共突破美日封鎖的突破點。則台灣的關鍵角色就會逐漸喪失，尤其在高科技產業的發展就會被逐漸排除在外。本土政權若不能在短期內提出有效之因應，前程必令全球擔心。

美中過招的欺敵戰術，川普顯然略勝一籌

真正形勢嚴峻的軸心應該是美國打中共已經完全證明的確是來真的。從去年到今天的美中經濟戰的幾個回合交手來看，川普打打談談的欺敵戰術絕不會亞於中共的所擅長的「明修棧道、暗度陳倉」之故技。如果再回頭去細看去年10月4日美國副總統彭斯演說長文，其中有一段關鍵性宣示：

為了推動我們自由開放的印度洋、太平洋區域願景，我們正和整個區域中與我們有著共同價值觀的國家建立更強的新連結，從印度到薩摩亞皆是。我們的關係將源於夥伴關係的尊重，而非統治。

一個要圖霸世界而拚盡吃奶力氣力求突破海洋封鎖線（第一島鏈），一個則是要建立更為堅強的印太戰略結盟關係，藉以全面圍堵中國染指西太平洋的軍事意圖。這兩個全球最大的經濟強權，除了在經濟領域上已正式交火而引致全球硝煙彌漫之外，在東海、台海、南海諸地域，也都展示了劍拔弩張的嚴峻氣氛。尤其是南海所涉及的周邊國家利益問題，其對立形勢更是危中之危，隨時都可能出現從「拉弓不射箭」的備戰「做態」，轉為火車對撞的火拼情勢。

這火線危機最不可控危機因子，乃是美中關稅戰中在中國境內正在燃起的民族主義烈焰。誰也無法保證發生美中兩方的軍艦或戰機在正面對峙時，中方會出現「民族主義

者」的腦袋裡突然電線走火而非理性地下令對「萬惡的美帝國主義Fire」？

果真不幸言中，勿論其是在哪個海域發生，那麼台灣軍隊會不會被要求參戰？

美中軍事衝突，台灣總統能否置身事外？

這樣的提問，聽起來似乎很詭異，一向的慣性思考都是把台灣當受害者，中共是加害者，一旦形勢逆轉成美中軍事衝突後，台灣反轉成支援者了，台灣總統應該如何定奪？

現在來到我們今天討論的基本核心議題了：誰來當台灣總統對於上項危機是否將會產生不同的決斷機制？

「傳說」當年韓戰中，蔣介石曾積極倡議要派出「國軍」參加到聯軍陣容一起去攻占東北，一雪被共產黨打得到處流竄的恥辱。聯軍統帥麥克阿瑟也確曾到台灣來密商要借用「國軍」到朝鮮去打中國解放軍。（中國人不打中國人？）

有文件顯示，1950年6月28日，蔣介石指示台灣外交部轉知台灣駐美大使顧維鈞向美國國務院遞交了一份備忘錄。該備忘錄中，蔣介石說明「願意供給適合於平原或山地作戰的富有作戰經驗的部隊1個軍約3.3萬人用於南韓。」

是年7月31日，麥克阿瑟訪台，與蔣介石進行了會談。在會談中，蔣介石再一次提出台灣國民黨軍出兵朝鮮半島的請求。在沒有獲得白宮同意的情況下，麥克阿瑟揚言要幫助蔣介石反攻中國大陸，並公開表示將考慮在韓國戰場上使用蔣家軍隊。但蔣介石的作戰提議被華府擋下，國務卿艾奇遜認為蔣介石派兵參戰這種做法實在是荒謬。蔣介石參戰之夢被粉粹了。

藍綠白的總統候選人敢面對此一命題嗎？

時序轉到70年後，在2020年總統大選中，設使民進黨選贏，勿論小英或賴清德當選了，會不會派兵支援美方軍隊？另一種假設，如果國民黨獲勝，國民黨的幾位候選人中的某一位登上了台灣總統大位，那麼他會派兵支援哪一方？但也不要忽略了，還有一位喜歡說不要「草螟弄雞公」的柯P又將如何定奪決策？

在當前的國際情勢中，台灣已經無法置身事外了，容我再套用范疇先生在**《說不出口的2020通關密碼》**的提問來預做模擬。

2020大選的投票方向由兩條主軸決定：

一．台灣要選擇做「美國小弟」？還是甘願做「中共肉票」？那一選項對台灣人自己的餘生最有利？

二．台灣人是希望由建制派（既得利益派）當政，還是由反建制派（反既得利益派）當政？

沒錯，這正是2020的兩個通關密碼，而不再單純的只是藍綠白的惡鬥選項。

那麼，再請問：台灣人都想清楚嗎？

發表於《風傳媒》2019/06/01

印太戰略台灣篇：美台聯合反中共

進一步來談「伐謀」。如果台灣本土派真的能想通了，肯撥出相對資源來支援「民運人士」合力抗擊中共政權，搭乘這一趟美國打中共的順風車，設法將戰場從台灣悄悄轉移到中國境內去，是不是更合乎上策之道呢？

台灣的戰略上不能老是在「反」字上打轉，而應該是要將主力思考投放到對手陣營裡去進行「裂解」的化學反應。以前美中熱戀，台灣手腳被綁死了，現在美中大翻臉，台灣還不趁機直搗黃龍去幫他們加速崩解嗎？

「反共」和「反中」有何不同？大約很多人應該都分得清楚，但卻有更多人仍然顯得糊塗！更具體問：「反中共」和「反中國」究竟有何不同？同一語態，還可以進一步推展為：「裂解中共」和「裂解中國」又有何不同？

「反」字是一種消極態度，或可以解釋為我不接受你，或是我反對你、甚至反抗你，以昰，我僅止於選擇「不理你」而已。舉凡你的事，無論好壞也都跟我無關，但我並不會對你有所積極作為。然而，如果在態勢上進一步升高為「裂解」的字眼，就完全兩個情境了，不僅具有較高或很高的謀略性和攻擊性，甚至是強烈的敵對狀態，乃至再攀升到你死我活的殊死鬥爭！

「六四事件」就是記憶與遺忘的鬥爭

先說說「反共」和「反中」有何不同吧。

「反共」從字面意義上看就是反對、不接受或拒絕共產黨政權；從台灣的立場說，就是反對中共政權的統治。而「反中」則是反對「中國」對台灣的諸多霸凌，比如「一中原則」「一國兩制」，然後再升高為「中國要併吞台灣」（台灣是中國的領土）。

話說，「六四」是中共政權的最陰暗的一個深痛，而且是無法明說的一種狼狽。習近平在年初時再次強調了「中國人不打中國人」之承諾，卻就在六四事件的人民慘痛經驗中被證明完全是一句天大謊言；解放軍被下令對手無寸鐵的抗議中國人民群眾直接開槍集體射殺的歷史真相，更證明中共為維護其一黨政權利益而不惜殘虐「不乖乖順服聽黨指揮」的中國人民之無道與狠毒凶狠。

因為恐懼，這政權才必須動用軍隊射殺人民；因為恐懼，所以必須要對此事件永遠封存以圖徹底抹除記憶；錯就錯在當年中共政權沒有斬草除根，讓一些漏網之魚流亡海外世界，而且矢志堅定要保存這份酷虐影像的記憶，因此就型塑了牆內牆外的對立形勢：在牆內中共可以傾力封殺剷除，在牆外卻每年都要把微弱的燭苗盡量地放大讓全世界看得見。這也對應了米蘭·昆德拉的那句名言：「人類對抗權力的鬥爭，就是記憶與遺忘的鬥爭。」

當年，美國厲行「聯中制蘇」戰略，跟中共採取懷柔政策，對「六四」屠殺事件只是點到為止即輕巧放過。90 年代進入美中熱戀期後，對「六四」的屠殺更是視若無睹！而，現在美國開始要痛打中共政權了，六四事件突然成了美國可以用來打壓中共的最有利武器，當年因六四而流亡海外（美國）的民運人士，也被捧上天似的逐漸浮上美國輿論版面上。

據報導，美國參議院外交委員會在 6 月 5 日召開題為「恐怖統治：天安門廣場 30 年後」的聽證會。會中指出，在中國血腥鎮壓天安門示威 30 年後，北京正在輸出威權主義、扶持世界各地政府監控民眾。

美國之音還特地報導說，擔任委員會主席的共和黨籍參議員里施（James Risch）在聽證會一開始便要求全場短暫默哀，向在30年前血腥鎮壓中犧牲生命、追求中國民主自由的人致敬。他嚴厲指責六四後北京當局侵犯人權的作為「無所不在、惡毒、而且愈來愈肆無忌憚」，「中國現在每天都是天安門事件」。

曾經六四民運人士就是美中關係的破壞者

如果基於「國家利益」的考量，美國的選擇性做法似乎言之成理，對於當年處於水乳交融的美中熱戀期裡，民運人士無疑的是「破壞者」，是擋路的大石頭；就像2000年的陳水扁的諸多抗中表現會被斥為「麻煩製造者」的認知一般，分布在全球的民運人士都只能靠自己自力救濟。在嚴重被排擠又資源匱乏的情境下，他們在海外的「反中共」抗暴行動日漸微弱，眼前的希望之火也黯淡到接近無光的地步。同時的，美國的態度自然也是台灣當政者的集體態度，台灣這批號稱「民運人士」的流亡者簡直被排擠到很難生存的地步！

才在前兩年，某民運人士在一次私下的對話裡無限感慨地對我說：「我們以為台灣政府會把我們當作同路人，一起齊心來反中共，萬萬沒想到他們簡直都把我們當作洪水猛獸，避之惟恐不及！」然後，他很無奈地選擇離開台灣避居到美國，繼續重振其「反中共」的畢生大業。想當然爾，達賴、熱比婭等「抗中者」要申請入境台灣也都被無情拒絕。

沒想到，在美國揮舉大槌開始猛打中國的此際，「六四」民運者苦盡甘來，被美國政壇從廢棄的倉庫裡搜出來，重新擦亮招牌，大肆舉辦紀念儀式。所謂「華府打個噴嚏，台灣政府立刻感冒」，台灣今年的風向球也跟著大轉彎，小英總統在六四當天一改歷年低調風格，擺出高規格的接見「海外來台」的民運隊伍，並發表談話說：「台灣曾經有過政治犯，我們不希望、也不會重蹈覆轍，也會堅守民主價值。但是我們也很關心中國大陸民主與人權的發展，這是一個普世價值，也希望中國可以往這條路上來走。這條路必然走得艱辛，但走在這條路的路上，如果我們可以做的，都會盡力來做。」尤其是，傳言說總統府秘書長陳菊已答應邀請達賴喇嘛來台，而且還答應了5次！

小英跟緊美國政策：大家一起來「反中共」

很好，小英總統終究在這一面向上跟上腳步了：讓反中共的民運人士一起來跟我們共同努力「反中共」。這也不免讓人又要重提去年10月4日美國副總統彭斯的長篇演講上中的一句話：「美國始終相信，台灣對民主的擁抱為所有華人展示了一條更好的道路。」上述小英的作為和談話，算是跟美國的政策作了緊密合拍：大家一起來「反中共」。

著名的資深知中專家葛來儀（Bonnie Glaser）在推特轉發《路透》新聞報導的同時還直接標記小英總統的官方推特帳號。推文中葛來儀寫道：「蔡英文面對中國的軍事威脅較前幾任總統更為嚴肅，值得被肯定。民主和自由不是免費的，必須予以捍衛。」。

民運人士都是「中國人」，這毫無疑問，所以他們當然沒有動機要去「反中國」，卻有絕對權利去「反中共」暴政。但台灣人是否有需要跟著「中國人」去「反中共」呢？

套用柯文哲的說法是：不要「草螟弄雞公」；不要故意去招惹他們，或是像他在6月3日當天的市議會質詢中對六四所回答的「這是近代史悲劇，怎麼搞成這樣，但以我角度認為，我們不要去理他就好」？也即是事不關己的態度，中共政權武力鎮壓人民是悲劇，但與我們無關！準此，我們似乎該質問柯P這算不算是「反中國」？或者根本是「一邊一國」的基本想法？不過，問了也是白問，因為柯P根本不會認真對待所有涉及「中國」或「中共」的事。

至於國民黨方面的郭韓兩位總統參選人對六四事件則根本隻字不提，就當作沒有這回事發生過。這也不禁令人要質疑，一個要誓死捍衛「中華民國」，一個則發誓要為「中華民國」粉身碎骨的兩位「中國人」何以對慘烈屠殺的六四事件可以如此冷血以對？是因為對於「中國人殺中國人」早已習以為常了？抑或是，繼續秉持其「千萬不要惹中共生氣」的被奴役思維之正常慣性反應？很顯然的，當今世界上只有中華人民共和國一個國家會以消滅中華民國做為其基本國策而且還寫進她們的憲法裡，有事沒事的就不時叫囂要使用武力毀滅「中華民國」，郭韓兩位總統參選人竟然可以對六四選擇冷漠以對？

這樣條列的區分開來，我們基本可以看出躍上台面的幾位總統參選人對待「反中共」這議題上是怎樣的態度了！

「反中共」和「反中國」究竟有何不同？

接著回頭來反思本土派對於「反中共」和「反中國」的不同思維體系。勿論是「兩國論」、「建立台灣共和國」或是「中華民國派」（華獨），反正中共都一律視之為「台獨」，所以就不再細分了。根據我長年主張，這些中共眼中的台獨戰犯都必然是一個不可分的集合體。既是如此，我們本來就應該在島內先合體共同「對抗」中共威脅才對，實在沒必要先在島內爭個你死我活，造成親者痛、仇者快的笑話場面。

「反中共」正確定義就是反對「中國共產黨政權」。換另一種說法是：拒絕接受「中國共產黨政權」的統治，進一步則稱之為「反併吞」。不管是基於「台灣民族主義」或「公民民族主義」(Civic nationalism)，都是絕不屈服於中共威權統治的一個大族群。

而「反中國」者，是面向「中華人民共和國」這樣一個國家實體而大聲說「不」。拋開情緒性抗爭，在理性思維上，為何我們不特意去「反日」「反美」，而只會說「反中國」？是因為中共政權對其人民所煽動的血緣意識形態的民族主義情緒而形成對台灣人民生活方式的一種無理壓迫，遂也同步激發出一種自然的抗體：「台灣民族主義」。每當中共主席習近平對於「中華民族偉大號召」下達一次動員令，台灣內存的基因抗體「台灣民族主義」就很自然地被召喚出竅一次。然後從族群意識的動員再上昇到國家實體性的動員。然而，很糟糕的是，這樣的動員對抗戰場並不在中國境內，卻反而變相的每每發生在台灣島內：中國性和台灣性的對抗。之前我們提到過兵法中的「伐謀」，如此老是讓戰場發生在自家境內就是下下再下下之策。長此以往，台灣的元氣就必然會被這樣的對抗所耗盡。

「反中共」和「反中國」何者對台灣最有利？

反中共，對象既是中國共產黨，按照數字顯示其黨員大約是 9000 萬人，以台灣人口比例計算就是 4：1。但估算其真正掌權黨員應該僅止於千人或萬人而已。

反中國，要面對的對象既是中國 14 億人民，台灣人口比例是 60：1。這是很簡單的算術問題，隨便算算，我們都知道該選那一項較有利？

再進一步來談「伐謀」。如果台灣本土派真的能想通了，肯撥出相對資源來支援「民運人士」合力抗擊中共政權，搭乘這一趟美國打中共的順風車，設法將戰場從台灣悄悄轉移到中國境內去，是不是更合乎上策之道呢？

台灣的戰略上不能老是在「反」字上打轉，而應該是要將主力思考投放到對手陣營裡去進行「裂解」的化學反應。以前美中熱戀，台灣手腳被綁死了，現在美中大翻臉，台灣還不趁機直搗黃龍去幫他們加速崩解嗎？

從台灣內部來講，中共就是敵人，結合敵人的敵人打倒敵人，天經地義。民主人權就是裂解中共的唯一致勝武器。所謂「中國民主化是中國自己的事」根本是渾話。中共天天想搞死你，你卻完全不想去搞死中共，只好坐著等他去召喚中國民族主義來打死你？天底下有這麼笨的台灣人？

再說一句極不中聽的話：台灣基教派多的是「只知自己要什麼，而不知別人要什麼的」一羣傻蛋，你同意嗎？

發表於《風傳媒》2019/06/08

「反送中」對台灣人的警示：今天發大財，明天斷頭台！

「有人說，面對中共，只有三個選擇：認命、逃命或革命。不，還有另一選擇，就是抗命。」——李怡

「我們曾經是自己，現在面對使我們淪為奴隸的命運。我們走出來，不是因為相信抗命可以使強權改變，只是要向強權表示我們的堅持：你們可以把全世界不理解的惡法強加在我們頭上，但不可以毀滅我們自由的意志。」——李怡

近期裡，跟許多老的少的朋友聚會時都會發出莫名其妙的感歎，更離奇的，不分藍綠竟然都出現「亡國感」的深度憂慮與焦躁。只是各自對要被亡的「國」有各自不同想像而已！

粗淺的分析原因，綠的大抵都是源於「九合一選後症候群」及韓國瑜和郭台銘的高人氣壓力所造成的迷惘，英德之爭的初選拖棚也是其主因之一，這還比較好理解。不過隨著初選紛爭落幕，總統候選人定於一尊，尤其是所顯示的民調數據盡數壓倒韓與柯，一舉盡掃長期低迷的陰霾氛圍，士氣大振；但是藍營（包括深藍）竟因為韓郭之爭而跟著大喘「亡國之歎」可就有點怪異了！

自韓國瑜咬定一句：「Yes I do」後即開始其被動參選總統之旅，讓藍營投下一顆核爆彈並漸次擴大了認同之板塊分裂。更甚者，韓粉復以「非韓不投」相裹脅，藍營中的反韓情緒遂被點燃到了沸點上。而郭台銘即使很勉強的放下身段，學蔣經國親民模型跑到「民間友人」家去演出夜宿戲，也很凸槌地彎下腰去表演繫鞋帶的劇情，但終究難以割捨其企業郭董長期孕生的那股威權霸氣，除了帥氣悍然拒簽黨內「初選公約」，還兩度重砲猛轟國民黨黨中央。

蔡郭對中共爭寵情難解，宿敵相見格外眼紅

據媒體報導，郭台銘日前曾數度在內部會議上發飆，怒斥旺旺集團董事長蔡衍明「黑

郭」是為了跟國台辦邀功並要求國台辦要給出個交代。另方面，郭台銘陣營也曾試圖透過關係，希望對岸能勸阻蔡衍明，無奈都碰了軟釘子。

令人不免錯愕的是，台灣人要選總統，首富郭董卻像是在選特首心態，直接找上中共機構去要求下令旺旺集團停止「黑郭」？難不成是因為跟當初中共唆使郭董出台競選台灣總統的約定有所違背嗎？結果連邱毅這種過氣三腳貓都要跳出來大酸說：「成功的企業家不見得能成為卓越的政治人物，郭台銘很多發言分寸失準，迎合民粹畫虎不成反類犬！」

無論如何，郭韓再怎麼鬥，此前兩人的各家民調也都還是領先綠營參選人的。眼看著已經越來越接近「奪回執政權」的目標，應該是高唱「復國在望」才對，卻何以許多藍營人士們還會搖頭憂歎「亡國曲」呢？這才是令人費解之處。

當前坊間正流傳著一個笑梗：「中共對台壓力越大，美國給台灣的糖果就越多越甜越好吃」。引申開來，就會被解讀為：①美國打中共下手越重，中共就對台威脅越大；②同時，中共打壓台灣越重，台灣就跟美國越親近。那麼，藍營的祖國派就要越擔心台灣回不了「祖國懷抱」，統一之路當然就會越走越遠。

另一部分藍營人士，比如像馬郝朱等權貴幫，則陷入到嚴重矛盾心理狀態中。在心理上或態度上他們是親中的殆無疑義，但實際上他們並不真正想要實現統一，理由很簡單，萬一真正統一之後，他們在台現享的權貴身分都只能排到中共的二愣子角色，既不是太子黨又不是開國遺族，說不定哪一天就突然被消失而發配到新疆集中營去了。中共高層除了自己人（幫派化），對任何人都可以翻臉不認人，對於該被消失的人，永遠不會客氣。

台灣的沒落權貴幫猶然在做困獸鬥

馬郝朱等權貴幫們當然心裡清楚，只要口頭上講「和平統一」，然後順著習近平推出「一國兩制－台灣方案」的路子，再掰出一套「兩岸和平協議」虛與委蛇，拖一天算一天，既可以舉著反台獨旗子跟中共做交代做交流，也可以在台灣繼續騙走部分選票，刷牆兩面光，很高明嗎？

需知，馬郝朱等權貴幫們的這套如意算盤其實就是馬英九的2.0版，只求偏安一隅，至於台灣的未來性全都置而不論。若是套用韓式口號「發大財」倒是真的很可以對應症狀。但是若再加以延伸，大概就可以稱之為「今天發大財，明天斷頭台」。

因為是馬版2.0，國際環境的前提必須要設定美中兩國處於水乳交融的熱戀情境下。於今，形勢的發展顯然已經時不我予了！美國要把中共政權幹掉的訊號已經明顯到無以復加的形勢，靠中國「發大財」的那套依賴論根本已經走不通。韓國瑜這市長的「發大財」之所以必然夢碎，也跟中國經濟的泥菩薩過江之處境緊密相連，中國經濟既已自身難保，誰還能來幫你圓這「發大財」之破夢？

川普只是要錢，國會兩黨則是要習近平的命

川普對中共發動貿易戰，所圖的是中共的「錢」，然而當前情勢則已演變成國會的兩黨更狠百倍，他們是要將匕首直接插進中共心臟，這回要的是中共的命。民主黨佩洛西議長就在六四事件30周年當天公開宣布：要求川普要將人權和民主議題納入美中貿易談判，而且川普也回應說，已經納入這些議題。這顯示美國朝野已經形成更大共識，要將「打中共」的層次提高到「人權戰」。

也在同一天，美國參議院人權核心小組的共同主席發表聲明，呼籲中共政權公開對受害者做出交待。聲明說：人數不詳的人被殺、受傷或受到監禁，而且從未見到正義得到伸張。中共政權應該尊重中國公民要求政治改革的權利。這些對中共施壓的要求中，還包括了「解除宗教禁令」、「要求中共開放網路」。這意味著，美中的貿易談判已經不僅只是錢的糾纏，而且已升高到生命「價值觀」的全面性政治戰了。美國此舉豈非是要叫習近平一刀斃命嗎？

「反送中」讓美國上下一起武裝打中共

就在這當口下，香港又鬧出一場「百萬人上街頭的示威抗議行動」。除了各國領袖和美國國會多數議員紛紛聲援香港「反送中」抗爭之外，連川普都不得不對浩大示威場面嘆為觀止說：「這是我見到過的最大的示威。」

美國眾院議長裴洛西對此更是發表強硬聲明，公開力挺香港民眾。她的聲明說：已被中國控制的香港立法會所提出的《逃犯條例》修正，顯示了北京明目張膽地踐踏香港法治的企圖，藉以壓制異議且扼殺香港人的自由。她警告說，如果「送中惡法」通過，將會危及美國與香港 20 年來的繁榮關係，讓美國不得不重新評估香港在一國兩制的架構下，是否擁有充分自治。裴洛西倡議說：「美國與香港人民站在一起。」

就在 13 日美國國會又再度出手，共和、民主兩黨合推《香港人權及民主法案》要求美國政府重新審視香港自治程度，評估現行對香港的經貿待遇，並設立懲罰機制，可凍結侵害香港自由者的在美資產，並拒絕其入境。

然而，對於這樣一件全球矚目的「百萬人示威」行動，中國外交部發言人耿爽在例行記者會猶仍強硬重申中方兩點立場：一是北京繼續堅定支持香港特區政府推行逃犯條例草案的修訂工作，二是中方堅決反對任何外部勢力干涉香港特區立法事務的「錯誤言行」。

國台辦發言人安峰山鬧的笑梗更大更滑稽，他竟然敢在記者會上大言不慚聲言：北京對香港的「一國兩制」獲得了舉世矚目的成功。

在蘇聯時期曾經多次被判刑和流放的諾貝爾文學獎得主索忍尼辛寫下過一段經典名句：

我們知道他們在說謊，他們也知道自己在說謊，他們也知道我們知道他們在說謊，我們也知道他們知道我們知道他們說謊，但是他們依然在說謊。

六四血腥鎮壓會在香港重演嗎？

在威權體制下，誰能去拆穿統治者的謊言呢？說白了就是：誰敢去幫那隻貓兒掛鈴鐺？抗爭的下場就是引來更多的威權暴力！值得提醒的是，那個威權暴力正處於嚴重內鬥的現況下，這鈴鐺到底該掛在哪一隻貓頸上？

根據外媒博聞社 11 日的獨家報導報導，敏感的「六四」30 周年剛過，中南海繼續面對風起雲湧的「反送中」運動，更是絲毫不敢大意。該報導引述中南海知情者所披露的，中國南部戰區和駐港部隊已經嚴陣以待，全面應對香港可能出現的各種「狀況」。

當港警奉令對群眾開出第一槍，「反送中」這事件就絕對不會善了。一方面是港民不會就此輕易屈服，一方面則是北京不容自己的威權受損！如果情勢果真惡化，一如六四事件的前例，動用解放軍是其解決問題的最方便選項。還尤其是，把「反送中」事件蓄意在香港鬧大，究竟是對中共哪一幫哪一派最有利，毋寧才是台灣政治觀察者千萬不可輕忽的研究情節。

現在回身來看台灣面對「反送中」的自處之道。小英總統是辣台妹，自始至終都堅定聲援香港人民爭取自由民主，韓國瑜說「不瞭解、不清楚」所鬧的笑話已經難以轉圜，他的身價也必然由此開始急跌。反正草包遲早總會進入到自毀的程序，姑且不論；郭台銘遲至12日晚間才PO文表示：「我已堅定表示香港實施的一國兩制是失敗的！」可是他並未對中共的霸道提出任何批判或指責，只輕輕點到為止說：「如果我當總統，我會張開雙臂，邀請香港的朋友移民來台灣。」

首富郭董的這回答很快就會讓人聯想到晉惠帝那則老掉牙的故事：「何不食肉糜？」

歡迎有錢人移民來台，工薪者留下來等死吧！

很有錢很有權的港人自然都可以像1997年回歸中國時那樣的大量移民到英、加、美、法等等民主國家，較普通一點略具經濟條件的人，也還可以選擇移居到台灣或新加坡等地，但更多數沒錢的的幾百萬工薪階級港人呢？特別是新世代的年輕人呢？都只能坐等被關進威權統治的中共牢籠裡？首富郭董心裡想的只是有移民條件的富人階級，卻對於絕大多數工薪階層的港人完全無感！這算是哪門子的國家領導思維？或者乾脆說是權貴者的慣性態度吧！

港人並沒有一人一票選特首的權利，這次上街頭的百萬人代表了香港總人口的13.5%，這些人等於是選擇了用自己的腳去進行了投票，也等於是要向世界清楚表達出：他們再也不相信「一國兩制」下的司法是可以獨立的。

最後容我再次引用香港資深媒體人李怡先生的《「反送中」：我們為什麼要走出來》一文裡的宣示作為結尾，他寫道：

我們走出來，因為我們是有天賦人權的人。當暴政君臨時，當人人看到的荒謬出現在面前時，我們不能以無所謂的態度得過且過，不能認為生活就是這樣，怎麼樣都一樣，不然還能怎麼樣。靜靜地、荒謬地忍受着痛苦，就會使荒謬更加荒謬，暴戾更肆無忌憚。……

我們曾經是自己，現在面對使我們淪為奴隸的命運。我們走出來，不是因為相信抗命可以使強權改變，只是要向強權表示我們的堅持：你們可以把全世界不理解的惡法強加在我們頭上，但不可以毀滅我們自由的意志。

這無關統獨，更無關藍綠，卻跟我們今天在台灣的民主自由的生活方式息息相關。面對威權暴政我們必須要聯合被欺負的弱勢者對每一個無理統治共同抗擊。

港台之間脣齒相依，脣亡則齒寒，讓我們共同為香港的悲運而集氣發聲給予最大的聲援，能做多少就盡力做去！

發表於《風傳媒》2019/06/15

「印太戰略」力抗「中共異形」，港台是命運共同體！

每當世界瀕臨毀滅危機之際，所有的好來塢電影都會在這樣的情節裡，安排一組挺身抗暴的「復仇者聯盟」。廣被詬病的美帝現在必然已看穿中共這異形寄生體意圖要毀滅人類，美帝隨即搖身成為「正義使者」，並揮出重拳痛擊「異形中共」，這是當前國際局勢。台灣躬逢其會，正在被異形中共侵蝕意欲強行寄宿的當口，台灣被美帝所扮演的正義使者納入「印太戰略」伙伴，然後，最先進的戰車、戰機都被批准可以買進來了！

除了香港人繼續勇敢地用肉身寫下他們的抗爭歷史之外，本周最強議題當屬川普暴嗆的金句：「總得有人來對付中共吧！」不僅充分彰顯了川普得意的霸氣，也再次引領了美國對抗中共的高亢氣勢。

據來自華府8月20日的外電報導引述說川普的話：「總得有人來對付中國。歐巴馬應該做，布希應該做，柯林頓應該做，他們都應該做，但沒有人做，我正在做這件事。」「這是必須做的事，跟許多前任比較，唯一不同的是，我正在做這件事。」從傳播的影片上看去，儘管有點誇張，但演技效果還是很十足的！

我們都跟香港站在一起

川普同時還強烈指控中共政權：

在中國方面我們處理得很好，但要有人挑戰中國。我閱讀，我看到很多，我大量閱讀，我看到經濟學家說，放棄、放棄中國、放棄！中國已經從我們國家身上撈錢撈了超過25年。但現在正是時候，無論這對我們國家好，或短期內對我們國家不好。長期來說，挑戰中國是勢在必行的，因為我們國家不能（每年）繼續付給中國5000億，那還不包括竊取智財權等。而且還有，國家安全，所以我做（貿易戰）這件事，無論你說「喔，我們將陷入兩個月的衰退嗎」，這是好還是壞。

同時，我們還應該注意到 8 月 15 日，白宮國家安全顧問波頓 (John Bolton) 也對中共處理香港問題發出一段極為嚴厲的警告：「美國國會不會坐視，北京一旦走錯一步，將會讓美國國會出現爆炸性反應。」

稍早時，美國副總統彭斯於 8 月 19 日（周一）在底特律經濟俱樂部發表講話時也嗆聲說要督促中共要尊重香港法律。他警告說：「我們正在與中共進行有成效的（貿易）討論，未來幾星期將繼續進行。不過，美中要達成協議，北京需要履行承諾。首先，是 1984 年通過的《中英聯合聲明》，承諾尊重香港法律的完整性。」可見得美國立場是完全支持中共必須履行香港「一國兩制」並進行「港民普選」的自由生活方式。

美國國務卿蓬佩奧亦於 19 日接受福克斯電視新聞網採訪時說，香港的抗議者只是要尋求自由，只是要求北京信守所做的一國兩制承諾，「以適合香港人的方式尊重香港。」蓬佩奧所言的「北京信守所做的一國兩制承諾」其指涉即是 1984 年通過的《中英聯合聲明》，也是這次港民抗爭中的五大訴求。蓬佩奧還強調說：「那就是川普總統明確提到的。他說他是支持自由的，他也支持民主，我們希望中國政府也會予以尊重。」

另外，美國國會參議院多數黨領袖、共和黨籍的麥康奈（Mitch McConnell）美國時間 20 日晚間以《我們與香港站在一起》為題投書《華爾街日報》並直言，「遲早，世界上的其他國家將不得不做香港示威者此刻做的事—面對北京」。

根本沒有「台灣問題」，只有「中國問題」

最近應邀參加一次講座，我是以《沒有台灣問題，只有中國問題》為題進行論述的。現場聽眾多數是年輕人，我一直提醒自己要盡量使用淺顯易懂的文辭來表達。結果在Q&A的對話時，我發現自己完全錯估了！現場的年輕人的幾個提問，其實遠比我所預設的理解程度還更要再加上好幾倍。頓時讓我精神為之大振！

以前在黨國教育體制下，我們對世界的認知係以北京（或南京）為座標軸心的，所以，我們的認知中心軸就自然都被定位在中國觀點上去看待整個世界。就中國史觀而言，台灣是孤懸海外的邊疆，是曾經被遺棄的孤島。這種承襲自黨國的論述，無形中就將1949年以後的台灣三代人的思考邏輯整個框限在「台灣人是不是中國人」的自我混亂的陷阱裡，然後再被一路炒作成扯不清楚的「藍綠」泥巴戰而不可自拔。

從北京看天下，大漢沙文主義就會是無可取代的優勢族群。這意識形態從清廷到民國上百年的所謂「喪權辱國」之國恥而言，確實是被嚴重扭曲成一種自卑轉自大的巨嬰國病症。即使中共趕走國民黨政權並廢棄「中華民國」法統而建立新國家的「中華人民共和國」，也仍屈辱地活在蘇聯掌控的陰影下苟活著。

並且1950年6月韓戰爆發時，中共還被迫接受史達林指令，遂發起「抗美援朝」運動而派出數以百萬計的「中國人民志願軍」參戰。所謂「天地不仁，以萬物為芻狗」，下令出兵的是史達林，派兵參戰的是毛澤東，但「中國人民志願軍」高達 50 萬人次以上的傷亡，卻把帳都掛到「美帝」身上。毛澤東反而因為「戰勝美帝」替卑微的「中國人」出了第一口鳥氣，也被形塑成了「中共國」不世出的歷史偉人。

中共援引外力打垮蔣介石，國民黨選擇故意遺忘

毛澤東何以要聽命於蘇聯的史達林？除了國共內戰期間，毛共紅軍的武器裝備都是由蘇聯供應之外，在 1949 年 5 月 5 日共軍已取得勝利優勢之際，，毛澤東仍然致電史達林，請其對解決經濟任務提供幫助；電文略謂：「不解決這一經濟建設的任務，我們便不能鞏固革命的果實，便不能完成革命。」「因此，請您滿足我們的請求，派遣蘇聯專家給我們。」

從昔日不共戴天的國共恩怨來看，毛共當年如果不是仰賴蘇聯的政經軍各面向的大量援助，蔣介石應該還不至於會潰敗得這麼迅速、這麼難看！也或許國共會在長江劃下楚河漢界，一邊一國，各領半壁江山。因此當國家（政權）備受威脅、遭受危難時，向國際友好國家求援乃天經地義的道理與慣例。中共當年援引蘇聯大量支援以遂行其革命行徑，就身為大漢沙文主義而言，也可以算是賣國者的「大漢奸」吧！

但這是「北平」觀點，不屬於「北京」觀點。前者是「清＋漢」的東方皇權綜合體；後者則是宿主「清漢綜合體」復被長期寄生的物種「共產黨」之變種異形獸體。後面這個

新寄生的異形物種還有必要釐清，究竟是毛時代來自蘇聯基因的上半截？或是鄧時代已經再注入「美帝基因」的下半截？抑或是，21世紀之後的「東方皇權+蘇共+美帝」三者有效融合之後的更加強大、狠毒、殘暴的多次更新的突變物種？

這突變種的異形，既是個愛生氣、愛發脾氣的巨嬰，又是個要把全世界人類都轉化成牠可寄生的宿主母體，俾利於寄生異形的無限蔓延突變。易言之，現在的這個「異形變種中國」跟黨國體制所曾強力灌輸的那個「鄉愁式之中國」其實早已是兩套迥然相異的內容物。反而是在台灣還能依稀找回點黨國所欲遐想的那一套幻境。

何為中國人？黨國中國？共產中國？異形中國？

當然，若是按這套邏輯演述，何謂「中國」的諸多解釋，就會被來自四面八方的口水打成為一場大混仗。而如果連絕大多數人對於「何為中國人」都還搞不清楚，我們卻自己主動去辯解「台灣人到底是不是中國人」，無論答案正反，不都是百分百的荒謬無稽嗎？

也因此，台灣人天天去解釋或爭執自己到底是不是中國人，只會徒然自陷混亂的一種圈套罷了。我們何不直接就自信地先質問自稱是「中國人」的對手們，請他們先把「中國人」三個字定義清楚再來說事。

此一命題涉及的是「我是誰？」（Who am I？）或是改成「台灣人是誰？」（Who is the Taiwanese?）也一樣是可以進行科普性探討的。人權、民主、自由等等諸多普世價值在此一嚴肅命題中，究有多少含量。

首先，我因為生長於台灣，所以我是台灣人。這句話大概不會太多人反對。（除了支領中共的工資或生活費過日子者之外）。台灣擁有獨立主權，所以每個台灣人都領有身分證件，然後因為求學、工作、經商、婚姻等等原因而入籍到另一個主權國家，則我可能擁有雙重或多重國籍。比如我可以既是台灣人和美國人、日本人、乃至是中華人民共和國的國籍。但是，我雖然可能擁有雙重乃至多重國籍，由於我既生活在台灣，就必然要在台灣繳稅以養活台灣政府，因此，我根本不必額外宣稱我是美國人或日本人，因為美國或日本政府並不會要求我要到處去張揚自己是該國人士。偏偏有一個叫「中華人民共和國」的中共政權，很害怕我在自由人權天堂裡染患健忘症，卻總是強迫我必須天天提醒自己，只能是那不知其所以然的「中國人」不可！

「印太戰略」部署就是要殲滅中共異形的聯盟

於是，麻煩就來了，中共這具突變種的異形總是這麼鴨霸，總是這麼橫行無阻，可是他能夠一直得逞嗎？

我曾反覆引述過一句至理名言：生命是會自己找到出路的。同理，如果抗爭是要用生命作為犧牲的代價，抗爭也一定會找到自己的出路！

每當世界頻臨毀滅危機之際，所有的好萊塢電影都會在這樣的情節裡，安排一組挺身抗暴的「復仇者聯盟」。廣被詬病的美帝現在必然已看穿中共這異形寄生體意圖要毀滅人類，美帝隨即搖身成為「正義使者」，並揮出重拳痛擊「異形中共」，這是當前國際局勢。台灣躬逢其會，正在被異形中共侵蝕意欲強行寄宿的當口，台灣被美帝所扮演的正義使者納入「印太戰略」伙伴，然後，最先進的戰車、戰機都被批准可以買進來了！

還有另一個麻煩，香港從反送中的積極抗爭演進「爭普選」的民主運動。持續進行70幾天的抗爭，並提出五大訴求：「撤惡法、銷控罪、非暴動、查警暴、真普選」，附帶的一句強烈意志：「缺一不可」。而且抗爭不怠的港民群眾還堅守一種基本態度：「對抗不義政權，不割蓆、不篤灰（不告密）、不袖手旁觀、不坐以待斃。」迄至現在，即使港警發射的催淚彈數量已超過2014年雨傘運動的20倍，警方的拘捕已超過了700多人、還動員黑道無區別亂殺亂砍，已有百多人受傷的威嚇鎮壓狀態下，惟港民的抗爭運動不但沒被瓦解，還越戰越勇，而且抗爭形式不斷推陳出新。凡此均顯示了港民爭民主自由的行動已是吃了秤砣鐵了心，中共不彎腰妥協，抗爭就不會歇止。

台灣人應該衷心感謝香港朋友們站到第一線擋子彈

用我上列的例子來解釋吧，港民已充分展現決心，拒絕再被中共異形當作宿主直到吸食養分後成為另一個異形殭屍！

那麼，請問「香港人是不是中國人？」這問題問得很突梯，但就跟有人喜歡問：「台灣人是不是中國人？」一樣的荒唐走板。最應該追問的寧非是：你所說的「中國人」是正被異形寄宿的突變新物種的中共人嗎？

如果將台港兄弟力抗中共異形強欲寄宿的鬥爭連結上美國的重拳打共，我們應該可以確認一場關涉到生存價值的意識形態戰爭已然逼臨了，任誰都逃避不了！

誠如香港抗爭青年M君專程飛來台灣演講所演述的哀戚之言：

「現在很多運動者會說，我們要不是『全贏』就是『全輸』……『全輸』是指說中國不會再給我們那樣子的空間，不會讓我們（像在2014年雨傘運動後）有5年去累積力量、在2024年來個更強的社會運動。如果這次我們輸了，監控系統、攝影鏡頭、國民教育都全來……」

所以，我們只要將軸心輕輕撥轉到台灣位置上去觀察，我們就很輕易地看到：根本就不存在所謂的「台灣問題」（或「香港問題」），而是只有「中國已被中共長期寄宿下而蛻變成一個突變異形新物種」的可怕問題而已！就像好萊塢科幻電影所不斷寓示的結局一樣：只要集結人類友善力量合力把中共這寄宿在中國體內的異形魔鬼物種逐出中國母體並加以毀滅掉，這原本美好的世界總能暫時回復既有秩序而展示希望的未來吧！

發表於《風傳媒》2019/08/24

中國真要出大事了：人民要「搶肉」或奮起抗暴？

兩岸交流，台灣向來都要求彼此尊重，平等互惠。這麼些年交流下來，卻一直都朝著「你來統我可以，但我不會統你」的嚴重失衡型態進行著。明明都已被玩到「以商逼政」「以民逼官」乃至大量掏空台灣產業的地步了，台灣政府還是繼續要以無所作為的態度進行「和平的兩岸交流」，既不用心於發展或教導人民如何去統戰或滲透中共！更慘的是，許多政客還不斷地恐嚇人民「不要挑釁中共」「不要讓中共不高興」！李明哲即是在這樣的鄉愿景況下被兩岸政府莫名其妙地犧牲掉了！

「中國人吃草可以活一年，你美國人可以嗎？」請問如此意氣飛揚的金句，迄今還有誰會記得此言係出自哪位大人物之金口？

近幾天，據中共黨媒大量報導：Costco 首家中國門市「開市客」在 8 月 27 日的開幕當天，貨架與貨架間被人流擠滿滿，特別是在「熟食區」，一度發生推擠搶烤雞的情況，最後在開業僅 4 小時的情況下，就宣佈因人潮擁堵「暫停營業」。中共最激進的黨媒《環球時報》甚至還以社評刊出：上海 Costco 火爆給美方上一課，侈談「中美脫鉤」！

上海 Costco 開幕當天所上演的這場幾近於「暴動式的搶購場面」，再對照於上舉的王岐山所曾發出的驚世豪語「中國人吃草可以活一年，你美國人可以嗎？」遂形成了強烈反諷之場景對照，予人無限省思。

甘讓人民吃草過日子，中共統治者是不是魔鬼？

回憶「中華人民共和國」建政以來，中國共產黨就是一個以殺人為基礎所建立起來的政權，從 1949 年倒 1952 年為了鞏固新政權，先後推行了五大運動，再進而推動三大改造和反右運動等等一直延續到長達 10 年的文化大革命，其建國幾十年來持續以大量殘殺人民做為維穩手段而維續其政權合法性。易言之，中共建國以來的歷史就是真真實實的一長串殺人史所拼構成的。至於中共如何藉由各種政治運動與手段殺了數千萬人，我在過去三年多來的專欄中已經做了許多列舉與陳述，此處暫先略過。我們今天只單就這個共產黨政權經由一黨專政的統治結構所加諸於中國人民的禍害來稍加探討。

許多台灣人迄今都仍還深信中國已「富強崛起」，尤其是一大堆接受「落地招待」而被帶進中國去旅遊參訪的台灣人，在中共精心安排的旅程裡，除了大魚大肉吃吃喝喝，沿路所看到的全都是「他們真的是很有錢」的刻板印象。眼見為憑，一看見北上廣深一線城市的各式硬體建築，跟台灣一比，確實多會感受到台灣的「又老又窮」的卑屈。開放兩岸交流的近20年來，接受「落地招待」的台灣人少說也都已有幾十萬人了。這幾十萬人所堆疊起來的既定樣板印象，成功塑造了「中國已富強崛起」的想像力之高度傳播性。如果隔著海峽的台灣人都能在這軟調子統戰策略下被悄悄洗了腦，那麼活在中國帷幕裡的中國人，每天都要面對強大黨媒所強力灌輸，他們有多少機會迴避得了被洗腦的悲運？

超級冒險之金融槓桿失靈後，人民只好搶肉吃！

是的，中國運用高達300%的超級冒險之財政金融槓桿原理，不計後果地打造出一個「中國已富強崛起」的外像，中共是成功的。但這樣的成功表象卻也同時預設了等到槓桿失靈後必將隨之而來的悲慘世界。

如今，擺在眼前的現實是：號稱中國首富之城的上海，為何會發生Costco開業日就發生顧客如此難堪的搶購大戲？據報導，搶購場景多數集中在肉類產品區，而且簡直就活生生上演了「一寸都不讓」的「類暴力爭奪」場面！是因為上海人已經有錢到非要用搶奪食物來展現其既富且貴的身段嗎？或根本就是：上海（遍及中國境內）的肉食品已經嚴重匱乏到非搶不可的地步了？

身在台灣的我們，觀看著播出新聞影片怵目驚心的搶肉場面，可能只會搖頭嘆息或很不以為然；可是在中國現場「搶奪肉品」的上海人，或許多死抱著「先搶到再說」的惶恐心情又是何等驚悚惶惑呢！

那麼，中國人的如此惶恐係從何來？既有「偉大民族復興的中國夢」撐腰，豈有如此搶奪肉品的惶恐心態？

對照相關消息來看：北京1公斤豬肉台幣387元，大媽大喊「吃不起」？！這是中國首善之區，比上海好不到哪裡去；再看福建地區吧，報導說：莆田不是第1個實施豬肉限購的城市，早在7月底，廈門市就發出每位市民每次限購5斤豬肉的限購令，也對市內96家商店豬肉類農產品提供5%的優惠補貼；8月中旬，福建省明溪縣也推出限購措施，每家超市每天限售條肉、腿肉各400斤，瘦肉、排骨各限售200斤，居民每人每次限購2個品種以內，單品限購2斤。目前也傳出貴州縣城每天限量供應七隻生豬云云。在中國層層封鎖消息的鐵桶中，究竟其缺肉情況有多嚴重已可以想像一般了！

將心比心，如果肉價飛漲四倍，而且人民只能持「肉票」每天限量購買，無論發生在哪一個國家，人民能不恐慌嗎？

回憶一下1991年底，蘇聯崩解前在其境內各地所發生的搶奪食物之場面猶仍歷歷在目，如今竟然也已經開始在號稱富強崛起的中國再度重演！循此軌跡，我們大概已經可以盯著那無比荒唐的搶奪鏡頭試著去猜猜：富強崛起的中共，到底還能欺騙中國人民多久時間了！古詩云：夕陽無限好，只是近黃昏……

中國人民真的甘願吃草過日子嗎？

於是，我們不禁也得問問王岐山這位中共呼風喚雨的打貪大檔頭：「中國人真的願意為你吃草活一年嗎？」

兩岸交流是不是一種中共對台統戰策略，已經吵了N年了，因此實在不必再為此多浪費唇舌。我只想藉此提出一個更深刻的問題：自啟動兩岸交流之後的20年間，究竟是台灣影響了中國多？或是中共影響台灣更大？

這大哉問涉及到一個現實結果：如果我們相信自由民主與人權是人類亟欲追求與建立的普世價值，那麼，為何中國境內人民自始至終都還是寧願追隨一黨專政的共產黨而不起來推翻他？回觀台灣，反而天天都看到或聽到一大推人跑來要跟你檢討「民主的無效率」或是「台灣不能不仰賴中國」「一黨專政才能保障國家強大、保證人民生活富足」等等的奇言怪語？

江湖一點訣，說破不值錢，之所以會造成如此是非顛倒、本末倒置的原因只有一個：在兩岸交流中，中共處心積慮地百般要統戰滲透台灣，藉以達到併吞台灣的終極目標；而台灣這邊則被要求著應繼續保持善意微笑並張開雙臂，歡迎你們來統戰滲透！最典型的例子比如像柯P所持的「你來統我可以，但我不會統你」之類似是而非的等著挨打之怪異論調！等到哪一天，宛如當年蔣介石那樣，一旦中共發動入侵而倉促應戰時，才發現身邊親密戰友早早都已投共去了。

新黨或統促黨等少數徒眾明擺著主張要去跟中共統一，彼此意識形態和所信仰之價值觀即使保持彼此對立關係，但因為屬於言論和思想自由的範疇，只要不涉及暴力衝突或違法行為，至少還可以勉強維持相互尊重或對話的共存機會。最危險的則是柯P這類極度愚蠢的「不設防」言論。一如他近日跟館長陳之漢直播時所胡扯的「面對鏡頭，保持微笑，『機絲頭』該準備的要準備」之類的說法，就是一種協助中共滲透台灣的典型態度，而且還可能把更多對中共保持著天真無知者的那些所謂「中間選民」全都騙了。中共會如此喜歡柯文哲，絕不是沒道理的。

台灣人為何最好騙？因為對中共存在虛妄幻想！

兩岸交流，台灣向來都要求彼此尊重，平等互惠。這麼些年交流下來，卻一直都朝著「你來統我可以，但我不會統你」的嚴重失衡型態進行著。明明都已被玩到「以商逼政」

「以民逼官」乃至大量掏空台灣產業的地步了，台灣政府還是繼續要以無所作為的態度進行「和平的兩岸交流」，既不用心於發展或教導人民如何去統戰或滲透中共！更慘的是，許多政客還不斷地恐嚇人民「不要挑釁中共」「不要讓中共不高興」！李明哲即是在這樣的鄉愿景況下被兩岸政府莫名其妙地犧牲掉了！

「中國崛起」是因為由共產黨領導而成功達標的。這樣的認知也可以用大家都很熟悉的另一句話來闡釋：「台灣的經濟成就是由蔣經國所領導的」。這兩套說法中所形構的共同的語境即是：「黨國領導」或是「一黨專政」。因此，人民要享受「好」的經濟生活，就必須要接受「黨國領導」或是「一黨專政」的政治模式！好了，這套論證一旦在台灣成為橫流，我們好不容易才爭取到的「民主、自由、人權」的價值觀和生活方式，會不會被逐漸稀釋而終於要被沖垮？這也正是造成今天「芒果乾」會這麼流行而普遍被感知的一個現狀之主因！

中共赤化台灣的如意棋局被突然打散了！

好在，就在這赤化橫流對台灣開始發威的當口，老天爺幫台灣點燃兩把烽火，也等於丟了兩支大槍送給台灣。

一個是川普猛然對中共發動貿易戰，而且還越打越兇，暫時間轉移了中共對台的赤化進程；再一則是香港突然爆發了「反送中」運動，而且火勢越燒越猛。香港人民勇敢地用肉身上街去擋下中共暴政的子彈。台灣人民也才像在催眠狀態中倏然大夢初醒，原本已經起了化學作用的赤化語境則因而受挫於一時。對此我們除了應該大大感謝香港人民，也只好高呼「天佑台灣！」。

眼看著中共解放軍已經增兵入港，港民的「五大訴求、缺一不可」之抗爭信念有可能必須面對極悲觀的淒厲下場。然而，美國對中共發動的經貿戰卻正在升級為價值觀的對立戰。美國既然啟動了這一場戰爭，就非要把中共擊垮不可。這是一個很具歷史意義的關鍵時刻，臺灣人的生活方式願不願被改變，也已到了必須選邊站的歷史岔路口。

柯P那一套騎牆論，是過時的，只適用在先前美中大談戀愛的過去式，若是還要延用到今天美中徹底翻臉而且已經大打出手的此際，只會引火燒身，自陷危境罷了，且不計較柯P是否故意要為虎作倀，但卻絕對是萬萬信不得的鬼打牆。

如果你願意關注，接下來我們都可能很快會看到的：中國人民將慢慢被推進到民不聊生，苦不堪言的悲鳴地步！那時，中國人民到底是寧願選擇吃草過日子？或是選擇像香港人那樣也不得不勇敢地用肉身上街去擋子彈呢？

發表於《風傳媒》2019/08/31

台灣芒果乾特銷中

小英一席話，道破台灣人民為何不從軍！

小英總統在 2016 年剛上任不久的 6 月 4 日說了段刻骨銘心的話：

「基地的草除得乾不乾淨，也不是最重要的事情，最重要的是新兵們有沒有妥善的防護機制，確保新兵在訓練時的安全。油漆與除草，代表軍方對她視導的重視，她非常感謝，用心她都看到了。但光是油漆與除草，不會讓國軍更好，新政府推動國防改革一個重點，就是要優先改變一些國軍既有的文化。希望全國士官兵都要牢牢記住這些事，戰力要強，最重要的是制度要好。制度好，效率才會高，士氣才會強，軍人才會有尊嚴，國軍才能吸引好的人才，一個現代化人性管理的國軍，就是推動募兵最好的宣傳。」

台灣究竟該徵兵或募兵？這是個老話題，最近又再被翻出來重新議論而倍受關注。

由於國際局勢的大挪移，特別是美國正式將強勢崛起的中國列為霸權競爭賽的一員對手，其所導致的美中對抗的劍拔弩張形勢，位居美國圍堵中國第一島鏈的台灣就不可能置身事外，也就必然會被牽扯進這正在大幅度改變「現狀」的危局中。若再加上中共不斷對台叫囂威脅武統，以及陸續推出大小「軍演」時還硬是要掛上「反台獨」的口號不可，事情就只好越變越詭譎了！

台灣人 70% 願意捍衛台灣民主而戰

不過之所以會老調重彈，主要肇因乃在於：最近某家民調所惹出來的。據某報報導說：「將近 70% 受訪者表示，願意在中國武統脅迫下為台灣而戰，此結果不因年齡而有所區別。」

該份民調的委託人「台灣民主基金會」執行長徐斯儉對民調結果分析說：

台灣年輕世代對維持民主價值及台灣的自我防衛都有強烈的決心，絕大多數台灣年輕人希望兩岸維持現狀，不希望台灣獨立，更不願意與中國統一，顯示所謂的「天然獨」，其實代表「反統一」。

既然這麼高比例的台灣人民表達了「願意為台灣而戰」的意志，何以我們的國防部卻年年募不到兵？反年金改革團體正好抓住這小辮子，不惜與全民對著幹，硬說是「污名軍公教」，並且嘲弄說：「軍人待遇太差，沒人願意保家衛國，當然募不到兵？」

於是，小英只好以總統之尊親上火線，在4月10日的一場電視專訪中對此做了詳細說明：

募兵過程裡的兵源，其實是還不錯，現在很多的年輕人都願意考慮去當軍人，作為一個生涯選項，也認為待遇其實是不差，加上生活穩定，在軍中得到的訓練以及還有機會念書等，所以國防部的報告是說沒有不足的現象，倒是在軍官的階層要比較加速去補足，在兵的階層是沒有這個現象，而且它不是1年全部補足，不然到時候一起退休怎麼辦，軍官還要逐年補足，因此不能說今年沒有把全部補足，就說是募兵不足。

在此我們看到的真相是，其實國防部徵募「兵員」上並無問題，所差的是「軍官」這一層面上「尚待補足」。而，這結果又會被導引到另一個弔詭的陳年老話題：「台灣人到底願不願意去當兵？」

台灣人不當兵，其來有自

早期台灣人的印象中一直有一種聲音說「好男不當兵，好鐵不打釘。」戰後那一輩老人們多數瞧不起「軍人」。認真追究原因大致可以概括為：

一．穿制服的軍人，就是幫國民黨殖民政權執行威權高壓統治的工具；

二．國共之間的打殺情仇，或簡化為蔣毛兩家的私人恩怨，跟台灣人沒半毛錢關係，沒必要去當砲灰；

三．軍隊將領清一色都是「高級外省人」，台灣人入伍當兵，根本是去侍奉高官當奴才的，不齒為之；

這樣的既定概念，228事件的慘痛經驗就是其最主要的思想源頭，之後的清鄉運動和白色恐怖，更加深了人民對威權幫兇者的軍人之厭惡與輕蔑態度。

迄至70年代末期，台灣經濟力和社會力被大量釋放出來之後，加上蔣介石和毛澤東相繼去世，中國政權陷入到嚴重內鬥中，兩岸軍事對峙情況稍稍緩解；台灣軍隊也自此進入另一個改造過程，王昇以蔣經國接班人自居，台灣軍隊遂由其所直接領導的政戰系統全面接管宰制。這是個準特務系統，以思想整肅為其主要任務，當時軍中氛圍已到了「聞政戰而色變」的恐怖地步。台灣軍隊卻也以此為起點，突然將「拍馬逢迎」、「造假欺騙」的虛假文化開始一路燃燒得越來越旺，至今不歇。

軍官養成基地幾時才能本土化？

台灣的「國軍」曾經就是外來政權的保命符。政策使然，這支龐大部隊被灌注的意識形態和軍中文化長期都和社會完全處於脱節的平行狀態。縱令是台灣民主化後，不論其舉「中華民國」或「臺灣」之名，即令是「為民主而戰」的神聖使命，也依然難以進入到軍方的多數領導階層的認知裡，軍人的武德教育竟仍停滯在黃埔那老掉牙的巢臼中。臺灣高級軍官的培訓來源，如各軍種官校訓練水準，和國內各知名大學均無法平起競足。比如像美國西點軍校和哈佛大學皆屬文武兩途的舉世名校。而，當軍官素質無法與時俱進不斷提昇時，一般的預備役或是募兵兵力之教戰訓練，也定然面臨水準不足之慮。「軍事學」原本就是一門大學問，然而，臺灣軍方高層和社會疏離的情境不先圖融合的話，就無法培養本土性的戰鬥軍官文化。當巨變一到，必然亂成一團。

昔日孫立人將軍，就是將其在維吉尼亞軍校所習得的軍事教育及其在二戰中的實戰經驗，實踐在高雄陸軍官校中。可惜一場政變疑雲，這一先進的軍事教育就活生生的胎死腹中。當然蔣介石也曾私下借助於日本的白團訓練臺灣的高級軍官，整個臺灣攻守戰略，基本都是當時所定調的。隨著退將陸續被中國招安而瀰漫在「兩岸一家親」的氛圍後，那些佈局，或隱或明的，早早都獻予對岸而再無任何祕密可言。這也是美國軍方對先進武器要移交給臺灣軍方，一直以來的最大疑慮。嚴格説，臺灣民選政府也是莫可奈何的接納此既存結構，兩方只能相忍為國，而這正是「維持現狀」在島內的最佳寫照。至於一般臺灣人民去服役，昔日二年或今日一年多，是很難觸及到這一塊深重之地的。

當兵就像是一個年輕男子荒謬的成年禮

顧爾德先生在2016年11月間為此撰文對於已步入虛假文化的軍隊現象，曾有經典描述，他寫道：

> 當然，年輕人去當替代役不能說是不愛國，這是制度造成的。也不能否認，多數人都視當兵是種浪費生命的歷程，把人生最有學習、創造力的一、兩年花在一些行禮如儀、不能學到什麼戰鬥技能，也未真正對國家安全有貢獻的瑣事上——例如拔草。當兵就像是一個年輕男子荒謬的成年禮。

但是在該文中，顧爾德先生也提出過一個較嚴肅的命題：

> 一個民族國家遇到危機時，她的子民是否願意犧牲自己去捍衛她？
>
> 如果國家有給人民強烈共同體的認同感，讓人民珍惜這個共同體的各種抽象、實質的價值、情感與利益，當這個國家遇到危機時，自願為她犧牲的人民應該是多數。相對的，有各種可能會讓人民不願為她犧牲，包括理念信仰、制度因素。
>
> 例如陳腐的兵役制度讓年輕人消磨志氣，若國家的制度充滿著不公平、腐敗，人民也不想為那些掌握權勢的人犧牲。更進一步，若對於這個國家的價值不認同，人民會抗拒兵役，例如越戰時不少美國年輕人拒絕服役。

顧爾德先生所觸及的命題，說白了，不就是迄今仍然還在吵吵嚷嚷的：我們的軍隊「為何而戰」或「因何而戰」的最最最基本大哉問。

要捍衛蔣家兩代的威權國家體制，值得台灣千萬子弟為之獻身嗎？

同樣問題若是換到今天再來問一遍新世代們，多數人大抵會認為你一定是頭殼壞去了！那我們就將該題目改換成，你願意在中國武統脅迫下為台灣而戰嗎？結果答案就自然浮現上來了：70%的人民給了正面回答。

拒統就是台獨，那兩岸還有需要交流嗎？

所以「台灣人民何以要拒統」，毋寧才是最需要去探索的真實答案。

可嘆的，中共的解讀卻會是：那70%說要「捍衛台灣」的人民全都是「支持台獨」，也即是台灣已出現有70%的「台獨份子」。依此也可證得：中共口說要「買盡台灣人的心」，根本就是個「欺騙口號」，他其實只在意於你是否肯跪舔聽命！正如他經常掛在嘴邊的「不能既要來賺錢，又要喊台獨」的慣性思維一般，所謂和平統一就是要你「棄甲投降」。台灣人民當下所珍惜的「自由、民主、人權」之價值與生活方式，中共既不喜歡，還視之為蛇蠍猛禽，急欲除之而後快。則兩岸還能找得到多少交集可談可議？

話題得繞回到小英總統所提到的台灣軍隊不缺兵而是缺官，何以致之？

頭重腳輕的人事結構才是軍隊的巨大隱憂

依據國防部公布資料，2018年含「末代義務役」1萬1千餘名在內，國軍作戰兵力（不含文教職、軍校學生及聘僱員）將維持在17萬3千人。其中軍官約為36000人左右。然後我們再參照現在國軍掛星星的將領人數，曾經從最高人數約505人一路下滑到現在的編制員額約292人。但，明眼人大概不難立即查覺到：官與兵的比例顯然是不合理的。尤其是將軍與中下級軍官的人數比例更顯得頭大腳輕。

即使用最簡單的算術按比例計算，每位軍官和兵力之比是1：4.8；每位將軍和軍官之比則為1：123.8；這樣的官與兵之人事結構顯然不符合效率領導原則吧？

於是由此很不搭調的「軍隊階級結構」，我們也可以輕易聯想到：這樣的軍隊怎會是個可以保家衛國的「台灣國軍」？軍官太多必然表現出指揮系統的紊亂與無效率，也必然會呈現軍官勞役和責任分配嚴重不均勻與不合理的崩裂現象，則其已形嚴重內化的「虛假文化」也就必然日益深沉。

猶記得，小英總統在2016年剛上任不久的6月4日，即親自到宜蘭陸軍金六結153旅新兵訓練部隊進行視導，她在致詞時說了段刻骨銘心的話，當時的報導是這樣寫的：

> 基地的草除得乾不乾淨，也不是最重要的事情，最重要的是新兵們有沒有妥善的防護機制，確保新兵在訓練時的安全。油漆與除草，代表軍方對她視導的重

視，她非常感謝，用心她都看到了。但光是油漆與除草，不會讓國軍更好，新政府推動國防改革一個重點，就是要優先改變一些國軍既有的文化。希望全國士官兵都要牢牢記住這些事，戰力要強，最重要的是制度要好。制度好，效率才會高，士氣才會強，軍人才會有尊嚴，國軍才能吸引好的人才，一個現代化人性管理的國軍，就是推動募兵最好的宣傳。

「台灣國軍」該進行大跨度「轉型正義」了

小英總統會一語道及「制度好，效率才會高，士氣才會強，軍人才會有尊嚴，國軍才能吸引好的人才」，確實是重中之重的人事結構與軍隊倫理的重建綱目。然而悠悠的兩年快過去了，小英對軍隊的提示記憶猶新，而長期充斥於國軍的「虛假文化」究竟改了幾分了？官多兵少的指揮結構敢進行大力改革嗎？

所以，不要再問「台灣人民為何不當兵？」或是該實施徵兵制或募兵制的假議題了。現在應該直接質問：「台灣國軍」已進行大跨度「轉型正義」（台灣軍隊本土化）了嗎？

臺灣要反武統分兩層次，一是純軍事對抗，那涉及職業軍人之事。但臺灣軍方對反武統的意志力及能力普遍令人懷疑。此又涉及一旦戰爭發生時，國家總動員法，臺灣軍民從未演練過。

台灣政府做好「民間抵抗」的教戰守則了嗎？

戰爭如在境外（外海），民間要做何準備（備糧備水）；當戰爭涉入到臺灣本土時，尤其第一波火砲攻擊屋毀人亡，民間及地方政府如何疏散、掩護、搭救？當對方傘兵空降到各大城市時，軍方如何迅速集結進行圍殲潰擊？而民間後備軍力如何自我組織立即動員並投入武力對抗？特別是「民間抵抗」這一塊，我們幾乎是完全空白。

坊間一直都有一種假想，只要軍方少數已被策反的軍官宣告投降，解放軍攻台這一場戰爭就結束了？這假想所喻示的豈不是對退將們投共的諸多言行之深層不安嗎？也基於此一不安，我們是否也該回問：該民調中另外不肯為台灣而戰的30%民意，在第一擊後會是怎樣的行為反射？

衡之於世界史，舉凡國家獨立過程必經戰爭之考驗，臺灣民間若無武力抵抗之能力和心理準備，則所謂公投獨立都是空話。易言之，全民意志力要先做好「反統一戰爭」的武裝準備，才有獨立公投的實質內涵。否則戰事一發生，大家都成難民了，還談如何抵抗？我們要學以色列或瑞士，戰事一發生，全民皆是戰士，這才是真心「做台獨」，否則只是口號台獨，遺害眾生罷了！

發表於《風傳媒》2018/04/21

退將再鬧吧，中國出大事了！

因為中國是天朝，所以只能我制人，不容外人制我。也因此在中國任何產業所講究的就是「一條龍」，從上到下的自我控制體系。政治如此、社會如此、經濟如此，生產如此，科技更是如此。這基本乃是一種不容許被更換的根深蒂固的中國思考元素。所以，中國打心底就根本不是要追求或融入「互通不足，互相依存」的「全球化」的自由貿易體系。無論是一帶一路或搞甚麼誇誇其談的博鰲論壇，中國徹頭徹尾都只是在玩弄其「天下思維」的朝貢體系。

退將們所組織領導的「800壯士」終於失控了。

猶記得才在前兩周，「800壯士」正副指揮吳其樑、吳斯懷親率約30人到立院陳情時，只見吳其樑得意的指著身後著軍裝、塗迷彩退伍軍人說，「我後面帶的敢死隊，都是以前軍中的特種部隊，已經結合暴民一、兩百人！大家準備『不管了』，到時他們忍不了，他也壓不住！」果然一語成讖，自稱的「800壯士」進化成「暴民敢死隊」，讓社會對之所僅剩的極其微弱的同情心，在這次大脫序中，就整個都被他們自己擊碎了。

民主社會對於「暴力脫序」自有其免疫系統

這起「暴力」事件已招致社會各界厲聲譴責，形勢也逼著小英總統不得不再走上第一線，事發當天直接PO文說：「今天在立法院前施暴的人，不能代表熱愛國家、忠於國民的國軍。包圍兒童醫院、攻擊媒體，毆打維持秩序的警察，都是社會無法容忍的非法行為。」

所謂「公民不服從」的權利行使，乃是人民反抗法律不公的方法之一種手段。但其正當性的前提必須要是「非暴力」的行為。若是誤以為只要扮演「暴民」的威脅姿態就能予取予求，那也未免太小看「民主」反制暴力的自我免疫意志了。

台灣的退將們所指揮的反年改部隊向立法院發動攻堅戰，如果將之與2016年12月間中共黨媒所曾恫嚇過的：不惜要將台灣「黎巴嫩化」，我們會做何聯想？

跳開這畫面，轉身去看看對岸國台辦發言人馬曉光在25日「暴力事件」當天的發言：「18日舉行的泉州灣軍演傳達的訊息『十分清晰明確』。」

馬曉光繼續威嚇說：「我們有堅定的意志、充分的信心和足夠的能力，挫敗任何形式的台獨分裂圖謀和行徑，捍衛國家主權和領土完整。如果台獨勢力繼續恣意妄為，我們將進一步採取行動。」

中國已出現美中貿易戰首度交鋒的挫敗感

多數論者都認為這是衝著賴清德的「務實的台獨主義」宣告而來的。我想更深層的意義應該在於：意圖轉移美中貿易大戰首度交鋒的挫敗感，也許會來得更貼切。

2017年有一部號稱「犯我中華者，雖遠必誅」的愛國電影「戰狼2」，讓中國不斷掀動的民族主義達到最高自嗨點。今年繼之而來的則是宣揚中國吹捧習近平政績的紀錄片《厲害了，我的國》(Amazing China)。該紀錄片於3月2日在中國各大院線電影院上映，截至4月14日，中國票房已達4.65億人民幣，刷新紀錄片電影票房最高的成績。

據影片介紹，該片內容主要是關於習近平自2012年中共十八大上台以來所囊括的「舉世矚目的成就」，特別是以「習近平新時代中國特色社會主義思想」作為內在邏輯，充分彰顯「以習近平同志為核心的黨中央的正確領導」。播出期間，網上曾瘋傳一份中廣國際數字電影院線「關於電影《厲害了，我的國》相關通知」通令全國說，根據國家新聞出版廣電總局電影局通知，各電影院「須在上午、下午各有一場場次排映，絕對不允許出現幽靈場、午夜場、凌晨場現象出現。」

有趣的則是，該通知還要求「各影院與當地企事業單位等相關單位聯繫包場事宜」。怪不得其票房紀錄會居高不下，也不禁讓我們想起台灣的莒光日教學。

不意，中國網路龍頭深圳騰訊公司突然於4月19日收到公文，被要求將該片在所有商業影片網站全面緊急停播。騰訊公司收到來自中共中央宣傳部的公文表示：「為營造和諧有序的網路播出環境」，要求騰訊將電影《厲害了，我的國》在所有商業影片網站緊急下架，具體上線時間另行通知。

迄今，該造神紀錄片停播下架的原因仍然尚未有官方說法。據部份媒體猜測，下片真實原因應該與美中貿易大戰有關。因此才會有不少中國鄉民酸說「可能要改成《厲害了，美國》再重新上映」。

美國「攻敵必救」，中國「無芯之痛」哀號遍野

於是，我們立即可以聯想到，這次川普對中國中興通訊所祭出的制裁禁令手段，實則已引起中國內部極大力度的危機感。正所謂的「打蛇打七寸」或稱之為「攻敵必救」。單看中國近日內舉國所掀翻的「無芯之痛」之哀號，就知道川普這一招已可以確定真正直擊了中國最大罩門。這當頭有許多許多中國愛國人士疾言厲色倡議著「反美霸權」之餘，都力陳必須以「建立中國芯片自主」為當前第一要務。

台灣當然有很多「專家」加入探討中國「無芯之痛」的熱潮，但我看絕大多數都還是以經濟觀點作為論證闡述。所以說了半天，還是沒能繞出問題的關鍵核心。設使，我們改換成政治觀點切入去看，就很可能一目瞭然了。

如果英、法、德、日等國都屬於是「無芯之國」，卻完全不影響他們成為科技發達的經濟大國。何以偏偏單只中國會因為「無芯」而痛得哇哇叫呢？

其實道理還是那一層：因為中國是天朝，所以只能我制人，不容外人制我。也因此在中國任何產業所講究的就是「一條龍」，從上到下的自我控制體系。政治如此、社會如此、經濟如此，生產如此，科技更是如此。這基本乃是一種不容許被更換的根深蒂固的中國思考元素。所以，中國打心底就根本不是要追求或融入「互通不足，互相依存」的「全球化」的自由貿易體系。無論是一帶一路或搞甚麼誇誇其談的博鰲論壇，中國徹頭徹尾都只是在玩弄其「天下思維」的朝貢體系。

洋人對中國的幻想：用經濟改變中國

以前洋人不懂，對於要將中國納入世界價值體系並促其自由化民主化存有幻想，這是從季辛吉起的端。他們天真的認為：只要中國富裕了，只要中國出現中產階級了，就自然會認同西方價值，也自然會願意學習西方的政治制度。想當年美國「國家民主基金會」就曾對此有兩句相當經典的表述：「用經濟發展改變中國，最終推進中國民主化。」

當時鄧小平的對策是「韜光養晦」，也即是「裝睡」的策略，先搭著全球化順風車讓一批人富起來再說。直到40年後的習近平公然宣稱「揚棄西方價值」重建「中國價值體系」——中國特色的社會主義，然後龍袍再現，「復興中華」。這樣的態度裡其實就一直深藏著「美中終必一戰」的天朝自我中心意識。

在本質上，中國凡事都必將追求要能「完全自主」並力求能「完全掌控」。同時的，中國外交上的手腕大抵都認為：只要不吝於多撒些鈔票，把美國那群白宮裡的大小官員賄賂收買，即可盡入我彀呼風喚雨了。這是很典型的具有中國特色的利益輸送機制。川普的女兒伊萬卡及其夫婿庫許納遂成了中國重點經營的第一目標。豈料到了今年3月裡，卻傳出了川普要將伊萬卡夫婦逐步擠出白宮的消息，中國這筆投資生意算是白費力氣了。

以前，洋人不懂中國博大精深的這一套「非我族類其心必異」的「皇朝哲學」。現在換上商人川普，不再以理想教條去攻略中國，復加上知中鷹派群們的集體智慧，美國終於決心一改昔日的天真，開始硬起來並揮拳出擊了。最直接的證據就是去年12月18日，川普正式公佈他的新國家安全戰略報告，其中所宣稱的一段字眼：美國與俄、中兩國的競爭日漸加劇，這兩大競爭對手「試圖挑戰美國的影響力、價值觀和財富」，對中國的「經濟侵略」必須予以報復。

中國夢與美國夢的相撞，誰能「雖遠必誅」？

易言之，當美國夢已經真實感受到挑戰威脅時，美國人骨子裡潛藏的危機感就自然會被激發出來，就自然會湧現「傾力剿滅，雖遠必誅」的狼性。

因此，當中興禁令這一重拳揮出之後，隨即上演的就是司法部正式發出給中國華為公司的調查傳票。無疑的，只要華為對美的採購再被下達制裁禁令，中國的科技產業立失半壁江山。中國接下來馬上要浮現的大失業窘狀，就足以將《厲害了，我的國》改拍成《太慘了，我的國》。

「倚天既出，誰與爭鋒！」美國既然率先亮劍，而且還是一劍封喉，這場貿易大戰就不會隨意被叫停。按照美國反智慧財產權竊取委員會所發佈的報告，美國每年因智慧財產權被竊取而遭受的損失高達2250億到6000億美元之間。而，該報告直接指出：中國就是罪魁禍首。這又是蓄勢待發的另一戰場，中國如何接招呢？

烏雲密布，中國真正的煩惱才正要開始而已。所以，不管中國機艦來台侵擾幾次，也不管中國官員對台如何嗆聲，台灣都大可以視之為：只是當前中國民族自尊的嚴重挫敗感的一種轉移罷了。反倒是，台灣自己務必要能沉得住氣，而且台灣政府也務必要抓緊機會，除了盯住中國一大堆即將被清洗而破滅的產業如何趁機撿到便宜之外，尤其要對內政的諸多沉痾大力度進行深度改革，以呼應台灣人民的企望。

中國自己都起火自燃了，退將們還有何指望？

話題最後還是得轉回到剛剛落幕的425暴力事件上。舉凡要帶領陳抗隊伍必須要有「激進而不失控」的絕對把握，這是社會運動的ABC基本法則。吳其樑和吳斯懷都是以官拜「中將」之尊而分任800壯士正副指揮官的。職是，在每一次的陳抗過程中，本就負有「和平發動」與「和平收場」的義務跟責任。任何因素的暴力衝突都不能輕卸其領導不力之責。除非領導者本來就已蓄謀要展現暴力的震懾意圖。

觀察這些反年改的退將群過往之行徑，總是急著要到中國朝拜或聆訓，爾後又忙著回台「假借爭退休金之名，行使暴力之行為」。當中是否有中國暗中授意尚未可知。但其行徑不免令人憶及：當年民進黨剛成立時的疾風集團，曾在中泰賓館追打民主人士的往事影像。當時那批疾風打手攻擊民主黨外人士有如國之大敵的凶狠氣勢，其所依靠的，就是其背後的戒嚴黨國體制之鼓動、組織與支持，所以才會有恃無恐而盛氣凌人。而今日退將們能為區區萬元退休金就追打記者，並包圍兒童醫院，完全無視台灣社會觀感，難道靠的是早已奄奄一息的台灣國民黨遺威之力嗎？當然不是的。合理推論，彼等莫不是仰仗於中國蠻橫專制之暗中支持嗎？值得反思的是，若果有某一天，真的中國　一台灣後，你認為這些人會幹出何種更傷天害理的惡業？

只是，如果中國內部都已經開始出現「無芯」大危機，此星火隨時都可能延燒成燎原之勢！一旦，中國在內外交迫下都已自顧不暇了，為虎作倀的退將們是否還敢這麼從容鬧事麼？

發表於《風傳媒》2018/04/28

韓國瑜污辱南部人，陳其邁不敢戰？奈高雄市民何？

幹話用得妙，是頗值令人會心一笑的一種幽默情趣，所以是誰都可以隨便拿來開玩笑。但對於一位市長候選人的發言，最最需要的應是「重然諾」的一種領導質地。政治人物絕對無權像這樣逞一時之快地「信口開河」「胡說八道」！如果因為這樣的「胡言亂語」而受到追捧或到處被歡呼，那，我們真該要正襟危坐來認真談談「生命存在價值」的哲學思維了，不能輕易地只用柯氏那類「基因突變」或「新物種」即可一語概括……

要不是因為有選舉，且戰況持續升溫到滾沸地步，我想，高雄大概很難得能被台灣幾大媒體投注如此高熱度關注的眼神。這等際遇，大概應該要先從「青年北漂」的熱炒議題開始講起。

所謂「青年北漂」並不是當今才發生的現象，追究起來，早從日據的總督府之設置，再到國民黨威權時期入住的總統府，現實上就已自然存在人口吸附流動的物理作用。一個國家或是殖民地之城市既被設定為「首都」，也很必然會被定位為政經中心，所以會出現人口的虹吸作用也是無可避免的大趨勢。兩蔣時期於1967年，台北市首先被升格為台灣第一個直轄市。整體而言，打從最開始，重北輕南的政策嚴重傾斜，即使歷經兩黨輪替執政，其實一點都不曾被改變或修正過。只要翻出七十年的各縣市預算比對，一切都不言自喻。

「青年北漂」吃盡南部人的豆腐

所以當韓國瑜這位天龍國的沒落權貴，自稱只帶著一瓶礦泉水南下到高雄而開始展開羞辱高雄人的幹話群，並優先挑名「青年北漂」話題時，竟然能激起網路上莫大聲量，作為政治觀察者，我立刻就被這一「指鹿為馬」的特異爆頻效果所深深吸引了。

單說台北天龍國的捷運，目前共有5條主要路線與2條單站支線，總路線里程136.6公里、營運里程131.1公里，營運車站共117站。而且還尚有多條未完成的路線仍在規劃或興建中。預估全部路線完工後，路網總長度將達到270公里，預計每日可運送360萬人。基本上在臺北市全市12個行政區和新北市的的10個行政區之外，再包括了桃園市的龜山區，總共有23個行政區，都可謂是四通八達了。反襯高雄捷運，目前營運路線才共有三條路線，也就是紅線與橘線及聊備一格的綠線，總長度是53.3公里。

兩相比較，韓國瑜南下譏刺說高雄「又老又醜」，就有如中國北京或上海人以天朝之姿來到天龍國，然後瞧著台北人說「又老又醜」是同一個道理。也正如當年馬英九以總統之尊說「感謝中國提供台灣年輕人大量就業機會」，並鼓勵年輕學子勇敢西進去闖天下一般的心態。

尹立毅然辭官，決定捍衛高雄尊嚴

前天才剛辭職的高雄文化局長尹立公開表白說：其辭職的真正考量之一，即是「無法接受有人以『一句話』抹煞這個城市共同的努力，行政職務又無法暢所欲言，所以卸下局長身份，為自己認同的高雄文化價值、大聲說出心內話。」回復平民身分的尹立即時於11月7日在其臉書上PO出一段撼動人心的短文，他寫道：

從民間來，回民間去，因為我相信高雄價值！

今天我是用文化局〝前〞局長，一位設計師、大學老師與自許文化人的角色來參加「We Care高雄」運動。

我一直思考這幾年在高雄拼搏的價值是什麼？作為一個北漂南回的湖內外省二代，眷村出生，南部長大，北上求學就業，回到高雄成長發展，我一直很感謝這塊土地給予我的養分，我沒有家世背景，相信的是任何人只要願意受熬鍊的話，機會都在等著你。所以我選擇在南部成立設計公司、成立藝廊然後到大學教書，也認同這個城市不夠完美，所以我願意進到體制貢獻心力，一直讓民主與進步的價值可以一起向前，我也會對環境抱怨，但我更知道光抱怨沒有用，只有行動才能夠改變。

這段時間看到不斷編寫荒謬的劇情，不斷盜用泰國、汽車公司影片，甚至連文化局的影片都被盜用，不管是惡質抹黑的北漂議題操弄高雄人的痛，或是一再罵這個城市又老又窮，連乞丐進不了劇院，或是流行音樂中心只剩下借廁所功能，這種歧視高雄人的話都講得出來，以及深藏內在的言論自由箝制與荒誕的人口數，都令我震驚不已，台灣民主走到今天，可以對市政有邏輯的批判，但以偏概全，全面否定這些年的改變，不斷醜化高雄人的文化水平，甚至惡意的網路霸凌，都讓我無法坐視。當候選人不斷宣稱自己不攻擊對方的同時，其陣營網軍卻不斷製造寒蟬效應，我覺得我必須走出來，拿下行政的身份，好好的把自己的想法論述出來。

尹立脫下公袍挺身出戰的氣魄，所為的不就是為了要「捍衛心中堅信不疑的那一套民主與進步底價值系統」。從這段氣質澎湃的文字裡，我們大抵不難感受到這位掛冠求戰的地方政務官，顯然已被韓國瑜的一大堆幹話所激怒了。

族繁不及備載的幹話，深深斲傷了南部人的感情

所以，我們姑且整理一下這段選舉時間內，關於從天龍國跳傘下來的「五星上將」所率領的網軍部隊，到底對高雄人吐出了多少「幹話」口水：

一.太平島挖石油
二.殯葬一條街
三.性愛摩天輪；沒結婚的，拋繡球，一分鐘就可以結婚
四.母語回家學
五.120 美金包治癌症
六.經濟被宮刑
七.山洞可挖寶
八.台獨像梅毒
九.讓高雄人口增加到 500 萬
十、招商一萬個就以身相許，晚上跟你睡覺
還有的，乞丐不配聽歌劇、要禁止有關意識形態與政治的遊行……

族繁不及備載，問題是這麼大堆幹話，難道我們會聽不出來，韓國瑜的這些「涼快話」已經深深斲傷到高雄人（乃至所有南部人）的感情了嗎？

再擴大開來，他的成千上萬的網軍團隊（縱令韓國瑜再三聲明與他無關），在網路上橫衝直掃地四處霸凌中，所毫不隱諱地反覆透露出「沒落權貴」正在復僻般的展露出「權貴優越感」，遂也終於開始激出了憨厚的南部人之憤怒，而漸漸促使越來越多的選民向綠營靠攏，之後就會形成滾雪球般地對準「五星上將」憤怒一擊。

國民黨真的已經得了集體「失心瘋」！

幹話用得妙，是頗值令人會心一笑的一種幽默情趣，所以是誰都可以隨便拿來開玩笑。但對於一位市長候選人的發言，最最需要的應是「重然諾」的一種領導質地。政治人物絕對無權像這樣逞一時之快地「信口開河」「胡說八道」！如果因為這樣的「胡言亂語」而受到追捧或到處被歡呼，那，我們真該要正襟危坐來認真談談「生命存在價值」的哲學思維了，不能輕易地只用柯氏那類「基因突變」或「新物種」即可一語概括。也難怪，尹立這位文化局長也終於忍不住必須要辭官迎面擊之。

網上近日正在瘋傳一則視頻，標題是：**「國民黨中央委員助選爆狂言：殺人放火也照挺韓國瑜」**。視頻上很清楚看到國民黨中央委員陳麗旭語出驚人表示，「不管殺人、放火、搶劫，就是要挺韓國瑜」，儘管台下支持者依舊激動大喊凍蒜，而且當天的影片還立即被上傳到 YouTube。

該一新聞視頻裡很耀眼地見到：陳麗旭當時在舞台上更進一步狂嘯說：

「他（韓國瑜）不只是黑道的而已，就算你跟我說他殺人放火，我跟你說我也是要投他，你跟我說他搶劫，我也是要投給他，就算騙我，我也是要投給他，對不對！」

先別說這等言論是否觸及法律犯罪問題，我只是想嚴重質疑：「難道這已經是國民黨所正奉行的政治道德價值嗎？台灣的選舉文化已經陷落到作奸犯科亦無所畏懼了嗎？」

如果再對照 10 月 22 日，**國民黨主席吳敦義在花蓮輔選時**公然說，他會提名韓國瑜，是認為他允文允武，20 多年前在立法院打前總統陳水扁，讓他感到敬佩。憑此，我們大抵可以斷然認為，這個政黨真的已經得了集體「失心瘋」了。

你應知道，韓國瑜的「人進貨出」有多可怕？

台灣的經濟問題一直都是千瘡百孔固不待言。三十年來歷經幾位兩黨執政者也仍在原地踏步，特別是讓年輕世代繼續沉淪，這絕對是每一任政府都無可脫責的一等大事。但，以一位區區高雄市長候選人，隨意脫口像在菜市場或夜店式地「練幾句肖話」，就可以相信他能對高雄經濟旋乾轉坤、力拔山河，而使高雄市民們在短期內就「日進斗金」「月纏萬貫」了？

韓國瑜用很簡單的四字訣說「人進貨出」，企圖要說明他日後經營市政的基本準則。用來愚民騙選票或許是短期可以奏效的，但對於明白人，就完全經不起推敲了。

韓國瑜的「人進貨出」，簡言之就是把「貨」賣到中國，然後讓中國「人」可以進到台灣。還是不脫離當年太陽花運動所曾群起反對的「服貿協議」之原型，也即是延續「依賴中國」來「振興台灣經濟」的老套路。這套模型的嚴重危機有兩點：1. 重回當年「中國讓利、派系產銷、高層買辦」的利益結構之重建；2. 在美中競技戰爭正要進入肉搏戰的前夕，無異於將台灣（或說是高雄）提前送進虎口中，讓中國多了個可以跟美國叫板的棋子。尤有甚者，到時候，美國軍艦到底要不要開進高雄港靠岸？

可預見：工業 2.0 迎戰 AI 智慧的悲慘未來

再說，高雄的經濟，早在蔣經國時期就已被設定是重工業城和加工出口區。這兩項產業，如今都已日薄西山垂垂老矣！儘管民進黨在地執政了 20 年，其實都沒有確實讓這一堆夕陽產業設法脫胎換骨而轉型脫困。

進一步言，只要我們這城市的在地產業猶然繼續要抱殘守缺，猶然要以往昔那種低成本的生產模式意圖在國際市場上去跟人家搶低價位，就永遠不可能拚得過中國或東南亞諸國家。即使，台灣最引以為傲的農業產品，如果不趕緊徹底擺脫「價廉物美」的陳舊營銷模式，也照樣會被擠到市場邊緣角落裡而任憑宰割。

從韓國瑜上舉的諸多「幹話」拚經濟的例子，我們其實很清楚地洞悉到，這個人的腦袋裡根本都還停留在工業2.0的年代裡，其所思所想的「拚經濟」，也無非是花招百出的唬爛畫大餅，終究都不過是繡花枕頭罷了。

南部人還能忍受沒落權貴的鬼影戾氣嗎？

民間歷史學者管仁健先生前不久才在其專欄撰文**《韓國瑜贏定了嗎？眼前還有三座大山要跨越》**，他提到：

這20年來，高雄這裡很多外省人悶壞了，這心情就跟解嚴後的台北外省人一樣，失去了由來已久的優越感，只好把心情寄託於趙少康或韓國瑜那樣的非典型國民黨政客。今年起，年改又讓一些人憤憤不平，韓國瑜的聲勢起來後，讓這些支持者，悶久了之後更勇於表態。

管先生一語道破「韓流」之所以能在短期內掀起社會風浪的底層因素。而綠營候選人陳其邁選舉前期的「佛系戰法」也變相鼓勵了「韓系幹話」的逐層升級，且令之如入無人之境似的開始橫向走路。我不敢擅自揣測究竟陳營是故意誘敵深入？或本來就無能應戰所導致，但結果卻是由韓營的成千鬼手們開始出現群魔亂舞的驕兵悍將肆無忌憚地作賤高雄在地人！

選舉已進入倒數計時，南部人終究再也無法忍受這樣的鬼影戾氣，請問陳營帳下的陸空謀士戰將們，是不是已到了該開城正面迎戰對決的時刻了呢？

發表於《風傳媒》2018/11/10

「韓流」野蠻文化「夜襲」，台灣將會步入「港式末路」嗎？

韓國瑜琅琅上口的所謂：今日「只拚經濟，不談政治」，應該可以追溯到1985年10月23日鄧小平的「讓一批人先富起來」的政策源頭。這一政策所昭示的真正的意涵，就是明白告訴中國人民：「我放手發展經濟，你們（人民）則必須把政治權利都交付給我（共產黨）。」這算是鄧小平在六四血腥鎮壓事件之後直接跟中國人民的一章「約法」。簡單一句話來講，「我們先讓一部分人賺到錢，你們就不要再來跟我要政治權利了。」

一場「夜襲」高捷車廂的「驚擾事件」會不會嚇跑中間選民？再搭配一樁韓粉刻意製造並追打陳其邁的「耳機疑雲」，遂有人紛紛出面批判「韓流陣營」確實是玩過頭了，已嚴重踩踏了民主選舉的那道紅線！更有人嚴重質疑說：這樣還敢說「不玩政治，只拚經濟」嗎？

韓國瑜在10日的政見發表會上續其「東西出得去、人進得來」就能讓高雄發大財的「拚經濟」主軸，強推「打造高雄、全台首富」的競選訴求。但事後普遍被批評為內容空洞，淪為口號。韓國瑜隨即於14日深夜發布了「政策白皮書」，分列為「首富經濟」、「務實建設」、「樂活社會」及「青年城市」等共14項政策。高雄代理市長許立明及時在其臉書上PO出聲明《**歡迎韓總無限期抄政績，這是對高市府的肯定！**》表示：

所謂的義勇軍抄襲及變造影片，這是違法且不被社會大眾所認可的；但是韓總近期釋出的14項政見內容「使用」高市府「行之有年」的政策，我在此鄭重聲明，我們完全不介意，歡迎韓總抄寫並使用，我們不收版權。

「智慧財產權」的掠奪者，韓粉拿到第一名

縣市首長參選人撰寫「政策白皮書」已是不可迴避的必要功課，行之有年後，多數的候選人的白皮書都已流於形式，所謂天下文章一大抄，真正具備創意的「市政建設白皮書」簡直鳳毛麟角，真正會去認真參閱的選民更是少之又少！豈料，這次卻被許立明拿來

逐條猛批「抄襲」並大酸韓營「歡迎抄襲」，逼得韓國瑜陣營不得不出面提醒說：「民進黨若是不再深刻自我檢討，便會繼續受到選民的唾棄。」

「政策白皮書」既然多數是抄來抄去的，雙方在這話題上當然就吵不出火花。且不管這些內容是不是抄來的，我們縱使認真去細究這樣一份被韓國瑜形容為「精簡扼要」的理念與政見後，仍然不免要問到一個最最核心的疑慮：**「韓氏拚經濟」**的主模子究竟是不是承續自馬英九的**「中國依賴論」**？

姑且僅只該政策白皮書中的「南南合作，共創多贏」一項政策方案所述及的內容為例，文中提到：

> 讓高雄市成為台灣南部各縣市的領頭羊，**務實推動與中國大陸東南各省及所有**東南亞國家的合作，**定期和區域內重要城市舉行「城市論壇」以及舉辦多邊貿**易商展等，深化各大城市之間的多元合作與互惠交流……

韓國瑜早就主張「要用熱情和承認九二共識的框架」

早在今年8月9日，韓國瑜曾接受POP Radio電台「POP撞新聞」節目主持人黃清龍專訪時，即已談到其參選高雄市長的主要政見之一的「南南合作」，韓國瑜當時即已強調過「要用熱情和承認九二共識的框架，讓高雄變成對大陸很友善的城市，**讓中國大陸覺得高雄沒有任何威脅感或不舒服感，全力為高雄拚經濟。**」

根據訪談資料回述，韓國瑜當時曾霸氣地說了一段話：「人是英雄，錢是膽，窮山惡水出刁民；當我們經濟衰退，還有什麼尊嚴？還有什麼榮譽感？說實在的，你慢慢連信心都會喪失。」韓國瑜還說過，如果他能當選市長，會先把經濟衝起來，然後由市府帶動，走一條繁榮的道路。

韓國瑜的此類企圖我們應該先給予尊重。只要肯懷想要讓我們的城市繁榮興旺的願景，任何人都必然會報以掌聲。但這也只是個念想，任何市長參選人都可以把這主題說得很漂亮，因此每位候選人提到此議題的「what、why」時，也都照樣會得到一定掌聲。然而，作為市民（選民）的我們所最應在意的仍然在於「HOW」才對吧。

可惜的，韓國瑜在網上所列舉的14項「政策白皮書」中，仍然只能找到侃然而談的「what、why」，而全然都未觸及到「HOW」！審視他所曾公開發言的諸多談話中，也都找不到「HOW」的具體方案，這也是他反覆被抨擊為「空洞、貧血、蒼白」的根本因素。這樣，我們就很難迴避要去逼問他所曾一貫提示的「要用熱情和承認九二共識的框架」的政治主張了！這絕不是他一再強調的「不談政治，只拚經濟」的參選態度而已吧？或者說選舉時絕口「不談政治」，選後再跟中共去舉手認同「九二共識」？這算不算是對選民的蓄意欺騙？

中央集權制才是高雄機經濟發展命脈的緊箍咒

高雄是個很畸形的城市，權且舉例來看，港務局、中鋼、台船、煉油廠、台肥廠、左營軍區、幾所軍校、加工出口區等等屬於中央政府管轄的機構幾已佔據大片廣袤的原老高雄的市轄土地，全都不歸高雄市長職權所能統管指揮。而且長期以來都在吵鬧「稅繳中央，汙染留給地方」的幾十年老問題，也是中央集權制下所殘留的擺不平之遺緒，迄今猶然未能解決！幾位市長候選人如何面對此一不解之憂？也就是我要鄭重質問的「HOW」？

這就是政治問題，中央集權的體制一日不廢除，任何人來當市長，類似的問題就一日繼續綑綁住高雄人所能展翅的雄圖大略。因此，當韓國瑜喊出「只談經濟，不談政治」的口號下，其實也只是讓既有的老問題都先擱下不論，一切的「拚經濟」之美麗話題，都必然淪為政客欺騙的大謊言罷了。

「只拚經濟，不談政治」可是大有來頭的政治典故

韓國瑜琅琅上口的所謂：今日「只拚經濟，不談政治」，應該可以追溯到1985年10月23日鄧小平的「讓一批人先富起來」的政策源頭。這一政策所昭示的真正的意涵，就是明白告訴中國人民：「我放手發展經濟，你們（人民）則必須把政治權利都交付給我（共產黨）。」這算是鄧小平在六四血腥鎮壓事件之後直接跟中國人民的一章「約法」。簡單一句話來講，「我們先讓一部分人賺到錢，你們就不要再來跟我要政治權利了。」

再回想蔣經國在上世紀70年代，正好搭上美國資本過剩而大量進行資金外移到開發

中國家投資的順風列車時，他在台灣玩的，不也正是「政府專心致力發展經濟，人民少來跟我索討政治（權利）」！

所以鄧氏或蔣氏之「與人民約法」的模型中，都同時使用了「拿金錢換取政治權力」的一種權力操作上的妥協藝術。只是，他兩人採用的相同模式在兩岸間並沒有出現殊途同歸的結果。鄧小平在面對六四鎮壓後所衍生的「貓鼠論」歷經近30年後出現了稱帝的習氏政權，而開始要改變成「富國強兵」的「中國夢」：重新對人民承諾要一雪百年的中國屈辱；而蔣經國在其晚年則因「江南命案」的國際壓力，以及台灣內部業經徹底釋放出來的巨大「社會力」之浪潮下，不得不解除戒嚴並開放黨禁、報禁，台灣才得以走出黨國幽靈之禁錮而迎向民主之大道。

現在「韓流語彙」則將其約法意旨更巧妙地精簡成另句話：「只拚經濟，不談政治」。在這層思維下，就再演化成「意識型態的政治集會遊行一律都不准」？

形式上看，韓國瑜似乎是「反政治」的「政治人物」，其實他正是師法了鄧、蔣的老套路：讓人民「別管政治」，全心全意支持他去經營「經濟高雄」，先讓高雄成為「首富之都」再說。這樣的愚民之策，不等於回到黨國時代「我讓你有飯吃有錢賺，其他你就不要多管閒事」的威權體制麼？

這一路走來，其實不就是「威權黨國」的兩岸孿生體之變種？無怪乎，韓國瑜能夠瞬然間一躍成了「黨國旗手」們一呼百應的「救世主」。符號對了，音頻對了，電流也對上號了，那就萬人景從，一起嗨起來吧！

「黨國旗手」終於找到自己的「救世主」

沒有民主作為基礎屏障的「拚經濟」就會讓台灣倒回到「黨國權貴」的「無公義社會」（無分藍綠）；結果不就是讓一批老權貴再翻身上來取代現在備受詬病的「新權貴」？

或者是，乾脆翻回到馬英九年代，依賴式地繼續跟著中共走，然後也被發展成中國特色的「權本主義」（且借用知名戰略作家范疇先生的用語）！之後，再隨著中國因為被美國正在對中開幹而一起被擠壓成肉餅，也跟著一起「被世界打敗」！到時，別說是高雄經濟，即使連台灣經濟，又還能剩下甚麼呢？

從政治生態上，國民黨人所倡導的改革突變，大體都離不開中共的管控，在大方向而言，各地藍軍諸侯都會被匯整成像香港建制派的模式。花蓮的「傅氏家族」即是最典型的範例。所謂經濟發展，本來就不是想要靠自身努力，而只是妄想要仰仗中國直接讓利，看需要供給：農漁產品、觀光、產業補貼、分食中共特權。這在一帶一路上，世界諸國已操作熟練，台灣則因太陽花運動的反服貿才擋下此一浩劫。這次韓粉風潮，就是「反反服貿」的反撲律動。總結而論，不就是企圖要丟棄自身科技發展的契機，一昧依中共統戰需求來排演運作！日久必腐化而崩解。而韓粉之興起正是亟欲搭上「一帶一路末班車」而已。在美中大戰陰影下，這末班車會順利開動嗎？還是像香港經濟一樣，失去民主保護，成為權貴資本主義的另一塊領地。此乃是所有台灣人都無法迴避的嚴肅課題。

「韓流」是長期「憂鬱症」所突發的急遽「躁動症」

就我的個人看法，「韓流」之所以來勢洶洶，絕對跟韓國瑜的「拚經濟」或每日一幹話無太大關係，而應該是「這些染患有被迫害妄想症的人們，不管輕度重度，都實在是悶太久了」！

從 2013 年洪仲丘事件的「白衫軍運動」，到 2014 年 3 月的太陽花運動，再到 2014 年 11 月及 2016 年初的選舉大趨勢，深藍人士的腦袋裡都裝滿了混濁不堪的「憋屈感」，從一個殖民政權的特權驕子族群迅速被貶抑為破敗沒落的「被欺負者」，除了仰面朝西祈求北京政權能賦予些許關愛眼神之外，大約也只能委曲求全地暗暗祈禱「救世主」的降臨出世。

何以韓國瑜參選國民黨主席時沒能激出黨員的熱情，而一直要到參選高雄市長才突然爆出這樣的熱潮？也許，我們從 11 月 14 日的那張海報能找到一些答案。

一張抄襲仿製海報所牽動的 2020 總統大選之變

那是韓國瑜在高雄岡山舉辦「岡山大會戰」大造勢，海報上印有韓國瑜、侯友宜、盧秀燕三人頭戴貝雷帽、行舉手軍禮的合體照（亦是抄襲自李安導演的**《比利・林恩的中場戰事》**），在該宣傳海報上有段文案寫道：

因為這場戰爭的勝負決定我們的未來，甚至應想著我們的下一代，我們不會妥協，因為我們不會任由家園被踐踏，我們將永不停止，永不疲倦，不分種族，不分信仰，不分黨派，在陸上，海上，空中作戰，盡我們的全力，盡人民賦予我們全部的力量，結束這二十年的暴政。

這字裡行間所透露的怨與怒，根本就是宣戰檄文的煙硝濃味了！一場民主選舉也能搞到這樣「風蕭蕭兮易水寒」的悲壯情懷嗎？且不論真假，這些韓粉不就是意圖要衝撞個「革命」出口嗎？

照理說政治的渾沌無道而逼使社會底層的反彈，如高房價、低薪、看不到未來願景等等，理應先從台北發酵出發才對，這次卻反而是在南部高雄出現？追尋原因不外乎：

一、同志議題得罪保守教會及宗教團體。

二、深綠人士對小英總統極度失望。

三、網軍組織性地高效率轟炸。

高雄這一局勢必牽動往後數十年政局。因美中大戰，高雄會成為中共的樣版城市，大刀輸血老K死硬保守派。小英總統慣性上喜用老藍男，而導致深綠人士多數退到牆角去做壁上觀，則2020總統大位之爭，其變數必多多矣！

復仇軍團的大集結將直接導致國民黨的大崩潰

這樣的看法在許多媒體觀察者眼中其實都已高度關注到了。所以在文末，我想引用網紅Emmy Hu(胡采蘋小姐)在其臉書上的一大段話做為總結，她說：

「態度看起來很強硬很堅定很能帶給人勇氣」是關鍵詞，藍營群眾面臨的是一個摧枯拉朽行將就木的國民黨，這個黨部完全沒用，都是一些軟趴趴白泡泡麵團型的人物，連帥哥蔣萬安都不出來選台北市長是怎麼回事。更悲慘的是最喜愛的大有為對岸政府今年還遭到了貿易戰打擊，簡直在政治上完全被逼到死角，沒有一點可指望的餘地。

DPP的軍公教年改政策幾乎和被降俸的族群結下不共戴天血仇，在這種情況下，只要稍微不是軟趴趴白泡泡的麵團，真的都很容易成為一發不可收拾的復仇領袖。KF(意指韓國瑜)這麼晚才出現已經很令人驚訝了，而最後這塊招牌被這麼搶走，貴族們大概都在吐血，也才會出現馬總統的促統說法。這個店就要被搶走了，大家心知肚明。

貴族與混混的衝突始終要開始，但引人懸念的是這些群眾的心靈該如何安放。反DPP是最大公約數，但這些人的認同非常混亂，貴族認同的人吃蔣萬安那一套，甚至連丁丁都有點吃不下，幹譙的人隨時可能跟更會幹譙的人走，其實呱吉如果願意去都能拐人走。這種格局下地方組織崩潰得更快，支持對象變得更不可控。

韓國瑜是不是一般人所說的國民黨內的「突變基因」或「新物種」，我不敢確定，但他會在此際應時而生，他身上總會有一些群眾心理的附著物才對。不論勝選或落選，國民黨內都必將迎來一場腥風血雨的大內鬥則是完全可以預期的。反正只剩一周時間就能揭曉答案了。高雄選民們究竟有多少智慧投下市長這一票，毋寧才是我們所最關注的。

發表於《風傳媒》2018/11/17

傅榆「橫眉冷對千夫指」的勇氣，是藝文創作者的良心！

身為電影工作者，傅瑜有絕對權利在任何場合表達自己的想法，這正是「台灣價值」最可貴之所在，也是我們每一世代安生立命並且都必須勇敢捍衛的至高價值。

當傅瑜繼續以無比信心發聲說：「作為導演，我會持續用我的作品說話。」我們就應該義無反顧地站出來，共同守護她所要創造作品，護衛她勇敢發言的權利。

今天投票日不談選舉，改換另一個熱門題目來談「政治歸政治、電影歸電影」。

兩天前跟多位年輕學子討論世局，席間突然有人提出青年導演傅榆在金馬獎頒獎典禮上的一番「台獨宣言」而終於引爆彼此間的激烈論戰。聽在我這老人耳際裡別有一番滋味！雖然事發這些天以來，為此而侃然論述者已不絕於途，也都各有見地，但似乎還是沒點中我個人認定的「藝術價值觀」，也涉及到台灣人民所亟於建樹與捍衛的「創作良心」，所以今天就權且以此主題續作申論。

當有權者以其位階姿態壓迫他人，我們都是輸家

話說 2017 年金球獎的終身成就獎「塞西爾戴米爾獎」(Cecil B.DeMille Award) 頒給了在全球影劇界備受尊崇的梅莉史翠普（Meryl Louise Streep）。這段佳話還連動引出她當時在領獎台上的一番拍案叫絕的演講詞：

不尊重觸發了不尊重，暴力引起了更多暴力。當有權者以其位階姿態壓迫他人，我們都是輸家。

梅姨當時的指涉其實就是無情地對川普提出控訴。梅姨毫不吝嗇地運用其「身為演員的特權」對全球最具實質權力的美國總統不假辭色地加以抨擊，儘管事後川普確實為此而表現得震怒異常。

現在，只是讓地點從美國好萊塢置換到台灣台北。同質地的領獎場景，獲獎的青年導演傅榆也在領獎感言上真切說出了他內心心底話：「希望我們的國家可以被當成一個真正獨立的個體來看待，這是我身為一個台灣人最大的願望。」這也算是個可大驚小怪的甚麼XX問題呢？

藝術與政治，從來都是不相容的兩極端

藝術就是人的生活，生活則無處不含括著政治。因此藝術當然要干涉政治，否則藝術只是個零生命沒靈魂的裝飾品，或充其量也不過是件賞心悅目的有價商品罷了！

倒過來，政治能不能干涉藝術？現實上，這一問句更應該改成「政治幾時不曾想要干涉藝術了？」

人類歷史上，不分東西南北，無論是資本主義或是共產主義，有哪個政府會不想要介入並指導藝術、操弄藝術的？有哪個政府不想讓藝術拜倒在自己膝下而淪為弄臣或玩偶的？

先從台灣威權時期的蔣氏黨國說起。上世紀長達38年又56天的「戒嚴令」所管制的思想及藝術品，並因之所羅織的文字獄和苦刑冤案乃多不勝舉，這就是道地的「政治干預藝術」，沒錯吧？

在「戒嚴文化」管制下，台灣除了「戰鬥文藝」和風花雪夜的「言情文學」、或頹廢呻吟的「腐敗作品」之外，均被當局大力打壓燒毀，而無緣見到天光。

金馬獎也即是在1962年的蔣氏政權的「新聞局」所創設。「新聞局」這機構也就是實際執行言論（藝術）審查權的執行機構。所謂「金馬獎」的每一部得獎影片當然也都必然要經過威權政府的審查認可。任何的異議影片別說被列入得獎，根本就從劇本尚未進入討論就逕行封殺，乃至直接逮捕下獄了。（台北「景美人權館」備有全套言論禁制資訊和導覽，有興趣理解這段歷史的朋友們可以自行前往參觀。）

中共摧毀思想藝術心靈的控制，至今有增無減

把鏡頭轉到對岸中共政權。

毛澤東曾於1942年的中國抗戰期間，在延安的「延安文藝座談會」上發表講話，提倡「文藝必須介入政治，為工農兵服務。」

中共建國後的1956年，中共推出「百花齊放、百家爭鳴」政策，鼓勵獨立思考言論自由，形勢誘導全民「說出心裡話」。1957年起大鳴大放運動，鼓勵群眾要對重大問題說出自己的意見。

旋即於1957年末，中共立即發動「反右運動」，全面展開對知識分子進行整肅和勞

動教養。之前勇於「大鳴大放者」一律關進「牛棚」。

1958年，中共又提出「社會主義建設總路線」、「大躍進」和「人民公社」三大運動，對中國整體經濟和社會展開徹底的「共產主義改革」，企圖快速達成「共產主義社會」。此舉造成1958年至1961年至少上千萬人因飢荒死亡。

1966年毛澤東發動文化大革命，中國進入長達10年的動亂期。毛澤東操作下的紅衛兵蟻群式的闖將們，藉由「破四舊運動」及政治批鬥，對中國社會、經濟、文化、民主與法律制度造成了極為慘重的毀滅式之大破壞。

這前後兩大段「革命時期」，請問中國的思想或藝術何在？豈非都被政治所閹割了？誰敢去質問「政治歸政治、藝術歸藝術」？

1976年毛澤東死後，中共為清洗四人幫所殘餘的「毒草」勢力，遂發動全國總批判，曾經像文革派交心過的郭沫若立即轉頭，還寫了一首詩《水調歌頭•粉碎四人幫》，該詩上半闋寫道：

大快人心事，揪出四人幫。政治流氓文痞，狗頭軍師張。還有精生白骨，自比則天武后，鐵帚掃而光。篡黨奪權者，一枕夢黃粱。

文革前後判若兩人的郭沫若，正因為靠著這等政治手段而免於政治災難。這不就是藝術弄臣之行徑？

「傷痕文學」的小說與電影，照樣脫不開管控魔掌

四人幫之禍被接管政權的新班子剿滅後，中國曾經出現短暫的一種文學創作思想（潮流），當時被稱為「傷痕文學」。是1980年代中國的文學思潮的主流。主要是要表現文化大革命為人們帶來的精神物質上的巨大傷害以及對國家民族前途的反思，是一個具有歷史轉折意義的文學藝術現象。對當時中國大陸社會有廣泛影響。其中不乏作品曾被改編為電影和電視劇。然而，這一切言論書籍或藝術作品的出版與發行，仍受到政治上的嚴密監控與審查。

這樣的思想藝術的審查與監控程序，從不曾在中共政權中消失過，甚至是永遠圈進在不可批評討論的禁制範圍列內。以前說台灣人心中都有個「警總」，這很悲哀！但更可憐的，中國人自始至終，他們心中都仍存在著「思想管制」的懼怖與惶恐，難道不是天下人皆知的「非祕密」嗎？在一個一切跟從「黨」的指揮前進的國度裡，你要跟誰去談「政治歸政治，藝術歸藝術」？

中共先前的改革開放，只是經濟開放，政治文化一直都抓得牢牢的，效忠表態早已習以為常。任何藝術表現，基本上連保持沉默的機會都不曾存在。尤其糟糕的，事實上，

金馬獎在台灣舉辦，縱令中國的政治黑手早早就已伸進來了，只是在台灣民間社會眾目睽睽下尚不至於太過張目而已。

2014年，習近平曾大張旗鼓召開文藝工作座談會，發表了：「文藝要堅持為人民服務、為社會主義服務這個根本方向。」席上還宣布要求「各級黨委要把文藝工作納入重要議事日程，貫徹好黨的文藝方針政策，把握文藝發展正確方向。」

中共的藝文政策始終如一地公然「政治干預藝術」，台灣人為何不敢同聲討伐之？

因為，那個「黨」太需要全世界藝人表態效忠？

進一步來看，台灣金馬獎之所以會被華人影藝世界重視，正因為這是在台灣「獨立」舉辦的。所有政治見解都得以自由表達，沒人可以橫加干擾。如果其作品本身所注入的政治內涵已夠清楚，作品就是作品，是獨立於創作者之外的新生獨立生命個體。職是，若得獎者再想要去為該部作品說些甚麼，也就無關緊要了。

但中共表態文化，太習慣於「消音」「消影」的政治控管。他們的那個「黨」現在更需要全世界藝人大演「集體表態」的好戲。好像表態後就沒事了，就一切都安全過關了！錯了，中共專政體制不改，任你再怎表態都沒用：要治你時，什麼罪名一套就上，誰也不可倖免。這就要問問所有支持中共的人士，難道你們真相信，中共政治不干預藝術嗎？誰才是禍首？

這次在金馬獎上獲得最佳導演的張藝謀首先說出：「這麼多年輕導演的作品，代表著『中國電影』的希望」時，張某就已先挑起台灣觀眾的敏感神經了。隨後以紀錄片《我們的青春，在台灣》奪下55屆金馬最佳紀錄片獎的傅榆，在台上發表感言時說到「希望有一天我們的國家可以被當成真正獨立的個體來看待」，結果金馬獎實況在中國直播及時中斷，中國全網刪去這段視頻；繼之，中國電影人又上台陸續說出「特別榮幸再次來到『中國台灣』頒獎」、「兩岸一家親」、「所有電影人聚在一起像家人一樣，我相信『中國電影』一定會越來越好」等言論，以至到了典禮結束之後的中國五毛大舉轉發「中國一點不能少」地灌爆動作，才引動了兩岸的統獨網路戰爭。

連范爺都要被消失，張藝謀「敢逆天」嗎？

用謙虛點的心理層面來看，即使名滿天下的張藝謀，上台時，他敢只說「台灣電影」而不說「中國電影」嗎？設身處地幫他想一想：號稱具有通天本領的范冰冰照樣要「被消失」後再受罰天價巨款，則張藝謀之流能有幾個膽子「敢逆天」？

如果中國影劇大阿哥「張大導」都必須乖順地將「華人電影」改稱為『中國電影』，等而次之的幾位中國演員上台領獎後，又焉敢違逆共產黨的思想管控？一旦回到中國，誰會被玩「消失」的遊戲？誰會被打下影壇跌落地獄裡？

天涯海角，這些中國的藝文工作者們的尾巴上都永遠要拖著一條長長的鎖鏈，鎖鏈所牽引的另一端就叫做「黨」。

再換個角度來看，那場頒獎盛會乃是我們家辦的喜事（金馬獎），你們都是應邀從中國遠來的出場貴賓（受獎或觀禮）。然後我們主人家的女兒（傅榆）上台領獎時說了幾句「心裡話」，做為客人的你們有何權利在我們家撒野？辦喜事的稅金可都是這塊土地上的人民繳納的，我家兒女們上台有絕對權利愛怎麼說就怎麼說，這都跟你們無半毛錢關係！所以這些中國「貴賓們」當下的那些反應，難道不能斥之為「無教養」嗎？

不過，天朝人，不管官多大，學資歷多高，走遍全世界也都是這副德行，其實都已不足為怪了！大家可不要忘了，前不久才發生在瑞典和英國兩宗丟盡中國人臉面的糗事！

從「非台灣人」到「我是台灣人」的摸索過程

我想關心這件事的朋友們有絕對必要先認識一下傅榆這個人。她來自一個「新移民」家庭，媽媽是印尼華僑，父親是馬來西亞的僑生，在自己的成長過程中，她父母也都是國民黨的忠實支持者，也即是在「鐵桿藍」的家庭背景長大的。因此自小就被教育成「血緣論」認知情境的「非台灣人」，也無端造成自己嚴重的身分認同錯亂難題。是她經歷了長時間的疑惑與摸索之後，才終於找到自己原來是「台灣人」的一種認定。（其摸索認同的過程，請直接參照她所拍攝的公視 時光台灣 Reel Taiwan 短片《不曾消失的台灣省》，保證不掉淚不要錢。）

重點在於，這樣的身分認定，她就必需要付出代價，跟自己的過往徹底決裂的代價，而且也很可能因為這樣的身分認同所戳破的「天然獨」神話，而遭受某些激進份子的排擠與攻擊。其間所曾遭遇到的痛苦與刺傷是可以充分理解的。而，正是這樣決裂代價下，使她的身分認知在無意間突然上升到了某一寬廣的高度，再由此而找到一條屬於年輕人自己所能實踐的道路。這，也正是我們都應該更敬佩她、更珍惜她的一種創作態度。

「橫眉冷對千夫指」，創作者必備的勇氣與節操

一如她在橫遭數萬網軍灌爆之後，仍然於 11 月 18 日的臉書上勇敢陳述：

我在頒獎典禮上的發言，並不是「一時激動」，更不像部分中國網友所說的「受到民進黨政府的指使」。這是我自己一直以來就很想為這部作品所說的話。

「音樂與繪畫」等藝文創作，又何嘗不是如此？它們皆是以作品表現出創作者內心對周遭世界的一種銓釋吧！

所謂「橫眉冷對千夫指」，這是一種創作者的勇氣與節操，絕不是單單一句「政治

歸政治，藝術歸藝術」所能輕易蓋頂的。

如果又是基於「害怕中共會生氣」，導致不敢去譴責中共對藝術的虛偽與霸凌態度，以及其日漸嚴厲施行的對思想藝術之「審理掌控」制度，卻只單方面要求做為主人的台灣方的女兒自我約束言行，這不僅是價值錯亂，更且是最無德與最墮落的大恐龍。我們都應該集體唾棄之、撻伐之。

鄭麗君及時聲援：這裡是臺灣，不是「中國臺灣」

文化部長鄭麗君也適時在18日中午於臉書PO出最好的註解：

臺灣是亞洲最自由、民主、多元、熱情的國家。臺灣的金馬獎為所有電影工作者打造一個尊重電影藝術及創作自由的國際獎項。

但請記得：這裡是臺灣，不是「中國臺灣」。

身為電影工作者，傅榆有絕對權利在任何場合表達自己的想法，這正是「台灣價值」最可貴之所在，也是我們每一世代安生立命並且都必須勇敢捍衛的至高價值。

當傅榆繼續以無比信心發聲說：「作為導演，我會持續用我的作品說話。」我們就應該義無反顧地站出來，共同守護她所所要創造作品，護衛她勇敢發言的權利。

發表於《風傳媒》2018/11/24

「台灣人民」對「執政黨」忘恩負義，是「偉大民族」的標誌！

只要有一天，當多數台灣人民再也不肯被「政黨」感情綁架，再也不接受政黨以訴悲情要脅含淚支持，再也不至於盲目輕信政黨的美麗謊言，一個健全的公民社會之建構自然也能有更多的期待。而斯時，也許台灣才能就真正一腳跨入到「正常國家」之列了！

民進黨代主席林右昌就位後即公開表示：「台灣人民已經不欠民進黨」。說這句話的民進黨代主席會得到多少認同，尚難預估，不過該一說法並未在黨內引起太多討論卻是個事實。

林右昌生於1971年，符合民進黨內的中生代接班條件。其政治養成年代既沒趕上美麗島事件，也沒趕上野百合的那場學運盛會！據記載，他是在服完兵役退伍後，才於1998年進入民進黨中央黨部政策會擔任副研究員，當時其任事態度深受黨主席林義雄的賞識而參與了林義雄演説文稿的寫作班列。隨即於1999年奉派到2000年總統大選輿情會報擔任執行秘書，並擔任「民進黨2000年政策綱領」的主筆之一，也因此結識了時任民主進步黨秘書長的游錫堃。

所幸，代主席林右昌不是新潮流系人馬

2000年阿扁勝選，民進黨首度執政，林右昌隨即轉進為游錫堃的政策幕僚，並歷任行政院各項要職。據説，當時他也曾被列入到「童軍治國」的名單中。

2006年，游錫堃出任民進黨黨主席，林右昌即從政務再回任黨部，並接任中央黨部社會發展部主任，負責經營各類社團發展，隨後出任黨主席辦公室主任兼特別助理。嗣後，蔡英文出任黨主席，林右昌也跟著再轉台跟上蔡英文腳步前進。

我之所以絮絮不煩地索引這位新任代主席的資歷，一則是想先確認他的確是屬於「準

備接班的中生代」。再則，從他在從政經歷上可以看到多位提攜他的前輩或Boss也都跟新潮流派系素無淵源。要論派系屬性，林右昌應該是游系的「正國會」較正確。

今年年初參與台南市長提名初選的**陳亭妃即曾公開說明**：

游院長的「正常國家」理念，「也是我們一路跟隨他的」。「包括我的大師兄林佳龍市長，二師兄林右昌市長，我相信我們都是共同理念，沒有任何派系。我們是正國會，正常國家這樣共同理念，希望有一天台灣能成為正常國家，所以我們不是派系」。

「敗選檢討」如何痛下針貶，是「代理主席」天職

再說，民進黨在這次慘敗中，林右昌能在台灣頭的基隆市長拿下亮眼票數取得連任，不但超越四年前的得票數接近一倍之多，更拿下近年來基隆市長最高票數的歷史紀錄，讓過去幾十年鐵桿藍的基隆市轉型成了綠油油大地。林右昌靠自己打下的戰績著實奠定了自己的黨內地位，在該黨內的接班梯隊中自有其不可忽視的扮演角色。

雖說此番「代理主席」的最主要責任即在於讓黨內經由補選順利產生「新任黨主席」，其實這位短暫的「代理主席」還有一項艱鉅任務：提出「敗選檢討」。這份檢討書可以是作文比賽式的官樣文章，也可以痛下針貶，確實反躬自省，而讓民進黨確實能得到迴異以

往的嶄新生機。

林右昌的作風，一般在外人所傳述的口碑是「既強悍又堅定，還不脫其謹慎不衝動的基本性格」。但在一片愁雲慘霧的中央黨部裡，面對眾多豪傑們所纏雜的情緒與偏執，這次的這個黨究竟能否再次破繭突圍，很可能就端看這位中生代的「代主席」是否具備旋乾轉坤之能耐了。

「人民不欠民進黨！」林右昌有學問！

因此，當林右昌以代理主席身分倡議說「人民不欠民進黨！」的新論述之際，其中所內藏之梗，究竟能有多大學問呢？

我們暫且把時間拉回到2006年，陳菊在首度競選舊制高雄市長時的選前感性之夜的造勢會場上，有一大段台詞迄今仍令人記憶猶新的：

我聽見台灣人痛苦的聲音，我聽見台灣社會很多的不公平，我為了追求正義與公平而拚成這樣，這是我跟國民黨與其他政黨的候選人不一樣，他們與過去台灣社會成長，人民的受苦，台灣社會的打拚完全無關，他們過去的歷史是空白的，我們過去的歷史有眼淚與血汗，因為我跟所有的台灣人一起奮鬥打拚，站在這裡，才不枉費我們所有的鄉親父老疼惜、支持我，你們說對不對⁉

我對我過去的人生絕對沒有怨嘆，我也不會說陳菊打拚多久，高雄人一定要蓋我這票，不是這樣。我是要跟所有高雄鄉親說，政治要有是非跟公道，不然以後誰要為台灣打拚？要怎麼跟鼓勵我們的小孩說你要為台灣認真打拚？

認真來看，陳菊這類說詞已是老套路了。從黨外時期開始的悲情訴求，一直延續到2018年的這次慘敗，所彈的、所吹的，總是同一個基調：民進黨人有恩於台灣人民，本著「是非公道」的做人準則，台灣人民不把票投給民進黨就是「忘恩負義」。

對人民希索報恩的職業型「民主債主」永不滿足

我們不妨先假設，民進黨真的有恩於台灣人民，而人民也用選票支持民進黨兩度執政了，縱令是基於「有恩的報恩」之傳統倫理，也都該還清了，你再要這樣繼續跟我要來索債，你不就是勒索？不就是無賴？

再者，當年為台灣民主打拚而流血流汗，甚至犧牲寶貴生命者大有人在，何以永遠都只看到你們這幾位「民主債主」，反覆來要求人民必須對你們無止境地報恩還債呢？

話還有講得更難聽的，蘇貞昌都當過屏東、台北的幾任縣長了，還中途「落跑」去中央當總統府秘書長？而且連行政院長都幹過了，還好意思回來選縣長？難道台灣都只剩下你們幾個人才夠格輪流做莊嗎？

同樣的坊間耳語也對陳菊造成極為不利的說法：「陳菊的人馬圖像。」

✕✕的人馬，官照升，人照派，位置照搶

這是早自2017年「815全台大停電」之後，網路上即開始盛傳一張黑底圖像，清楚標示著「不可得罪的大官們，今日高雄，明日台灣！」

不管這張圖出自何處製作（藍軍、紅軍或網路酸民），該圖蓄意要將民進黨打成跟國民黨一般腐朽不堪的設計用心，是顯而易見的。如果陳菊團隊或民進黨中央稍具政治敏感度，或是再加多一點點的反省能力，就會對於被稱之為「自己的人馬」這件事進行全面而徹底的澄清，乃至於對內積極告誡「低調」「收斂」等等的警語。可惜，民進黨的傲慢已經病入膏肓、無可救藥了，所謂「陳菊的人馬」（或謂「新系人馬」）還是官照升，人照派，位置照搶，這樣長達一年的情緒醞釀，直到韓流引爆後才又回頭要去搶救，其勢頭早已成形，再無力回天了！請問號稱「南霸天的陳菊」這時候還想訴諸往日受難悲情的歷史記憶，跟高雄市民希索「恩情回饋」，徒然被當成笑話一大件罷了？

「進步的核心價值」淪為政黨裝飾的「美麗謊言」

民進黨前輩們確實是在黨國威權體制裡，甘冒戒嚴令的逮捕與關押，甚至是橫遭槍

決的生命威脅下，經過數十年黨外年代的不斷挑戰、不斷衝撞、而終告成立的。那是一段血淚斑斑的歷史記憶。可是這些黨內老人們盤踞在「本土政黨」的「正統」，儼然以所謂「法統繼承者」自居，於焉而出現了「政二代」「政三代」「派系子弟兵」等等血統論之各等「家族系譜」。說穿了，都是古老封建制度下豢養出來的一群既得利益團體，也因而活絡了自知或不自知的自我膨脹之自腐基因。亦即是因襲「繼承體系」而建構利益團體的一種幫派內聚，並因而將「民主政黨」逐步導向「幫派型政黨」，所謂的「進步的核心價值」遂也淪為其門面裝飾的「美麗謊言」。這很類似於大漢文化中的「江山觀」：誰打下的江山就該是誰的！

於是，民主政治在政黨中就再也不是價值的思辨與選擇！同樣的，是非對錯的道德判准也不會是政黨制定並推動政策的主要精神與內涵。然後對人民的諸多訴求也就衍生出各種價值錯亂的「身分認同」！

對岸的共產黨如此，破敗中的國民黨更是如此，這次慘遭瘋狗浪幾乎滅頂的民進黨，也已顯露出這樣一種危險症狀：民進黨只是穿著不同顏色的國民黨罷了！

那麼，我們不免要拋出一個大哉問了：民進黨背叛台灣人民了嗎？

要細數其背叛的案例簡直多不勝舉，一例一休？七天假？空污案？能源政策？無核家園？性平同志婚姻？⋯⋯尤其是「司法改革」哪裡去了？

改一半不叫改革；中途妥協而偷斤減兩不叫改革；光聽響雷不見下雨，更不叫改革；畏首畏尾，走一步退三步，比不改革更慘烈！

所以當小英總統選前疾呼「支持改革」，敗選後還矯飾說是「改革腳步太快，人民跟不上」時，我們大概就知道，這個黨已經墮落到無人敢說真話的「自腐自嗨」的重症狀態了！

一旦年輕人已經洞穿了你這個黨的「不可救藥」，請問，他們還會相信你嗎？那麼你還要去找他們大唱「哭調」藉以換取選票時，他們還敢挺你嗎？

於是，林右昌所說的「台灣人民已經不欠民進黨」這句話的現實感，就很自然被凸顯出來了。

藍綠基本盤的快速崩解才是台灣未來希望

但我還必須嚴正指出，他的下一句話毋寧才是更關鍵更重要的：「以後民進黨不要再去提過去對台灣民主的貢獻，民進黨要靠對未來台灣的貢獻，來爭取台灣人民的支持與認同。」

戰後的台灣，長期被教育成「黨國一體」、「黨國不分」，甚至還會經常出現莫名其妙的「黨亡國乃亡」的極權式的乖謬論調。結果，民主選舉就被製造成不得不對政黨效忠的所謂「藍綠分裂」的選民結構，而且還任憑政黨恣意操作而還樂在其中。

正常的民主國家本來就不必要對任何政黨表示效忠。反過來說，不正常的國家，才會有那麼多的人民傻得會對一個政黨長期表現效忠的情操。易言之，台灣之所以會產生藍綠惡鬥而且還越鬥越不像話，鬥到讓人民（尤其是新世代們）已經非常不耐煩了，不就是因為兩黨的選戰操盤手們多數還相信：台灣選民結構中的所謂藍綠基本盤還夠札實而不輕易崩解。

偏偏這次的選舉過程中，多數當選人們在選舉策略上都故意採取了淡化「藍綠色澤」，鄭文燦如此、林智堅如此，林右昌更是藉由「改用政績包裝，拆違建、美化市容、改造破舊的正濱碼頭成網紅打卡點，讓基隆從吊車尾變成前段班，更讓對手也同樣是選了兩次的國民黨籍謝立功，在選戰中完全被邊緣化。」（參見《新新聞》報導）

割捨掉「政黨」迷幻術，公民社會才可能建構起來！

換一個角度來談，只要有一天，當多數台灣人民再也不肯被「政黨」感情綁架，再也不接受政黨以訴悲情要脅含淚支持，再也不至於盲目輕信政黨的美麗謊言，一個健全的公民社會之建構自然也能有更多的期待。而斯時，也許台灣才能就真正一腳跨入到「正常國家」之列了！

正因為台灣人民足以割捨掉「政黨」施作的迷幻誘惑，並且每次選舉時都勇於展現「人民智慧遠高於政黨」的氣概與姿態，那麼，當台灣人民再來幾次「選人不選黨」、「選政策不選政黨」、「選敢講真話、肯做實事的人」，那對岸的中共對於「台灣人民大於黨」會做何反應？中國人民又能從台灣人民得到甚麼啟示？一旦中國人民覺悟到：原來政黨是可以隨時被換掉的，那麼那個一切都要聽「黨」的「中國共產黨」幾時也能被14億人民換掉呢？

「做不好就拉你下馬！」的氣勢才是對抗共產黨的核武器

台灣在美中爭霸的大格局中，任何負責任的執政者自當提早因應，尤其出口近4成到中國，本就屬國安警戒層次。然民進黨執政 年來，只進行一些口號式的改革，將其佔用國會多數的優勢，轉成國會之外大開全民對抗的鬧劇，不以快刀斬亂麻的毅力處理轉型正義、司法改革、能源改造……，致使期望改革者徹底失望，更使被改革者亂舉大旗肆行其反抗的爭執與紛亂。也同時迫使人民孕生出「教訓民進黨」的集體共識。若執政團隊至此仍不思檢討，仍只沉迷權位之風華，而不深入民間疾苦。2020的大選勢必再度被全民淘汰。

我們實踐民主，就是須要讓無能的主政者下台。昔日對國民黨，今日對民進黨，人民永遠佔領著「做為主人的優勢」，而這也是對中國獨裁政權最佳的警示。是的，經濟很重要，但民主的考驗更崇高，誰亂開支票，誰欺負人民，終將被全民趕下台，這正是普世價值。台灣人民也因此得以在東亞，在全世界而贏得眾人的尊敬與支持。

也許邱吉爾的不朽名言可以為我們做出最好的註解：

「對他們的偉大人物忘恩負義，是偉大民族的標誌。」(Ingratitude towards great men is the mark of a strong people.)

試想，如果下一次選舉的口號很簡單：「做不好就拉你下馬！」則這樣的選舉，就應該不會再那麼惹人嫌惡了！

發表於《風傳媒》2018/12/08

余莓莓驚慟一哭，讓小英連任之路風雲變色！

如果我們拿前秘書長洪耀福來參考，敗選前，身為全國最高操盤手的總指揮，他就一直不間斷透過媒體在散佈民進黨「形勢大好」的假消息。當時姚文智的民調明明總是拉不上來，他甚至還荒謬地搬出日本戰國著名戰役自嗨說：「姚文智最後會像日本戰國時代的織田信長在桶狹間之戰一樣，擊潰大名今川義元。」是自我安慰？是意圖矇騙小英主席？

看著綠營第一女戰將余莓莓，在面對電視鏡頭時竟然會在侃侃然論述時無以自抑地先哽咽再痛哭，心裡自不免隨之一酸！

余莓莓是野百合世代的中生代，敗選後的民進黨不但未能痛定思痛反躬自省，政務體系還繼續不斷再出包再出錯，執政團隊所表現的整體政治情勢已讓她力不從心，結果只能用「慟哭」來宣洩？套句吳乃仁（乃公）不久前憤然退黨退流時才剛說過的話：「大家碰到權力時，都默不作聲。」那種心情不難理解！

這次的余莓莓在螢光幕前直接對「最高權力者」的驚天一哭，毋寧跟乃公脫口疾言的「我已經忍很久了！」一樣的頗有最深的無奈之嘆！惟，這樣的場面未免也太悲涼了！

余莓莓泣問：妳到底為什麼要競選連任？

衝著蔡英文而聲淚俱下，余莓莓到底在怨什麼？嘆什麼？哭什麼？她在節目中的哭訴時間不算短，甚至可以說已超出常態發言。且讓我們暫先節錄一小段原文，來試著找找答案。她當時直接對著小英總統隔空喊話說：

我最痛心的是，蔡總統，妳到底為什麼要競選連任？妳當初的初心，妳出來扛，我們感激妳，妳不是要挽救台灣的主體性嗎？妳不是要讓國民黨不能再一黨獨大嗎？可是妳今天競選連任的結果，如果是建立在不斷的妥協，不斷的權謀，不斷的操作，妳到底把台灣當什麼？妳到底把價值當什麼？妳到底把民進黨當什麼？

民進黨，那是多少的前輩，可能是家破人亡，可能是妻離子散，可能是一輩子的青春換來的，那是幾十年的家業，那是台灣人民共同的心血，共同的情感，那裏面有我們多少年的青春，妳為什麼要這樣對我們？妳為什麼？我真的很激動。我今天一再告訴我自己我不要激動，可是我真的很難過，如果妳的心，妳說妳有妳的歷史使命，我不知道妳有什麼歷史使命，可是我知道是，那個價值一點一滴在流失，理念一點一滴在背叛，對民進黨感情愈深，對台灣主體性感情愈深的人，愈受不了。

任何曾經為民進黨流血流汗甚至付出生命青春，以及為台灣民主而共同打拼奮鬥的戰友們，聽到這一番話，都一定會心有戚戚焉！有很多人也會跟余莓莓一樣地灑下揪心之淚！然而，畢竟政治本來就是現實環境的產物，一個學者出身且平步青雲的官僚型政治領袖，絕不可能完全領略余莓莓所說的「那是幾十年的家業，那是台灣人民共同的心血，共同的情感，那裏面有我們多少年的青春」的那種對民進黨的共同記憶和深情。

所以，當他喊話之後的隔日，小英總統隨即以冰冷的語態PO文回應說：「面對大學自治，即使身為總統，對於校長的人選，也沒有置喙的餘地。但我同樣期待，大學自治應該對程序正義有所堅持。」

「抹壁雙面光」的總統，是台灣此刻所需要的嗎？

又是「抹壁雙面光」的好人鄉愿基本態度。小英決意要放行給管中閔去當台大校長一事早已路人皆知，只是因為立院黨團強烈表示反對而還一直僵持著，這次趁著全面敗選而兵荒馬亂之際，驀然派出部長級刺客一刀砍斷卡管門閂，此計謂之為「清理戰場」？都到這時候還在蓄意欺騙說「即使身為總統，對於校長的人選，也沒有置喙的餘地」？又再一次展現「不沾鍋」的決策風格！

既然身為總統卻仍不敢堂皇承認葉俊榮之所為「即朕旨意」，不就又對應上她先前在敗選後發出的【給黨員的一封信】中所傳述的說法：「當我為了降低社會衝突，刻意在價值分歧的議題上，選擇沉默或模糊時，人民不會因為我的沉默而停止分裂。」

只是在這次的模糊之外，還要加上一句「那無關總統權責」的說法罷了！

其實這題外話還應該再加一句，則是，如果某一天發表葉俊榮被擢升為行政院副院長，請大家都不必太驚訝！

余莓莓警告小英：妳在走的是一條最不堪的道路

余莓莓此次幾近哀求所泣訴內容裡，直接觸碰了一個大家都無法迴避而且還極為關鍵的問題：小英連任的權力運作思路。

余莓莓說：

蔡總統我要告訴妳的是，如果妳一心想連任，妳錯了，妳在走的是一條最不堪的道路，妳如果認為說妳妥協了所有的一切，然後妳就沒事了，深綠的會繼續含淚來支持妳，妳就錯了，2016馬英九怎麼敗？馬英九的敗就敗在藍營的死心，連出來都不願意出來投。……

我要再告訴妳一個血淋淋的事實，妳旁邊有一些什麼人，很可能是像葉俊榮這樣的人，已經準備回台大了，已經要跳船了，所以可以獻媚於國民黨的立委（按：指優先電話告訴藍尾柯志恩），所以可以棄自己的院長於不顧。

如果我們拿前秘書長洪耀福來參考，敗選前，身為全國最高操盤手的總指揮，他就一直不間斷透過媒體在散佈民進黨「形勢大好」的假消息。當時姚文智的民調明明總是拉不上來，他甚至還荒謬地搬出日本戰國著名戰役自嗨說：「姚文智最後會像日本戰國時代的織田信長在桶狹間之戰一樣，擊潰大名今川義元。」是自我安慰？是意圖矇騙小英主席？

我們是否能合理懷疑，類似洪耀福這類人就是那些圍繞在小英身邊「編織謊話的人」，這些人就是為了圓小英想要繼續連任下去的那個夢。因此余莓莓才會警告小英說：

「可是妳這樣下去的結果，妳的民調就是要繼續下降。」

歷史戒律：唯有昏君才會寵信佞臣

不過，真正的問題其實不在圍繞身邊的那一堆佞臣，而應該是最高權力掌握者的小英的政治性格，才是執政團隊走向敗亡的核心關鍵。

民進黨大敗之後，小英雖立即辭去黨主席之位，卻還繼續意圖指點江山，因之由親英派的鄭文燦等幾位中生代召集合議，力拱卓榮泰出馬競選黨主席，所謂「司馬昭之心，路人皆知」，無怪乎他一出場立即就被貼上「保皇派」標籤也委實不為過。而之所以必須出現「保皇派」，不正表示黨內已然形成「反英派」，並且還來勢洶洶。

據說，這次出來選黨主席的「反英派」代表游盈隆係由阿扁建議而出馬的，並已獲得「喜樂島」深綠集團的支持。

游盈隆在其系列文「有話要說」的第四篇《幕僚革主子的命？除非文革再現》即已表露出競逐黨主席的目標性：「阻止小英繼續競選連任」。他寫道：

當蔡英文總統依然故我，巨大挫敗後依然視民意為無物，要繼續做她所認為「對的事情」，更重要的是，想不費吹灰之力就代表民進黨參選下一任總統，卓仔

（卓榮泰）能不唯命是從嗎？蔡總統在位的一天，卓榮泰要如何能夠違逆她的權力意志，去大破大立呢？尤其當大破大立意味著要改變蔡英文的用人、政策、決策風格、甚至核心價值時，用膝蓋想就知道，那是不可能的事。

黨內「反小英派」正式揭竿而起

12月27日，**多個獨派社團正式召開了記者會**，強烈要求新科黨主席應思考黨內2020總統大選該由誰出線。台灣永社理事長鄭文龍直言，希望總統蔡英文能休息不選，「如果繼續要出來，社團跟支持者絕對不會投妳。」同時的，也呼籲黨內在2020年給行政院長賴清德參選機會。

總統制國家，所有責任當然由總統一人擔當所有政治責任。從小英上任以來，司法改革成效如何？轉型正義成效如何？府會都在民進黨執政團隊手上都由兼任黨主席的總統乾剛獨斷，如果這些被宣稱的改革都無成效，執掌令旗的總統，當然再沒有任何藉口能向支持她的選民有所交待。至於原來那群反司改、反轉型正義的人，根本就無須多做考量。因為公共政策原本就是一種抉擇，或說原本就存在著利益衝突，豈容一面討好又一面要改革的空間？其上任既以改革為號召，就該努力任事一路挺進，現在的成果既然為零，按照政治倫理就該明大義識大体地選擇自行下任。

而反小英的黨內勢力搭上這次黨主席改選之船，已然展開叫陣之勢。狂風不歇，暴雨不止，民進黨正在進入颱風眼裡！

68席立委們該將如何效命沙場？

再者，按照民進黨目前仍沿襲的「以黨領政」傳統習慣，如果游盈隆打著鮮明的「反英」旗幟，並已誓言要走另一條治國之路，一旦游如願當上黨主席，則，小英的治國意志將如何再透過「黨紀」來要脅國會黨團服膺其「總統領導」？屆時政策上一旦出現齟齬衝突，黨團究竟該接受小英總統的「聖旨」或是來自黨中央的「黨意」？將國會當橡皮圖章玩弄的悲劇一定會急遽浮上檯面，可預見的憲政危機已經潛存其中了！

同樣的，果真讓「保皇派」的卓榮泰當選黨主席，則一切仍奉旨辦事，無論誰來接手閣揆，大概可以預料：繼續荒腔走板，政院各部會也繼續當自走砲，那大家（尤其是國會在「黨紀」緊箍咒宰制下）就繼續眼睜睜看著小英總統的民調繼續往下掉，直掉到9.2跟白戀的馬英九一比高下，然後大家也跟著一起沉淪消亡！就像賀德芬在記者會上厲斥的「如果民進黨不自愛，就跟著蔡英文一起去死吧。」

眼前這現象最緊張的，當然就是立委的選局。不難想見，當下民進黨籍68席立委們大概都已經進入人人自危的恐慌情境中！所謂樹倒猢猻散，當母雞已經無法張翅護雛，眾立委大人們在大環境下，還能自求多福嗎？

馬英九被稱之為「死亡之握」，小英會不會成為「無常枷鎖」？

世道輪迴，民進黨被誰推進到如此窘境呢？第一女悍將的余莓莓之淚到底對我們啟示了什麼？

原以為無風無浪的黨主席之爭，已因轉換成總統提名的前哨戰而開始掀狂暴波浪了。

發表於《風傳媒》2018/12/29

小英悍拒「九二共識」，習近平被迫地動山搖！

每個國家都會有她自己的美麗與哀愁，今天的台灣縱有千般困境，畢竟還能享有自己的主權與民主生活方式。習大大對「一國兩制」沒說的部分就是，當中國軍隊進駐到台灣之後，大批中國移民就會開始湧進台灣，要多少人就給多少人，基於「必須愛國愛台」才得以被選派的那些特首們敢擋能擋嗎？尤有甚之，台灣人還隨時得惶恐著何時會被遷徙到不知名的中國某地去進行「習氏深化較育」？

「民主與獨裁的兩個國家，能平靜坐下來，好好談判如何維持和平嗎？」這是人類史上迄今仍無法求得正確解答的一道政治命題。

二戰時，納粹法西斯發動戰爭席捲整個歐洲大陸，再進逼英倫三島，英政府隨即展開和或戰的鷹鴿兩派之大論辯。當時英國國內議和之議甚囂塵上，而國會議員邱吉爾卻敢於獨排眾議公然開炮充分表達反對「綏靖政策」的立場，為此還曾一度遭到自己選區的保守黨黨部彈劾動議，最終幸好以3比2的信任票保住自己的議席。

1939年9月1日德國違反和平承諾揮軍入侵並佔領波蘭，英相張伯倫被迫辭職。1940年5月10日邱吉爾臨危受命進行組閣，也因此而激出那篇最具鼓舞人心且流傳千古的**《我們將戰鬥到底》**一場演講。其中最膾炙人口的金句名言：

我們將不惜一切代價保衛本土，我們將在海灘作戰，我們將在敵人的登陸點作戰，我們將在田野和街頭作戰，我們將在山區作戰。我們絕不投降！

這段史實讓我們充分理解「民主和獨裁」乃是先天性的無法相容的兩種制度；同樣的，兩個執行互不相融制度的國家，幾乎很難能坐下來談判所謂的「和平」的。

「習式民族主義風格」對台灣人基本完全無感

所以當習近平在開年元月2日的這次《告台灣同胞書》，雖然長達4300字，但通篇基本都可視之為官方八股制式的「招降書」。其中用了很多制式的官式喊話，其實都不脫離「習式民族主義風格」。整篇意旨大概可以套用王定宇已在臉書上PO出的話來說吧：

「接觸、談判」得要先接受中共的「一中、反獨」，然後這叫做「尊重、保障」，這是中共一貫的「老套」，把台灣引入成為中國內政的「引君入甕」騙術，更是無視台灣民主選擇、保障多元意見的生活方式。

新世代的王立委不愧是超級敏感性的政治高手，其PO文可謂是一言中的：所謂「九二共識」的長遠統戰意圖，不外乎就是「台灣內政化」的統戰進程，用套語來說，不就是「溫水煮青蛙」。

所以當習包子在該談話文中呼喚著：「兩岸同胞是一家人，兩岸的事是兩岸同胞的家裡事，當然也應該由家裡人商量著辦。和平統一，是平等協商、共議統一。」這樣的段落裡，就更加讓人感受到「狼披羊皮」的「六月芥菜假有心」之渾身雞皮疙瘩。該文中，習大大還清楚點出這句話：

台灣問題是中國的內政，事關中國核心利益和中國人民民族感情，不容任何外來干涉。

九二共識就是要「將台灣問題內政化」

只要把台海兩岸問題套進到「中國內政問題」的牢籠裡，中共就可以堂而皇之地拒絕再讓國際勢力來插手干預，說穿了就是不要再讓美國來干擾兩岸這件好事。這也即是我長期以來，總是不斷要提醒大家，千萬不能忽視「九二共識」要將「兩岸問題內政化」的的基本用心。

當年美國獨立戰爭時，英國也說這是英國對殖民地（美洲）的內政事務，所以外國勢力不要進來尬一腳。但美國派出的富蘭克林和其團員們卻千般認真努力地成功說服法王，並於1778年2月6日簽訂了《法美同盟條約》。該條約明白規定「法國保證美國的獨立及其在同英國的戰爭結束時確定下來的領土」，並促成法國直接派出大批法國遠征軍去美洲參戰。

同時間，其他歐洲國家也都沒有閒著，俄羅斯、普魯士、奧地利、葡萄牙、丹麥、瑞典等主要歐洲國家都共同發起了「武裝中立同盟宣言」，要求「中立國船隻可以在交戰國各口岸之間和交戰國沿海自由航行」，如果遭到英國干涉，那麼各同盟國將以武力維護航海的自由。就是這樣的外交戰把英國國際與論完全綁死了，而導致英國國內民情逐漸發生質變，硬是將主戰的首相搞下台而改由主和派開始主持和談之議。

今天，台灣人民面對中共咄咄逼人的併吞態勢，除了萬眾一心展現全民抗拒意志與決心，更應該找到像當年富蘭克林這類充滿智慧、膽識與幽默感的外交家們，在國際舞台上縱橫睥睨，勸說民主世界各國對台灣的一致支持與支援。

台灣位居第一島鏈心臟地帶，乃兵家必爭之島

當然的，由於台灣地理位置正好是美國亞洲大戰略上第一島鏈的中央地位，除非美國棄守第一島鏈防衛戰略，台灣就必然會是美國必須要堅守的地緣陣地。說白了，守住了台灣就是守住了美國戰略核心利益，這已是人盡皆知的政治ABC。易言之，台灣利益早就已無選擇地跟美國核心利益緊緊綑綁在一起了。

但比較少人討論的則在於，中國要施展其雄略太平洋的稱霸企圖，也就必須要突破第一島鏈才能遂其雄霸意圖。而距離中國沿海最近的突破點當台灣莫屬（從福建的平潭島出發，到新竹的南寮漁港僅僅只有68海浬，約125公里）。如果台灣被中共併吞，立即可以將台灣轉換成其進出太平洋的軍事基地（一如當年日本將台灣設置為南下征服世界的軍略基地）。則美國必然會被迫退守關島（第二島鏈）。往北，立即危及日、韓；望南，則菲律賓、印尼均在其染指的伸手地帶，至此，中共的霸業也就手到擒來，指日可待了。

因此，基於當今美中兩國相抗衡的新冷戰軍經大戰略，台灣既是美國所必守的地理位置，也相對是中共稱霸突圍必須搶奪的出海關鍵。職是之故，台灣才會屢次被習大大誇張地說喧騰：「祖國每一寸領土絕對不可能從中國分割出去！」

其實只要去讀歷史就很清楚看到中共歷位領袖們已經割讓多少土地出去了。只要上Google去隨意一搜都可以找到答案，更何況，台灣到底是不是習大大所單方宣稱的「祖國領地」仍存在諸多爭議。不過此非本文論述重點，先且按下不表。

台灣跟美中兩國，本來就都是「兩岸兩家親」

我們可以很確認地說，當今情勢下，台灣乃是美國萬不能捨棄的一塊瑰寶，也同時是中共政權急欲吞沒的一顆明珠。這樣，我們當應更加明確自己所身居的地理位置之重要性了吧！也是這樣，台灣人實在沒有必要再妄自菲薄，自我矮化了！

著眼於此，台灣要長保我們眼下所正享有的自由與人權之保障的民主生活方式，我們千萬不能輕易接受披著羊皮下的那隻狼的迷幻話術，輕易去相信他那套「兩岸同胞是一家人」或是什麼「兩岸的事是兩岸同胞的家裡事，當然也應該由家裡人商量著辦」。果真你要信了，這就叫「揖盜開門」，台灣人自此就都只能淪為「砧上魚，刀下肉」，到時也就都只能是叫天天不應、叫地地不靈了。

美國並不可愛，尤其到了這一屆的川普當總統就變得更加不可愛。但要跟中國當今的可以隨時讓人消失的生活景況相比較，中共治下的人民天天亮著紅燈過日子的處境，台灣人民應該還是寧可選擇靠向美國居多數的。

台灣問題絕不能容許被中共「內政化」，儘管這已被她們列為中期統戰目標。擁護民主與人權的每位台灣人，無論你是甚麼顏色都務必要守住這這條最後防線，否則整個台灣必將陷入萬劫不復之境地。

去問問新疆人和香港人：中國人不打中國人了嗎？

也因此，當習近平大言不慚地說：「中國人不打中國人」時，我們最簡易的驗證方法就是去問問新疆的維吾爾人，他們是因為不是「中國人」所以才會大批大批地被關進「再教育中心」嗎？答案正好相反，正因為他們都「被中共認定為中國人」，所以才會換來現在這悲慘命運。

更容易的，我們可以去問問香港人，在實施了「一國兩制」20年後，他們後悔了嗎？鄧小平保證的50年「馬照跑、舞照跳」變質了嗎？小鄧承諾的「港人治港」實現了嗎？何以還要出現「雨傘革命」？

2014年6月10日中共發布關於香港實施「一國兩制」的白皮書解釋說：

一. 所謂的香港高度自治「限度在中央授予多少權力，香港就享有多少權力」，對於香港特別行政區的高度自治權，中央具有監督權力。」；

二. 在「一國兩制」中，兩制僅能「從屬」於一國，特首人選「必須愛國愛港」，特首與立法會普選制度都要「符合國家安全及利益」。

三.「要始終警惕外部勢力利用香港干預中國內政的圖謀，防範和遏制極少數人勾結外部勢力干擾破壞一國兩制在香港的實施」。

值得注意的問題本質就在於習大大所說的「中國人不打中國人」。首先你得要先服膺共產黨習主席思想精髓下的「新時代中華民族偉大復興」的基本口號之要求，否則你就不是夠格的「中國人」！屆時，你只好乖乖被逮進去「再教育營」進行思想改造。

秉此原則，現在台灣大概會有98%的人民都必須等著被帶到新疆去進行勞改。

每個國家都會有她自己的美麗與哀愁，今天的台灣縱有千般困境，畢竟還能享有自己的主權與民主生活方式。習大大對「一國兩制」沒說的部分就是，當中國軍隊進駐到台灣之後，大批中國移民就會開始湧進台灣，要多少人就給多少人，基於「必須愛國愛台」才得以被選派的那些特首們敢擋能擋嗎？尤有甚之，台灣人還隨時得惶恐著何時會被遷徙到不知名的中國某地去進行「習氏深化較育」？

靜靜想一想吧，你接受嗎？你同意嗎？你甘願嗎？

「中國」實已消失，早就被「中共國」所替代

小英總統當然已經在第一時間直接回應了習大大的這番招降統戰喊話：「台灣人民堅決不接受。」並同時呼籲中國「勇敢踏出民主腳步」。這當然是「與虎謀皮」，中共只要敢來場「政改」，共產黨就必然垮掉，習近平還談甚麼「皇帝夢」？

而且這次較意外的是，對於習大大的喊話，除了金門縣長搶先效命甘當「馬前卒」之外，連藍營的多位政治頭頭都語帶保留，沒有即時蜂擁迎合。挨了兩天後，KMT黨中央才發出一紙聲明「堅持一中各表」的立場文。但，已宣布要參選總統的朱立倫也要等到4日上午才公開表示：「九二共識」與「一國兩制」完全是兩回事。

國民黨這次會對習近平的喊話如此反應遲緩，究其主因不外是：國民黨兩岸神主牌的「九二共識、一中各表」的謊言，這次終於被公開且正式地完全否定了。習大大很清楚地表達「九二共識＝一國兩制」，藍營再也無法自圓其說了！

有位熟悉兩岸的好友曾開玩笑說過，其實中國已經在現實世界裡早已被消失了，現在所存在的國家其正確名字應該叫「中共國」。在那個國度裡，唯一能代表國家說話的就只能是中國共產黨，因為她們就是「以黨領政、以黨治國」，共產黨高於政府位階，這是被她們的憲法所明載保障的。所以共產黨＝中國。

也因此，當小英總統正式呼籲「必須是以政府對政府、政府機構對政府機構模式坐下來談」之語時，我就只好不斷皺眉搖頭了！跟中共這樣談，這根本就是「雞同鴨講」！

台灣因為民主化，台灣人民早已習慣成自然地將「國民黨不等於中華民國」、「民進黨不等於台灣」的概念，深層內化為不必外帶解釋的一種基本認知。手握選票的公民們，上次選舉可以無情地讓國民黨死得很難看，這次也可以狠狠地「教訓民進黨」，再沒有人會為了哪一黨選輸而再演出呼天搶地去跪祭哭喊「國亡家也滅了」。

在台灣，政黨只能對自己的政綱理念負責，完全無立場亦無權力承擔或代表人民的意志及態度去行使任何國家權力。唯有政府才是人民所委託的合法政權機關。可惜此跟中共的基本認知完全大異其趣！

中共只擔心共產黨被推翻，那就叫「亡黨＝亡國」

相對的，中共領導階層施政唯一考量的只會是「如何保住共產黨的政權」，而不是政府是不是會被輪替。只要中共被推翻被顛覆就是亡國，也就是古時候歷朝歷代被改朝換代的亡國意義－「中共國」被滅亡，即是換了另一個「王朝」的認知。

在現實意義下，中國政府只能是共產黨的執行機構，並不具實質決策權力。也因此，兩岸的談判根本不可能對等。也正因此，這次習大大才會說：

在一個中國原則基礎上，台灣任何政黨、團體同我們的交往都不存在障礙。……我們願意同台灣各黨派、團體和人士就兩岸政治問題和推進祖國和平統一進程的

有關問題開展對話溝通，廣泛交換意見，尋求社會共識，推進政治談判。

台灣有許多名不見經傳的小黨就是鑽這縫隙，隨意申請個小黨再掛上黨主席之名到中國去騙吃騙喝的，只因為中國各級官員都認定黨高於政府，也難怪經常鬧出許多牛頭不對馬嘴的笑料！儘管那很可能就是一人黨！

那麼，我們還要怎麼主張「政府對政府」的談判呢？

那麼，台灣國的民主制度又能怎麼跟中共國的獨裁制度，「平靜坐下來，好好談判如何維持和平呢？」

依我看，這已不只是對牛彈琴而已，乾脆就「你一國我一國」各自帶開一了百了！

發表於《風傳媒》2019/01/05

中共已掌控韓、郭選戰優勢，小英的主場優勢安在？

若是從性格和理念上來檢視，其實小英和賴神的差異性並不很大。其最大化的共通點則是「捍衛國家主權」，這是無人可以置疑的，而且也都公開宣示了：「台灣已經是個主權獨立的國家，名字叫中華民國，與中國互不隸屬，不必另外宣布台灣獨立。」以故，英德之爭的癥結點遂被置放在：誰具備更佳的治國能力？誰能讓這個台灣國家正常化？以及誰能讓台灣經濟順利轉型升級？

英德之戰你挺誰？這是最近反覆被問及的一道大題目。

千篇一律的標準答案就是：誰初選出線我就挺誰，現在誰都不挺。為什麼？採用全民調的初選，你怎麼挺？要挺，無非也就寫寫文章或面對媒體去坦然表態，這能影響誰的認知？更壞的結果就是免不了讓自己會陷入泥巴戰或口水戰！有必要嗎？何況英德之間的優劣形勢互有加減，似乎誰也討不到多少便宜。

惜權畏權成了小英早早跛腳的政治症候群

小英總統是惜權之人，台灣政府自創這套獨步全球的大總統制讓她得以獨掌大權，其權力之大令她自己都不得不心生畏懼（光是沿襲至兩蔣而來的出入大陣仗人馬就已顯示她有多大權勢）。惜權也許表示不擅權或濫權，卻也可能因惜權而導致畏權再進而癱瘓權力運作的無能與不作為。但權力的自生邏輯並不因為你不使用權力而窒息或呈現靜止狀態，妳不用的權力自然會有擅長的人或覬覦權力的人會主動借去偷去用掉。中國歷代皇帝只要是怠慢朝政者，總會出現宦官、外戚或大臣們跳出一堆代行其權力者。在小英一朝，這代行者當非新潮流派系莫屬。都說是小英總統過度倚賴新潮流治理國政，到頭來卻是小英被新潮流集體綁架而操弄國政。滿朝文武何處沒有新潮流的魑魅魍魎？何處會看不到新系人馬的蹤影足跡？

說小英總統被新系綁架絕不是想為小英無能之罪過故事開脫，相反的，對小英身居總統至尊而言，這可是比無能還更嚴重的屈辱：姑息、縱容、怠職：人民用選票將權力付託給妳，妳卻將之轉手讓給一群爭逐名利私慾的新系人馬去濫權，導致整個政府被扭曲成吃像難看的「肉桶政治學」之實驗場，此該當何罪？憑此，在中國傳統帝王政治的邏輯裡，人民自該具備了揭竿起義的正當理由了。而在台灣的民主社會裡，人民自然要用手上的選票來表達自己的憤怒，於是自去年中期即到處出現「要用選票教訓民進黨」的怨言。這才是2018九合一大選民進黨會慘敗的基本原由，只是相對應的，也因而順勢掀起了意料外的「韓流」罷了！

「要教訓民進黨的情緒」化解幾分了？

這一股巨大的「要教訓民進黨的情緒」裡面，其實也早已在民進黨內開始醞釀出「反英派」的無數零散小股力量，只是缺乏登高一呼的領導頭人肯公然站出來振臂高呼而已，以致於到處流竄的「反英派」小股能量難以集結成一大股正面對抗新系+英派的「新英系」（另一說法是陳菊+陳明文=雙陳亂政）。直到1124的九合一民進黨慘敗的選後的12月3日，獨派四大老終於按耐不住而站出來以大幅廣告刊登《致蔡總統的公開信－敬請不要參選連任》，並坦然直陳：「如此岌岌可危的情勢，也不容我們再沉默、再姑息、再坐視下去。」一群情為之譁然！

幾位憂心忡忡的老人們認為不能再隱忍國政被糟蹋到這地步了，所以必須要站出來公開呼籲請蔡英文放棄連任。只是，這顆及時拋出來的震撼彈其實根本就是空包彈，像煙火般美麗而短暫。俗云：「老而不死，是為賊。」這「賊」字在此處的真解其實是「太囉嗦！」或說是「甸甸就好！」

很巧，習近平也就在年初發布了《告台灣同胞書》倡議說：「在堅持『九二共識』、反對『台獨』的共同政治基礎上，兩岸各政黨、各界別推舉代表性人士，就兩岸關係和民族未來開展廣泛深入的民主協商，就推動兩岸關係和平發展達成制度性安排。」

撿到槍的小英除了串演辣台妹腳色，又改變了麼？

一時間小英總統像似真的撿到槍，一反向來的模糊態度而變裝成為「辣台妹」，直接嗆聲「誓死護衛台灣主權，嚴拒中國統一論調」。處於低迷頹喪中的綠營也似乎看到一線曙光。而小英也開始在自己臉書上大PO特PO自己的治國道理。但，有用嗎？新系綁權的忠性因而改善了嗎？

然後接下來的大戲就上場了，賴清德在立委補選完成（周六）後的第一個周一（3月18日）悄悄北上到民進黨部登記參加總統初選。這才是貨真價實深具爆炸力的超級震撼彈，也莫怪小英等「保皇派」會以「突襲者」攻擊咒罵賴清德。

事情演變至此，刻正面對強大韓流壓境的所有民進黨支持者們都被迫必須要去面對一個最核心的問題：到底是小英或賴神才足以力抗韓流的壓制？請注意，我這裡使用的字眼是「力抗」（防），而不是「擊垮」（攻）。這是兩種全然不同的心境。

賴神很高明地一上場就把自己的對手先鎖定是韓國瑜，這意味著賴神已料到韓國瑜將會代表國民黨出馬參選總統。4月12日賴神接受採訪時被問到韓國瑜可能被徵召的問題說：看起來國民黨的主張是比較希望韓國瑜代表國民黨，也希望他能有機會代表民進黨，在明年大選可以和韓國瑜來一場君子之爭，進行理念的辯駁，帶領台灣繼續往前走。他會持續努力，不管遇到任何波折都會往前走，把波折當淬煉。

擊敗韓大導成了綠營選民的最大焦慮源頭

於是這問題就得再轉進到另一個新命題：在總統選局裡，賴神會選贏韓國瑜嗎？或者是小英比賴神更有希望選贏韓國瑜？這是關心的選民們被迫要去臆測的選擇題。

但在立委局裡，可不是這樣算計的。所有關心區域立委選舉的人士，無論是候選人或輔選者乃至支持者，所要盤算的是，在韓流威逼下，民進黨的最佳母雞到底會是賴神還是小英？然後因不同的算計答案，也就自然區分出挺英和挺賴的不同選擇。比如台南市，民調數據賴清德遠高於小英，那麼該區域的立委候選人當然會向賴神靠攏；而在雙北地區，剛好是對調結果，則該區立委也就會選擇向小英靠攏。這是攸關個人政治利益和政治前途的選擇，誰還會在乎甚麼政治理念和治國能力？

緊接著，在4月17日，郭台銘因為不小心而去夢到媽祖叫他出來選總統，整個總統比對的選情立刻發生極大混亂。韓國瑜夫人李桂芬甚至還為此丟出一聲長嘆說「背後被開槍的感覺很不舒服」！

原本一（韓）對二（英德）的選情形勢比較，這下子突然急轉直下出現二對二的捉對廝殺局面。區域立委的選情形勢當然也倏地出現難以估算的大變數。民國兩黨內部因而充滿了太多不確定性。

小英和賴神究竟有多少差異性？

若是從性格和理念上來檢視，其實小英和賴神的差異性並不很大。其最大化的共通點則是「捍衛國家主權」，這是無人可以置疑的，而且也都公開宣示了：「台灣已經是個主權獨立的國家，名字叫中華民國，與中國互不隸屬，不必另外宣布台灣獨立。」以故，英德之爭的癥結點遂被置放在：誰具備更佳的治國能力？誰能讓這個台灣國家正常化？以及誰能讓台灣經濟順利轉型升級？

如果套用「觀政於其所用之人」的簡要法則來評量，小英執政三年來採用的「權力尋租」模式已搞得天怒人怨，讓她連任後，她會改變這樣的自閉式的封閉風格嗎？

同樣問題，如果拿賴清德近七年的台南市長的作風，再加上一年多的行政院院長的用人之道來進行審視，他真的比小英更具高度更具胸襟，更能用人唯才嗎？回去台南問問看：他在台南主政期間，新潮流系的霸道横行難道不也一樣是天怒人怨？所以我們不免要問：賴清德當總統真的會一改其派系性格而廣納各方能人共襄國政麼？

草包和無良企業家，你願意選誰當台灣總統？

韓國瑜就是個草包，儘管其網路民氣仍然高居不下（跌個 10% 也還是最高），但上任高雄市長四個月多來，已經完全彰顯其就是道地草包的馬腳，唬爛話說得越多，其草包本性就越加突出。這基本沒甚麼可討論的，所以可以完全置而不論。

郭台銘則是首富大老爺，據說已組建了百餘人的競選團隊，整天專事為他出謀劃策。但光看他日常擅發的言論去觀察，三講四漏氣，經常牛頭不對馬嘴。我們大概能夠判斷現在這競選團隊都是不接地氣的冷氣房裡的名流之輩。時間拖長後，除了撒錢，應該也玩不出太大本事了！

依我之見，中共完全掌控了韓國瑜、郭台銘及部份的柯文哲，朱立倫、王金平、吳敦義，這幾位國民黨傳統高層，哪還有什麼爭大位的本事？此次總統大選，就是紅綠對決的大戲。局面走到如今這種地步，無非就得歸咎於小英的國安團隊積極不作為，讓台灣各地紅影憧憧，韓粉五毛四處興風作浪。不僅深綠憂心，連國民黨中央亦六神無主；小英手握執政大權，卻做不出有力制裁，連任成功又有何意義？

自由制度不是放任反自由的野心家自由破壞，必須仰賴公權力積極作為，而不是依靠民眾直覺性的選擇。從美國對中國媒體之管制，澳洲新政府對中國公私機構的積極檢核來看，就知道小英的執政團隊的放任疏忽簡直到了放浪形骸的怠惰之地。去年的管案只是一個表像而已，民進黨如今必須要直接和紅色代理人對戰。台灣人若連主場優勢都掌握不到，誰該要負最大的責任？

好了，就這樣的幾個貨色，我們該怎麼選擇？長考啊！

喔，忘了還有個柯P，是否螳螂捕蟬的另一種遊戲呢？算了，這位阿北還是等在旁觀席上看熱鬧較穩當哦。

發表於《風傳媒》2019/05/04

小英贏了初選，韓國瑜何以震怒？

綜合而論，本來國民黨唯一還能向中共獻媚討好的「九二共識」已經被玩弄得面目全非了，唯一剩下的壓箱寶就是「反台獨」。這也就是國民黨都很期待賴清德能贏得初選代表民進黨提名為總統候選人，這樣他們就可以很順理成章地繼續輸入反台獨密碼把民進黨當提款機，也可以繼續到中共國時當作通關密語藉之博取歡心並訛詐資源。

網路上的同溫層有一則瘋傳的洗版文：「小英民調35趴，賴的民調27趴共62趴。這是台灣人的基本盤嗎？誰是被灌票很清楚，台灣差一點被這樣搞垮，現在要號召全力灌票給韓，強力推韓來消滅國民黨。」當然的，多數人會把此文字當笑話傳播，卻足足顯見用民調模式決定政黨初選提名人到底有多麼荒謬！

對照來觀察，韓國瑜在民進黨初選後的隔天（13日）即重砲轟擊小英厲斥：「前行政院長賴清德曾公開宣稱自己是『務實的台獨工作者』，訴求台灣獨立，請問蔡英文總統，妳要將中華民國帶到哪裡去？還是妳也是不務實，是務虛的台獨工作者？」眼尖的朋友們立刻就能察覺到韓國瑜何以會對此表現出如此唐突而慌亂的氣憤神態？

這鏡頭、這番話，令人錯愕的梗在於：韓國瑜寧挺「務實的台獨工作者」賴清德，卻很氣惱「務虛的台獨工作者」小英出線？難道是，韓國瑜也支持「台獨」了？

「反台獨」成了國民黨對中共交心的唯一寶貝

將場景換到6月16日香港反送中激出200萬上街抗議的當天，國民黨副主席曾永權正率團到廈門去參加第十一屆海峽論壇，並發表了開幕致詞，再三強調了中國國民黨堅持九二共識、反對台獨的立場。而且在會前先會見中國政協主席汪洋時，曾永權也是反覆重申，「反台獨立場」，盼在九二共識基礎之上，擴大兩岸在國際良性活動的參與。

很多人都在嚴重質疑，當200萬港人甘冒被強力鎮壓仍堅定上街聲嘶力竭「反送中」的同時，全權代表國民黨赴中交流（交心？）的曾永權，在該論壇全場中何以全然不提「中華民國」？何以不談「自由民主與人權」？顯然，國民黨原本自詡為最強的兩岸論述已經開始迅速弱化萎縮，而且因為中共對台政策的大轉彎，也開始無所適從了！

柯P仍一口咬定「統獨」就是個假議題。

「統」字很好理解，就是依據「一中原則」讓中共國來統一台灣，大概只剩下很少秀逗的台灣人會倒過來說是台灣（或中華民國）去統一中國的。至於「獨」這個字就繽紛四射而百般難解了！在中共立場言，所有「拒絕統一」或「不支持統一」的人一律打成「台獨」。這倒也省事。然而，在台灣內部，這個「獨」字，其實就是一團爛泥巴，誰也扯不清楚！

建立「台灣共和國」是最簡單易懂的主張，也就是一般認定的「法理台獨」；這次民進黨初選前後聯署反小英並不惜花費巨資刊登巨幅廣告的一干人等大概都屬之。由於一字排開多是男性高齡層居多數，所以被慣稱之為「老綠男」。從這樣一個封號大抵就足以斷言，其在台灣人口所占比例大概不多吧！

至於被稱之為「實質台獨」或「務實台獨」的「中華民國在（是）台灣」通常被鄙稱為「華獨」，所有的「維持現狀派」應該均屬之。如果認真辯論，到最後基本都可以歸入到「兩國論」，也就是一邊一國。綠藍白的兩岸主張其實都可以劃入到此一類型中。這大概是目前支持率占比最高的認同形勢。卻也因為人數最眾，在論述型態上也自然呈現出最多樣化的紛亂現象。

不過，所謂「華獨」或「兩國論」的主張，儘管多方論述各異其趣，但至少有一個不可撼動的共識之堅持是可以確認的：「捍衛國家主權」。

「國家安全」的重要性首度超越了「經濟利益」

6月14日，由中研院「中國效應專題研究小組」公開的民調顯示，是自2013年以來，台灣民眾首次在兩岸交流協商的選擇題中，認為「國家安全」的重要性超越了「經濟利益」，以58.3%對31.3%逆轉。

據記者簡惠茹報導：研究小組召集人、中研院社會所副所長陳志柔表示，今年台灣人對於主權的危機感，比太陽花運動前後還強烈，也慢慢對於經濟比較沒有這麼大的幻想。

報導引述了陳志柔的說明：「對於2018年後的數據變化，甚至在2019年出現黃金交叉，國家主權比例首度突破經濟利益。陳志柔表示，「由於問卷是今年3月進行調查（尚未出現反送中抗爭運動），所以可以看到今年1月以來，習近平一國兩制的談話，以及後續對台灣不友善的回應，讓台灣人感受到中國對台灣的壓力和威脅，台灣人對主權的危機感，比起 2014 年太陽花運動前後還強烈，台灣人也慢慢對於經濟比較沒有這麼大的幻想。」

200 萬港人反送中運動所爭的其實就是自治主權

「國家主權」是一個明確不容模糊的認同標杆，也是對於當下民主與自由的生活模式之堅信與堅定主張。200 萬港人反送中運動也適時地對此下了最清楚的示範與註解。

所以在此議題上存心打混的韓國瑜必須從「不了解、不知道」立刻轉換成「一國兩制絕不會在台灣土地實現，除非、除非、除非、Over my dead body。」

而郭台銘對於一國兩制的模稜兩可之曖昧語態，也及時掉頭變換成「香港一國兩制是失敗的，他絕對不會談一國兩制」。

所謂圖窮匕見，國民黨賴以「復國在望」的兩顆大太陽既然都已經公然拒絕習近平的「一國兩制」之後，也就只能被轉回到「兩國論」的原點上。接下來，他們還能捏出甚麼把戲去讓中南海接受其「一中原則」呢？

但很值得提醒的，我們千萬別忽略了，韓郭在這議題上再怎麼吞吐其口水，他們很少直接觸及到台灣國家主權的積極主張。這就是他們在台灣的罩門，卻也是對中共政權特意留下的一個出口。

兩國論的立論精髓即是「國家主權」之行使

兩國論的立論基礎是兩個實體政權而形塑成兩個國家主權之行使。將國家主權刻意抹去或置而不論，兩國論就隨之崩解而歸向於「一中原則」了。

所以當小英總統從年初面對習近平倡議的「一國兩制：台灣方案」時，豪不遲疑地立刻高舉主權論振臂回擊，正是基於此理。而且，一時撿到槍的小英總統越是高喊捍衛主權，她的民調效應就越是正數成長，此間復加上港民反送中的震撼性壯舉，無疑的成就了這次初選民調的特大懸殊結果。

中研院社會所副研究員吳介民在接受《報導者》採訪時也指出：

這次民進黨初選結果，部分反映出選民自身的覺醒。因此「撿到槍」的人，可能不是蔡英文，反而是台灣人民；畢竟在全球趨勢下，面臨被剝奪自由與現有生活模式的焦慮，大家的戰略對手同樣都是中共政權，沒有國家安全連飯都沒得吃，這確實難有模糊空間存在。

那麼，台灣最大共識的「兩國論」主張，到底是不是「台獨」呢？對老綠男而言，當然不是的，充其量只能算是「華獨」，是變形台獨，是偽劣台獨。因為「中華民國」這國號就是殖民者遺留的不義政權，必剷之而後快。國號一天不改，他們就絕不輕饒！

而中共政權也萬萬不會接納「兩國論」的「中華民國是台灣」之說法和態度。因此掌此大旗的小英總統從一上任就被拒之於千里之外，直到此刻再又上升為中共國的最大敵人戰犯。

自由搖擺的柯 P 到此地步，應該是玩完了！

夾在其間，最可憐還是自以為可以玩弄兩手策略的國民黨和柯 P 了。只要小英總統應對中共越強勢，柯 P 擅玩的兩手策略之有限空間就越可能被擠壓到難以迴旋的地步。面對港民反送中，柯 P 開始結結巴巴或顧左右言他的諸次回應，我們大約可以判斷他是玩完了。6 月 12 日國台辦記者會上的安峰山正式發言表示，他們注意到了有關報導，「柯文哲積極正面的看待兩岸關係，主張「兩岸一家親」，表示兩岸應當尊重過去已經簽訂的協議和互動的歷史，在既有的政治基礎上，繼續推動兩岸關係發展，共同追求兩岸人民更為美好的未來；對此，他們表示讚賞。」

柯 P 原本自評跟中共關係可以拿到 55 分補考資格的得意說法，猛然間被加到 95 分，成了「親中關係」的最佳模範生。此舉更是讓柯 P 只能回應說：「國台辦那也是很奇怪，這太令人尷尬了。」

柯P的如意算盤就是，只要不表態立場就讓自己保有兩邊自由搖擺的機會，他也相信自己這樣的「自由搖擺」才叫「最務實」。問題是，你當然可以「自由搖擺」，國台辦那廂也當然可以隨時任意幫你「公開打分數」。是圓是扁？是黑是白？到底是你說了算？還是國台辦說了算？所謂「沒有立場的人是最好被操弄的」，就在不知不覺間，柯P已自動將話語權奉送給中共去任意註記了，柯P顯然並不懂中共這套「統戰」的政治邏輯吧！

「中興在望」的國民黨突然成了豬八戒！

更艱難的處境則是國民黨，現在在台灣基本已經兩面不是人的豬八戒形象。面對中共就是「九二共識」，轉身回台就換成「一中各表」；見中共官員就是甜言蜜語的「兩岸一家親」，回來台灣即又換回「一國兩制在台灣行不通」！中共對國民黨這種口是心非的行徑究竟還能認受多久？

港民反送中，6月9日百萬人上街抗議，國民黨立刻陣腳大亂，不知如何反應這件突來的天大事件。認真問政的國民黨籍立委柯志恩就在政論節目上公開嘆言，國民黨沒有在第一時間立即表態的話，某種程度上來說就是失分，「所以我必須要去說，國民黨現在最大的隱憂就是，不能每一次都說小英撿到槍，只要談到統獨問題、習五點、反送中，國民黨好像就是挨打的份」，她質問國民黨，對於兩岸關係「我們的論述到底是什麼」？

2020：把中共當沙包，一路強打「主權」重炮

綜合而論，本來國民黨唯一還能向中共獻媚討好的「九二共識」已經被玩弄得面目全非了，唯一剩下的壓箱寶就是「反台獨」。這也就是國民黨都很期待賴清德能贏得初選代表民進黨提名為總統候選人，這樣他們就可以很順理成章地繼續輸入反台獨密碼把民進黨當提款機，也可以繼續到中共國時當作通關密語藉之博取歡心並訛詐資源。

殊料，辣台妹的小英卻漂亮地贏得初選，韓國瑜聽聞當時的錯愕和憤怒交雜的神情也因此不免讓人莞爾了。至少我們很清楚分析到，2020選戰似乎可以不必要再以台獨為訴求，只須集中焦點把中共當沙包強打主權重炮，國民黨無論誰出來應戰都必然枉費心機。

當然，美國幾時出手助攻，更會是決勝關鍵機制，比如說，小英受邀到華府參訪，中共的激烈反應可能就會是讓「不敢伸張主權的國民黨」必敗之深水炸彈。

台灣人此刻務必要團結起來，共同打起精神一起用選票迎戰這場「反併吞」的主權捍衛戰！因為我們都已經沒有悲觀的權利耶！

發表於《風傳媒》2019/06/22

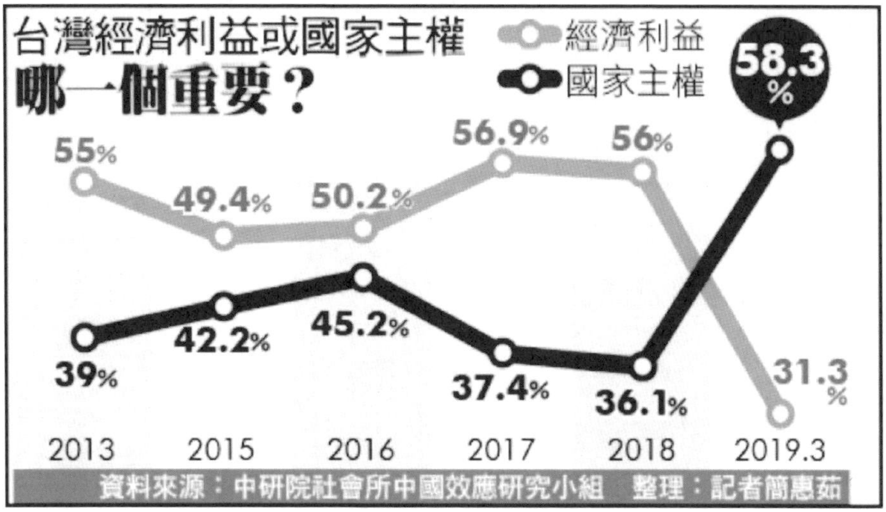
台灣經濟利益或國家主權
哪一個重要？
經濟利益
國家主權
55%
49.4%
50.2%
56.9%
56%
31.3%
39%
42.2%
45.2%
37.4%
36.1%
58.3%
2013
2015
2016
2017
2018
2019.3
資料來源：中研院社會所中國效應研究小組　整理：記者簡惠茹

黃鼠狼給雞拜年？獻給郭台銘兩付錦囊妙計！

一般推論，郭董為這次參選，免不了要花重資廣聘龐大的智囊群為其謀劃獻策，卻也可能因為掌牛耳的主事者過於外行或老化凋朽，遂也形成智庫內的惡性競爭格局，導致競相提出選戰策略與政見的碗內互打局面，乃出現政出多門莫衷一是的選戰路線。所謂量大無質，從外界看去，大概可以用口沫橫飛不知所云概括之。很難想像這麼一位不斷吹噓自己有多成功多神勇的首富企業家，何以會犯下如此低級的錯誤？

本周街巷最強議題：郭董是否會憤怒拂袖而毅然退出總統初選，並宣布獨立參選到底？

國民黨總統全民調初選正如火如荼展開，郭台銘則因民調數據已落後韓國瑜一大截，心有不服，遂公然重炮直接大罵國民黨黨中央故意放任並製造初選不公正；連帶的，郭董也同時砲轟民進黨公開且直接介入國民黨初選民調，公然操作「非韓不投」，因此已導致民調嚴重失真。更大的笑話是，郭董把國民黨比喻為滿清王朝，還將韓粉集團打成義和團極力譴責其為亡國亡黨的歷史罪人！他要號好召義士們勇敢站出來打響武昌起義的第一槍！

若韓國瑜選上總統，旺旺蔡就會是黨主席？

7月11日上午郭台銘在桃園市忠貞市場拜票時受訪又再度提出類似質疑。報導說：他「不解這段時間勤走基層，該付出、該把握的他都沒有錯過，為何蔡英文的民調狂跌，而韓國瑜的民調卻突然增加7個百分點，其中變化啟人疑竇，黨內中常委應說明清楚、找出問題所在，而非向他辯解或反駁，究竟箇中有什麼不可告人處，只有黨中央自己清楚。」

是日，郭董更語出驚人，大膽預測「若韓國瑜選上總統，旺旺集團董事長蔡衍明將擔任國民黨主席。」其不平之鳴盡露無疑！之所以會引起首富如此的不開心，如此的火炮四射，還忍不住潸然落淚，究其因，不都是來自於「初選全民調」嚴重失真所引爆的。

自始至終，我個人都是極力反對政黨初選採用民調制度。當初不知道是哪位政治天才出此「獨步全球」的鬼主意，由民進黨率先實施，國民黨只圖偷懶而隨後跟進，運行多年後終於導致對手政黨支持者們尋獲可乘之機，而開始自主性地各自發起灌票運動。民進黨初選，藍營群眾樂得灌票在先，所謂來而不往非禮也，等到換成國民黨初選，綠營鐵粉們當然也會湧進來一起打混仗。且不說這樣灌票是否真能得逞，但所激起的媒體外溢效應卻是不可小覷的。似此，民調不失真，郭董不暴怒，毋寧才真真是見鬼了！

「民調初選」會自行找到另一個自我顛覆的出路

套一句電影《侏儸紀公園》的金句：「生命總會找到出路的」，同理，「政治（權力）也總會找到自己出路的」，一套荒謬無比的「民調初選制度」當然也會找到自己荒謬邏輯的相互拉扯與顛覆。

如果當今黑天鵝和灰犀牛的飛掠與衝撞已正在形成「非常態的常態化」現象，則政黨還要偷懶地不肯捨棄眼下這套荒謬無比的民調初選制度，無論藍綠白都必將被推進自毀之焚爐中而萬劫不復。

這算是真正超越藍綠陣營對抗的一套制度邏輯設計，也同時提供了藍綠在這套民調制度的執行中各自參與遊戲的娛樂機會。要怪就該去怪當初搞出這套政黨初選民調制度的天才設計者以及決行者吧！

郭台銘是政治素人，在參政路上必然會跌跌撞撞坎坷難行。光看他歷次在媒體上的如痲發言，幾乎可以斷定他所運作的策略乃是漫天撒網與亂槍打鳥式的文宣手法。幾個月執行下來，其實已經可以確認其效果簡直接近於零。

「日拋式」政見策略，令人質疑郭董是選假的？

我們姑且試著幫他檢驗一下：郭董宣布參選以來，除了「國家養（郭家養）」算是直接命中紅心而具備正確議題的有效性，也因此引起討論的稍許漣漪之外，一日一芭樂的雜菜式政見牛肉火鍋，畢竟誰也都記不得這位霸氣首富每天到底都在說甚麼、做甚麼？然而很可惋惜的，即使「國家養（郭家養）」也被郭董當作日拋式政見，用後即丟，他或他的智囊團並未認真去論證這一套在年輕人心中已經觸底的優勢政見。是他無力辯證？或他的幕僚群又故意將他引導到另一些花俏熱鬧的政見呢？

容我引用**網美胡采蘋**在7月11日臉書上的一段觀戰心得作為註解：

還有天才的拜票電話，整個都很復古，像是上世紀國民黨風格。老實說，一眼看過去都能猜得到是什麼樣的人在替他出主意，到底是不是照搬了馬英九政府時期的國民黨班底在做事呢。我看到周守訓的名字出現在新聞上，聽說趙少康也是核心幕僚，還有好幾個一看廣告就浮出腦海的名字。坦白說，我認為郭董身邊全部都是國民黨舊官僚體系，郭董並沒有什麼自組的選戰團隊，現在呈現的風格就是一群老人想學創新。

於是，郭董到底為何要來參一腳闖進這「顧人怨」的大總統賽局，自是成了坊間最感興趣的一大謎題？就像賴清德突襲式參選提名的理由是「願意承擔」，韓國瑜被動式的「Yes I do！」都可以被譏嘲為「爭搶權位」。然而因為他們本身就是「從政者」，所以「爭權奪位」本來就是其天性或基因使然，縱令道德上有瑕疵，也還算是八九不離十，勉強可以被接受。可是，一個首富居然也會這麼想不開，不惜要跳到權力糞坑裡惹得一身汙臭不堪，就不免令人著實費解了！

選戰迥異於商戰，首富對政治就是個大外行

最可能的解釋是：因為郭董太笨而被騙了，才會被推下水？要不然就是由於甚麼不可告人之緣由被逼到牆角，才不得不跳下來參選？也有可能是在參選的後面必然有更大的利益可以牟取？總之眾說紛紜，不一而足。

身為首富，坐擁金山銀山，只要不違法，選舉經費當然可以上不封頂地隨意任性揮霍，此前郭董的競選廣告多路分進，鋪天蓋地隨處可見。很多人猜測少說也要花個幾億台幣，更有人樂見之而戲稱為「財富重分配」之豪舉！

也因此，一般推論，郭董為這次參選，免不了要花重資廣聘龐大的智囊群為其謀劃

獻策，卻也可能因為掌牛耳的主事者過於外行或老化凋朽，遂也形成智庫內的惡性競爭格局，導致競相提出選戰策略與政見的碗內互打局面，乃出現政出多門莫衷一是的選戰路線。所謂量大無質，從外界看去，大概可以用口沫橫飛不知所云概括之。很難想像這麼一位不斷吹噓自己有多成功多神勇的首富企業家，何以會犯下如此低級的錯誤？

黃鼠狼給雞拜年，免費獻給郭董兩付錦囊

就當作是黃鼠狼給雞拜年好啦，權且藉此給郭董免費獻上兩個錦囊：

一．當下首要之計，優先承認自己對政治確實是門外漢，然後趕緊揮刀砍斷那一大群急著要獻策操盤的所有散兵游勇（或是前朝遺老們），認真且誠心地去找到一位真正懂得台灣政治並具備大格局的專業操盤手，再予以推心置腹地祭旗拜將，全權委託其組成一個滿載著戰鬥能量的的選舉團隊。選舉不是搞政論節目，花拳繡腿光說不練，這類人在慘烈的選戰中絕對會是個拖累。不過前提是郭董本人必須要勇於壯士斷腕，只要這次民調「被做掉」，二話不說即時宣布獨立競選到底，否則絕不會有真正的高人願意幫忙操持這個頹勢盤局，則所能找到的大抵又都是廣告行銷之類的高級包裝員，或是那些面對鏡頭口若懸河的假資訊製造者罷了。

二．兵書有云：「釜底抽薪：不敵其力，而消其勢也」。韓國瑜所取得的「勢」之源頭即是旺旺蔡的韓天台（或稱為旺旺集團），所以都像喪屍列車裡的那群殭屍義無反顧前

仆後繼。郭董應該重兵禮聘成立郭家空軍神風部隊，全力俯衝、強攻、清剿整個旺旺本舖的紅媒系統，直到令之土崩瓦解為止。只要這個Kingmaker的大本營一旦被報廢後，韓粉也將失去可源源供應的集體養分，然後變成到處流竄的孤魂野鬼，其勢必微。至於要怎麼將這製造大量喪屍的紅媒去其勢，只要找對專業操盤手，自能提供一套可以令其自宮的葵花寶典。

國台辦的走狗可以罵，但郭董敢剷除之嗎？

不過呢，如果旺旺中時本來就是大外宣擾台詐台計劃下的一個主要大紅媒，或是一如郭董曾經暴氣指著大罵的「國台辦的走狗」，郭董真敢狂妄地將國台辦的在台第一愛將剷平之嗎？郭董滯留在中國的龐大資產，真的不怕被秋後算帳嗎？那每年億來億去的鉅額補助金不怕被削減或取消了嗎？

最後，我先自首：我就是極力主張「有魚吃瑜、無魚吃菜」的自主反串者，跟民進黨全然無關。然而，也許是我輩操作這民調遊戲太過入戲，也或許是像郭董所言的國民黨黨部確實是有問題的原因，竟導致韓國瑜民調被衝高那麼多，拉大了郭韓的距離，誠非原定的初衷。儘管心知這結果確實不太妙，但為時已晚，難挽遺憾！

根據我長年投入政治選舉的經驗來看，就政黨捉對廝殺而言，我確實認為郭董是比韓國瑜更難打的。何況有錢就可以任性，且不談錢從哪裡來，果如坊間傳言那樣，倘若是，每位藍營立委候選人都獲得贊助一億元（合法獻金前提下），然後全台各地滿坑滿谷都是郭董和立委候選人同框的巨幅看板，再加上無時無刻都被迫要看到聽到各型媒體和網路廣告，綠營候選人不左支右絀、叫苦連天才怪呢！花100億台幣買（騙）來一個台灣總統的大位，誰最划算？

誠如媒體大亨黎智英先生所警示的：「那是你們台灣人該死！」接下來的命運，台灣人只能自食其果囉！台灣人這次真的需要想清楚了！

至於韓國瑜為何會比郭董更好打，事屬天機不宜泄露，只好先說抱歉了！

發表於《風傳媒》2019/07/14

「制憲運動」引領台灣長治久安

「制憲」才是引領台灣「長治久安」的唯一道路！

近年來層出不窮的「釋憲」事件，是否就已意味著當今政府「正在不受節制地運用國家機器，點點滴滴侵犯人民基本權利」呢？進一步再問：何以一個已然被稱許為高度民主化的台灣，迄今仍然會反覆出現這類荒謬「釋憲」之吶喊？

政府違憲，好像已經成為當前熱門關鍵詞，附帶著就跟著出現「申請釋憲」的一堆困擾性問題。

年金改革的被改革者們揚言要「釋憲」，淪為在野黨的國民黨暴露在「轉型正義」強大民意下所面臨的「不當黨產」充公，以及「促進轉型正義委員會」的追查228事件和白色恐怖踐踏凌虐人權的「歷史真相」，也像中邪似地到處哀號要「釋憲」；現在連正要被官制化的公法人「農田水利會」也已決定要展開激烈陳抗，並聲言對於農委會無端沒收人民財產的違憲之舉，積極準備提出「釋憲」！

還有，「廢死」要釋憲；「性平」要釋憲；「課綱」要釋憲；「拔管」要釋憲；「廢核」要釋憲；「環評」要釋憲；「都更」要釋憲……

最新流行：不爽，就大聲高喊「釋憲」！

如此層出不窮的「釋憲」事件，是否就已意味著當今政府「正在不受節制地運用國家機器，點點滴滴侵犯人民基本權利」呢？進一步再問：何以一個已然被稱許為高度民主化的台灣，迄今仍然會反覆出現這類荒謬「釋憲」之吶喊？

上列兩個問題也同時會帶出更深層的另外兩個大哉問：

一．政府在實際運作國家機器時，是否正在漫無限制地擴張其行政權力？也即是讓人不免要質問：當今政府正在逐漸超脫出憲法對其權力行使的限制或控制，而導致「中華民國憲法」對人民權利的保障漸失效能？

二．人民所賴以保障自身權利的這部「中華民國憲法」，既已正在失效而自毀，那麼人民權利之基本保障又將如何奮起自救？

憲法乃是控制政府權力過程的「政治文件」

如果我們參考法國人權宣言第16條所明定的：「凡人民權利無保障和政府分權未確立的社會，就意味著沒有憲法。」再認真參照美國知名政治學者卡爾．羅文斯坦（Karl Loewenstein）即強調：憲法是控制政府權力過程的基本文件，其目的在於提出限制和控制政治權力的範圍，把規定政治權力的統治者從絕對的控制下釋放出來，使他們在活動過程中取得合法的分享。我們應該更能認識到「中華民國憲法」對台灣民主前途的破敗性與毀滅性。

說白了，所謂「憲法」也就是人民跟政府簽定的一紙（本）高度政治性合約，並以授權方式給予政府某些被允許的權力行使範圍，藉之以保障人民的基本權益。只要政府逾越此一授權範圍，人民就有權利對政府提起控訴，並將之推翻。落伍腐朽的「中華民國憲法」能具備如此功能嗎？

貴族壓迫英王簽下「限縮王權」的「大憲章」

西方最早簽訂限定政府（王權）的大憲章是1215年在英國，由坎特伯里大主教史蒂芬•朗頓起草的。當時就是封建領地貴族群用來對抗英國國王權力而對封建權利保障的一紙協議。其中最為重要的條文是第61條，即所謂「安全法」。根據該條明載的規定，由二十五名貴族組成的委員會，有權隨時召開會議，並具有否決國王命令的權力；而且可以使用武力，佔據國王的城堡和財產。可視為是貴族對王權逼宮的具體成果。

此後，大憲章根據內容多次修訂而逐漸成了具體限制王權的法律，也逐漸對人民保障了更多的權利，其保障範圍進而涵蓋更多的人民。1642-1688年期間，則據此而演化出英格蘭議會內閣制度，最後再演化成為立法權和行政權相結合之獨特的英格蘭「君主議會內閣制度」。

1748年孟德斯鳩即根據其中精神用匿名公開發表《論法的精神》（法語：De l'esprit des lois，最早的中文版本譯作《法意》）。該書所論述者，成為法國大革命之後所演變成現代的「三權分立」的君主立憲內閣制度的理論依據。而且1787年9月所制定的「美國憲法」所滿溢的自由主義精神，基本即是源起於大憲章裡「保障私有財產」的觀念。這也直接影響了美國人對「大憲章」的歷史意義遠較英國人還更加重視的一種傳統。就其當時美國的國父們在費城閉門制憲的氣氛，莫不是為了要營造一部限制「王權再現」的美國憲法，循此即可理解到「大憲章」限制王權（大政府）的真實意涵之延續性精神。

「中華民國憲法」的破敗命運已走到歷史盡頭了

台灣也有一部誕生於「老中國」的成文憲法，但還沒來得及施行，即於戰後國民黨敗撤來台的 1949 年被完滿閹割。這部偉大的「中華民國憲法」經蔣介石一紙「戒嚴令」外加「動員戡亂臨時條款」即行進入冷凍庫。形式上蔣介石戒嚴政權雖也搞了個「行憲紀念日」，卻沒人理解這「行憲」真實意義。

解嚴後，李登輝繼任總統大位，於 1991 年開始啟動第一次修憲，卻是以「國家統一前的需要」為由，用「增修條文」的方式進行了多達七次的修憲工程。於今回望，卻原來都是在原地打圈圈。之後，再又緊接著幾十年來，台灣就也都依據這部縫補七次的「成文憲法」繼續進行運轉。但畢竟是從中國移植而來的外來品，本來就不適合台灣的氣候土壤和島國規格，怎麼用都永遠不對勁。尤其政府組織系統大小和職能設定的完全不合身，也尤其是高度中央集權化的政治體制結構，硬是強迫地套在 2300 萬「台灣人民」身上，經歷 30 年風霜下來，也就形成了所謂「台灣特色」的畸形政體怪物。

這頭憲政怪獸歷經 3 次政黨輪替，也當然歷經 30 年政黨彼此衝撞而早已呈現了嚴重扭曲，結果一個「超級大總統」的惡質體制，於神不知鬼不覺間被餵飼壯大了。

若再引用「權力使人腐化，絕對權力使人絕對腐化」這句至理名言近身觀察，我們就很容易察覺到，無論任何人只要登上「超級大總統」的大位寶座，也包括任何人只要被超級大總統援引進大政府內執掌大權，幾乎都無法擺脫魔戒般的權力慾望之誘惑，總會不自禁地窮其力氣追尋可供其更大更巨的權力揮霍通道。

無分藍綠，當「憲法」已然被束之高閣，權力魔獸的基因都必然會釋出一種誘餌，用之以勾引官僚們總想著要試圖以「方便行事」，一再地冒險想去踩踏「法治」底線，或是瞞天過海、或是隻手遮天式的滿足其「擴權」慾望。然後也極可能變本加厲地成就了「民主公敵」的現代版「東方不敗」。

製造超級大總統的魔咒根源於「中華民國憲法」

小英總統雖曾在某些內部場合告誡過在位者們說：「權力是向人民借來的。」其實，古往今來，從來很少有人能拒絕得了有如吸食毒品般的權力誘惑，在權力魔鬼招喚跟前，得以全身而退的有德者本來就鳳毛麟角！於是，這句原本很體貼很窩心的金句卻演化成「權力乃是向人民騙來的。」

而正如上所述，台灣人民原本可能賴以約束政府的這一部「中華民國憲法」已經步入腐朽不堪的自毀境地，不管任何人或任何政黨執政掌權，人民已經無法再藉由這部被稱為「鳥籠憲法」的「中華民國憲法」來約制政府對公權力的任意操控了！

戒嚴年代，國民黨對台灣社會的全面強力控制的同時，也讓台灣社會徹底裂解為支持或依賴國民黨，以及討厭或反對國民黨的兩種對立結構。後者則因為上世紀 80 年代的社會力大解放而漸漸集結成綠營陣線。而前者則在失去政權淪為在野黨後，猶然緊守著「天龍國族」的權貴鄉愁，或如慕容公子似的復國夢想，不惜癱瘓台灣整體也要想方設法意圖能奪回執政權。這股殘破而不潰散的力量即稱之為藍營陣線。

以是，台灣「民主政治」走到如此不堪地步，這也才需要制定一部真正能照顧到人民權益的憲法，讓台灣人民能藉助於一部進步有效的「新憲法」的制定，來真實約束政府（掌權者）的權力行使。

「中華民國憲法」就是裂解台灣的根本源頭

網紅 Hao Chuang 先生即曾在其臉書上 PO 文剖析道：

國民黨最大的黨產不是有形的財富，而是無形的思想。這些思想深入人心，根深蒂固，和個體意識形成深層的連結，密不可分，甚至可以說，將這些思想除去，這些人就會崩潰。失去這些思想之後，這些人就不再是人，不再具備足夠被稱為「人」的要素。意識到這一點之後，這些人便出於自覺地維護這些思想的存在，甚至不惜任何代價。

這些資產的價值，在於幾個世代以來的國民黨黨國機器持續投注的大量心力。一旦形成，就不會失去，即使個體死亡，也會透過各種方式尋找到下一代的「宿主」繼續延續下去。

這就是已然形構的一種當下正流行的「台灣政治文化」。藍綠都植被了國民黨所豢養的「威權意識形態」毒菌體，兩個都成了名異實同的「黨國威權體制」之權力怪獸，然後彼此擁眾廝殺、叫陣衝撞，時間越長就會越尖銳化，也就越不擇手段，哪裡還考慮甚麼民瘼疾苦？哪裡還在乎民主人權？也即是，藍綠對抗已延續了30年後的今天，根本已經沒有所謂的「和解」藥方了。縱令像姚立明教授提出的美麗呼喚說：「也許我們沒有共同的過去，但一定可以有共同的未來。」然而，所換來的，無分藍綠，卻是一片謾罵和嘲笑。

而，被稱之為「藍綠惡鬥」的「台灣特色」，也將會依據既往的經驗，反覆重演「逢X必反」的大爛戲，並且我們還只能看著她繼續無解地演下去，卻都束手無策！

解脫政黨信仰才能走出魔戒雙塔

知名專欄作家范疇先生前不久即曾在其《「三公契約」－公權力、公共財、公民守則－－尋找台灣的隱形社會契約》一文理提到：

> 過去五年，甚至過去30年，台灣社會內部的紛紛擾擾，人們簡單的歸結於什麼「藍綠鬥爭」，事實上若宏觀的來看，真實的底層問題是台灣社會正在尋找一份新的社會契約。所有的紛擾爭議，本質上其實都是在試圖定義一份新的、人

民與被選政府之間的社會契約。

即使我仍然無法確認是否只要訂立「一份新的社會契約」就真的能同時規範到「藍綠惡鬥的自我節制力」，但是我是完全同意范先生接下去的另一段話所歸納的：

可以說，歷經國民黨、民進黨的藍綠輪替執政，台灣人民開始逐漸明白，管他什麼黨，只要坐上權力位置夠久，他的威權性格就會「與權俱進」。真正能夠凝聚台灣共同體的，不是人民跟什麼「政黨」之間的關係，而是人民與「政府」之間的關係。

「制憲」號召，是政治工作者義無反顧的「政治運動」

因為，只要人民對藍綠政黨都大範圍大聲量地產生唾棄感，而且還肯真實揚棄傳統教條下的「政黨（顏色）認同」，然後真正聚焦於我（人民）與政府（執政者）之間的契約關係，則公民社會的基礎之浮現就很有可能水到渠成，則「藍綠惡鬥」的對立也可以適度轉換成「人民要求政府履約」的直接關係。那麼，政黨這頭惡獸是否也能因之而被馴服了呢？

既然現存的這部「中華民國憲法」已經無法有效制約政府的權力適當而合理的行使，則另行制定一部符合台灣人民當下所需要的進步新憲法就是唯一選擇的思考方向吧！

當前所謂的「台獨主張」、「獨立公投」、「公投正名」等等喊得震天價響的政治口號，都只是徒使台灣造成更多紛擾而已，也都可能包含了某些惡質政客們故意包裹著私心自用的政治企圖之糖衣罷了！

「制憲」乃是終結「藍綠惡鬥」之最佳解方

遍閱台灣所走過的這20多年的藍綠廝殺、統獨交戰，以及起起伏伏的「獨立、公投、入聯」的階段程序中，我們基本以可以歸結出一個簡單而有效的具體答案：「制憲」是正式終結台灣「藍綠惡鬥」的紛擾之最佳解方；「制憲」是把藍綠政黨一起框進民主憲政體制內的最佳神器；「制憲」可以同步一次解決全民自決與國家正名的問題；「制憲」更可以一舉弭平長期糾纏不清的「統獨大謊言」；「制憲」正是這一代台灣人共同要打造的開往長治久安的「民主直通車」。

簡言之，此時此刻，台灣人民已經走到了應該更加大膽地站出來疾呼「我要台灣新憲法」，並勇敢集體發起一場「制憲運動」了！

發表於《風傳媒》2018/10/20

從「雙十文告」及「正名公投」再論「制憲」的必要性！

憲法所要體現並確立的就是人類生存的價值感。這不是法律問題，而是哲學和思想問題，而如何透過一個有效政府去培養並創造出國家公民的價值感，則屬於政治工作者責無旁貸的任務。

到底台灣這個島嶼，如何創造出一個充滿價值感的國家與人民，是左轉去向北歐福利國家學習，或是向右跟著自由市場典範國家看齊，都是值得有志者們勇敢攤開來進行理性大辯論的。

一件事情兩樣心情！首先是：小英總統平板中庸的雙十文告為什麼會讓對岸的國台辦定調為「兩國論」？然後是10月20日所舉辦的「反併吞」遊行所帶來的效果在國際媒體上出現大幅面積的正面效果。

針對小英總統在雙十演說內容，黨媒《新華社》報導國台辦發言人馬曉光的評論指稱，滿是「兩國論的分裂謬論與針對大陸的對抗思維，暴露出配合西方反華勢力遏制大陸的『險惡用心』」，馬曉光還說：「如此充滿敵意的挑釁言論，進一步證明民進黨當局是兩岸衝突的製造者，台海和平穩定的破壞者，只會進一步惡化兩岸關係，將台灣帶向更加危險的境地。」

國際新風向：就是該讓中國生氣！

相對的，於10月20日由喜樂島聯盟推動在發起的「反併吞」遊行，在諸多國際主流媒體上卻產生意想不到的的正面宣傳效果。

國際三大通訊社（路透社、美聯社、法新社）都佔據了相當版面，其他像是彭博、金融時報、半島電視台等等知名媒體也都在世界各地媒體上出現高光度。這次的多家媒體報導中，除了真實寫出台灣多數民意的想法，還有的順帶簡介了台灣獨立運動史以及對台灣本土認同的民意長期趨勢。

如果我們不從單一政黨的立場去觀察，純就台灣追求「國家正常化」的訴求而論，這次的民意表達，確實已充分達到了向世界發聲的具體效果。再進一步言，細究這麼多國際媒體的報導中，我們更發現到幾乎都捨棄了過去的質疑甚至是鄙夷的態度，且都一致性地改為十分中性的語調，忠實報導了台灣人民想要舉辦遊行吶喊及公投正名的主要訴求，乃是想要展現台灣乃是一個跟中國完全不一樣的「民主國家」，並且多數人想要用公投來實現「independence from China」。

某些媒體甚至還一反過去向來都以「北京政權」的發言角度，完全改用「台北立場」稱許小英總統在拒絕北京的各種無理施壓方面做了很大努力，並且也提到，說她是一位很穩健與溫和（moderate）的領導者，努力在平衡國內的民意。

中國正在成為國際輿論「清洗」的對象

說白了，這麼多國際媒體的態度變化，其實就兩句話可以完全概括掉的：其一，再也不必理會「中國會不會生氣」了；其二，中國正在成為國際輿論的圍剿對象。如果再濃縮成一句話，就是，國際的大風向果然已經大轉彎了！抗中堵中成了國際政治舞台上的大正確。

而，在這樣的新風向下，台灣所欲追求的「國家正常化」之基本訴求，是否正合其時呢？是否到了最有利的時機呢？台灣人民該如何掌握此一有利趨勢順風前行呢？

因此，我們有必要先來談談這次又被國台辦所已定調的「兩國論」。

早在小英參選總統時，對岸就不時會搬出「兩國論」來質疑小英的意識形態；小英當選總統之後，對岸仍不放手，繼續抓著「兩國論」當作攻擊靶子；直到這次的小英的雙十講詞，中共還不忘抬出這套劇本照演一次。所以，不管小英總統現在腦子正在想甚麼，反正中共就是直觀認定妳只要一開口就一定是「兩國論」，而「兩國論」當然就是幾百種「台獨」中的一種。

那麼，我們不妨來回顧一下這套「兩國論」的前世今生。

意圖砍斷「一中」枷鎖的「兩國論」

話說 1999 年 7 月 9 日，德國之聲總裁 Dieter Weirich、德國之聲亞洲部主任 Gunter Knabe 與德國之聲記者 Simone de Manso 同時進到總統府錄影專訪李登輝。他們當時曾問到「在並非實際可行的『宣布台灣獨立』與不被大多數台灣人民接受的『一國兩制』之間，是否有折衷的方案？」

李登輝胸有成竹地即席回答：「中華民國從 1912 年建立以來，一直都是主權獨立的國家，又在 1991 年的修憲後，兩岸關係定位在特殊的國與國關係，所以並沒有再宣布台灣獨立的必要。」

中共方面當時對此一言論反應極為激烈。他們認為台灣就是要「放棄一個中國」，以兩國論走向台灣獨立，並試圖形成政策。易言之，台灣當局的自主意識已經從過去的「暗獨」走向「明獨」。

有一段歷史紀錄是這樣記載的：

1998年8月，李登輝下令成立「強化中華民國主權國家地位」小組，由張榮豐、陳必照與林碧炤擔任顧問，蔡英文擔任召集人，召集多位年輕法政學者參與研究。研究的主要方向是「中華民國主權如何與一個中國脫鉤」。該研究報告於1999年5月完成，由召集人蔡英文提報殷宗文同意後再呈送給李登輝。據已知的資料了解，該一研究成果，乃是蔡英文帶領的小組研究出來的，李登輝不但大為賞識，而且還照單全收。（請參考知名記者鄒景雯小姐所著**《李登輝執政告白實錄》**）

這裡面提示了一個重中之重的兩岸命題：「中華民國主權如何與一個中國脫鉤」。這命題啟示了兩個重要任務：1.中華民國是主權獨立的國家；2.將台灣從「一個中國」的既有認知中一刀切割開來。

「兩國論」乃是要徹底擺脫「中國內戰的延續性」

在當時，這當然是驚天動地的一種兩岸意識認知的大轉折。

據當時偏藍菁英取向的《商業周刊》曾對台灣587位企業經理人做了一份問卷調查，結果同意兩國論者為78.4%，不同意為15.3%，無意見為6.3%；自稱藍色正統的新黨，也曾委託民意調查基金會作了一次民意調查，結果顯示，55.2%的受訪者贊成李登輝提出兩岸關係是「特殊國與國關係」，反對的人則有23.4%。

自此，李登輝在台灣成了「台獨教父」，在中國則被判定為「分裂國土的頭號戰犯」。

從現在的時點往回去看「兩國論」，其實不難察覺李登輝或蔡英文的基本用心：徹底擺脫「中國內戰的延續性」，藉之以斬斷中國道統上的繼承依存關係，因此才會出現「中華民國在台灣」的更新論述，再進而衍化成現在的「中華民國是台灣」之理念性國家概念，也就是許多法理獨派人士所癡笑的「華獨」。

「台獨」成了中共餵養民族主義大魔獸的最佳養分

但，無論台灣的此一理念怎麼演化，中共政權都一律將之視為「台獨」的一種變形。說白了，除非台灣能像香港一樣地「回歸祖國」，而且要能絕對聽命於北京中南海，否則，只要你「拒統」、「抗統」、「反統」，就一概斥之為「台獨」。也唯有這樣的黑白兩分法，中共才足以餵養永遠不知飽意的那頭民族主義大魔獸。也就是說，只要把「台獨」的標靶高高懸著，就可以一直吸引並刺激著民族主義大魔獸的狂嘯與噬血慾。

回到台灣自身的立場來看，「台灣是個主權獨立的國家」大抵都應該會是幾個主要政黨或藍綠陣營的主張，也都不時地會被強調的日常口號。而所謂「台獨」與「不台獨的」的分界線，大概可以放在「國家正常化」的課題上加以區隔。而多數人的認知裡，關於「國家正常化」的內容，不外乎就是一些被稱為「殖民國家符碼」的修正或更替，如國名、國旗、國徽、國歌等。

我完全承認這些「殖民符碼」的換置都是必要的「國家正常化」重要程序。但是，我卻很懷疑，有需要上升到「公投」這樣的程序去動大手術嗎？

「國家正常化」絕不應只是更換「殖民符碼」而已

更進一步，我要質疑的，難道更換了這些殖民符碼之後，台灣的民主政治級數就都可以大跨步得更加進步而成熟了嗎？台灣人民生活品質因此就能更幸福更安全嗎？台灣年輕人的未來希望就能自然實現嗎？台灣的生存環境就會更加美好而不再橫遭破壞嗎？台灣年輕人的居住正義就能受到維護或保障嗎？

就算拚了吃奶的力氣而把「中華民國」如願地換上「台灣共和國」，我完全舉雙手雙腳贊成。只是，這樣的結果，除了滿足於多數人民長年追求的一份深層情感之外，上列隨手列舉的諸多生活困境，就因此而全都能迎刃而解了嗎？

答案顯然是否定的。

「國家正常化」是一場長期戮力以赴的運動。我之前已多次撰文表達，「台灣沒有統獨問題，只有左右問題」，我的基本用心乃在於不斷提醒每位政治運動者的伙伴們，如果不能認真討論並潛研制定出一部最適合的「台灣新憲法」，則即使完成國家「正名」工程之後，台灣還照樣被綁在幫派型的肉桶政治中！青山依舊在，幾度夕陽紅，被傲慢掌權的統治階級所宰制的台灣社會，也不過只是換了件不同顏色的衣服穿穿罷了！貧富嚴重不均幾時能休？

不能已於言者，許多人都被誤導成：討論憲法乃是憲法學之法律專家們的任務。這是其錯無比的一種認知大謬誤。

憲法是人民用以規範並限制政府權力行使的授權書

我必須再一次引用美國知名政治學者卡爾・羅文斯坦(Karl Loewenstein)的論點來強調：

憲法是控制政府權力過程的基本文件，其目的在於提出限制和控制政治權力的範圍，把規定政治權力的統治者從絕對的控制下釋放出來，使他們在活動過程中取得合法的分享。

正因為政府之施政必須依據憲法之立憲精神和制訂方向作為施政之最高依據，在其行使公權力時不得有所逾越，所以制憲工程必須是根據政治工作者（當然也涵括了每位從政的法律學者）具體主張而創立的。這也才有所謂的國家未來政策方向上的「左」「右」之別。

「福利社會國家」需要在制憲工程上被充分討論

謹藉此援用年輕、留學歐洲的吳媛媛教授所著《幸福是我們的義務：瑞典人的日常思考教我的事》一書在〈前言〉所提及令人刻骨銘心的一大段說明語言：

要理解北歐社會和其他社會的差異，我發現很難避開「左」和「右」這組十分方便的用詞。這組詞之所以對臺灣人來說有點陌生，並不是因為它很難懂，而是因為這個常識幾乎被臺灣的學校教育忽略了。

「左」和「右」是政治光譜上的兩個面向，最常被用來劃分對社會正義和自由市場經濟的見解。大致上，偏左的理念包括了資源與收入的重新分配，認為社會進步的指標體現於一般大眾的福利上，並試圖干涉自由市場和資本主義帶來的不平等；而右派精神認為每一個人的價值都取決於自身，社會的進步來自於個體追求卓越的力量，應該容許市場和資本主義帶來的不平等。這個光譜上的定位，決定了一個政黨在經濟、社會、文化上幾乎所有政策的基調。在民主制度較先進成熟的國家中，每個學生通常在義務教育階段就必須學習和理解這個基本概念。當然，這兩種意識形態體現的是每一個人的價值觀，以及對社會公義的見解，沒有人能斷言孰優孰劣。

北歐社會的政治光譜很寬廣，從最左到最右都有代表的政黨和支持者。但如果和世界上其他國家比較起來，北歐的整體重心明顯還是偏左，這就是為什麼對於在臺灣長大的筆者來說，在北歐生活會有種置身於科幻小說的錯覺。

我在來瑞典之前，從來沒有想過原來世界上有這樣的社會存在，也就是說，我從小長大的環境裡並沒有提供我足夠去掌握、想像和探討偏左意識的素材。即便政治、社會學的課本上有著明確的解釋，然而最深刻的體會，往往來自於生活的點滴，是我們和親人的互動、面對富貴貧賤和生老病死的態度，以及看待自我實現的方式。

憲法所要體現並確立的就是人類生存的價值感。這不是法律問題，而是哲學和思想問題，而如何透過一個有效政府去培養並創造出國家公民的價值感，則屬於政治工作者責無旁貸的任務。

到底台灣這個島嶼，如何創造出一個充滿價值感的國家與人民，是左轉去向北歐福利國家學習，或是向右跟著自由市場典範國家看齊，都是值得有志者們勇敢攤開來進行理性大辯論的。

台灣現有的幾大政黨，從民進黨、國民黨、時代力量、親民黨等等，幾乎無人能識別其真正的左右黨性，在各種場合的激情論辯中，我們也都看不到他們究竟是要把正名後的台灣指引到哪個方向？至於台灣的未來希望，除了一個「獨立」的口號，從來就不能明白告訴人民台灣的未來願景到底是往左或往右？

如果中國立憲先驅者劉曉波能為了自己親自參與起草的《零八憲草》而不懼強權、寧死不屈，那麼台灣得以幸運地走在「國家正常化」的民主大道上，眾多民主建國先驅們，能不為涉及台灣人民長治久安的幸福之憲政內容的大工程扛起責任嗎？

發表於《風傳媒》2018/10/27

從「拒統」到「制憲」，台灣「反併吞運動」大集結！

依據當前台灣地緣關係所演化的現狀，其實已經身不由己地被改變了。因此，我們也必須根據急遽改變中的現狀，而努力地將台灣的未來做一次升級的設想：進一步再往前跨越到「反併吞」的絕對主權理念上。也就是要將所有涉及統獨論述的「中國座標」，大跨度地移轉過來，成為以台灣為主體思維的「台灣座標」。

我在上周的專欄裡曾提到台灣亟需要發動一場「反併吞運動」的說法，似乎已引起有些人的興趣，近一周來有許多人都分別來邀我討論此一議題。其實，「反併吞」並不是個創新概念，過去即有類似大型活動出現過，可惜，天時、地利、人和好似都不太對盤，幾路人馬都各有盤算，以致並未引動出全民巨大能量的集體共鳴。

中共已正式表態：九二共識≠一中各表

同步的，就在2月24日的一場在「深入學習貫徹習近平總書記1月2日重要講話精神座談會」上，中共前國台辦副主任王在希正式公開否定了國民黨的「九二共識＝一中各表」。王在希並引申「習五點」的最重要概念表示：就是將「九二共識」的概念明確化，也就是「九二共識」的核心概念不是「一中各表」，而是緊緊圍繞著「統一」這個概念。

據中共黨媒「中評社」報導，王在希指出，習近平的新詮釋，使得九二共識的內涵更加完整準確，即九二共識不僅包括堅持一個中國原則，還包括謀求國家統一，「如果只認同一中，不謀求統一，就不是真正的九二共識」。

據了解，王在希公開否定國民黨長期堅持的「一中各表」之主張，已在該黨內造成極大焦慮。前國安局長蔡得勝27日出席國民黨智庫國家政策研究基金會舉辦的「和平互惠的兩岸」論壇，即指出：兩岸是否開戰，對大陸而言是政治考量問題，不是軍事能力問題；兩岸若衝突，戰場一定在台灣，台灣受害一定比大陸重，「一個中國」是台灣安全的護身符，台灣最好的政策是「談下去、拖下去，不失控」，將兩岸和平穩定的局面拖下去，同時維持自身的軍事實力，確保最起碼的「說不」能力。

蔡得勝任職國安局局長期間是從 2009 年 3 月到 2014 年 5 月，正是馬英九擔任總統任內，因此其兩岸思路仍沿襲自馬英九的「不獨、不統、不武」之藍色政策乃是很可理解的。而，當中共侵壓台灣與日俱增的此際，這樣的消極政策是否仍然對台灣有利則得打上很大問號？

只為了要「談」，所以才「不能惹北京生氣」？

這一套制式的「藍色政策」其關鍵重心在於「談下去、拖下去，不失控」。首先要能「談下去」才能取得「拖下去」的契機，至於能拖多久，誰也沒把握。而且要不要「談」的主動權根本不在我方；易言之，為了能夠「談」，我方必得要先接受中共隨時會祭出的那道「緊箍咒」，也就是「一中原則」。然後就必然演變成「不能惹北京生氣」的小奴才慣性思維，再然後則自然成了「台北特首」的自我矮化的地方政府。這就是我反覆再三提醒的「台灣被地方化、內政化」的重度危機。這也正是「太陽花運動」之所以會一夕爆發的主因之一。

我們必須清楚，現在不肯「談」的是中共，絕非是小英政府。中共不肯「談」唯一理由就是「小英政府不接受九二共識」，也就是堅拒接受「一中原則」。只要台灣不接受這道「緊箍咒」，中共長期執行的「台灣內政化」總戰略就無計可施，她也自然就不必也不肯跟台灣政府坐下來「談」。

而過去馬政府時期，中共之所以願意兩岸會談，雙方還拼得兩岸關係火熱緊密，中共也全然放任國民黨在台灣國內天天大唱「一中各表」，其心機正因為此舉對於中共在戰略上的「台灣內政化」具有戰術上的欺敵作用。在兵法上這叫「明修棧道、暗渡陳倉」；也有人用「溫水煮青蛙」為此做了最貼切的形容。其關鍵詞就是蔣氏父子最喜歡引用的那四個字：「包藏禍心」！

「大家一起來中國賺錢」的時機已經大轉換了！

那時候，兩岸關係水乳交融，猶如韓國瑜所說的「你儂我儂」。其間很重要的國際背景是：美中關係也一樣處於「你儂我儂」的情勢下。我們不妨藉此稍微回溯一下：

一、阿扁的「一邊一國」為何被美國總統布希怒罵說是「麻煩製造者」？因為當時的中國仍正在「韜光養晦」的裝睡形勢中，而美國正急需要中國協助他們一起施展其全球性「反恐」戰略布局；美中夾擊下，台灣被迫只能扮演「乖寶寶」的角色，因為阿扁不乖，就種下大禍，嚐盡苦果。

二、中國在「只有更大，沒有最大」的改革開放大政策下，可謂是全國動員地充分調動「人口」「土地」兩大紅利，而不斷釋放出中國「巨大市場」與「無限廉價勞動力」的誘惑，使盡吃奶力氣地向全世界招商引資。對於多數正面臨成長瓶頸與困境的已開發國家們自然極具誘因，也自然需要兩岸之間的最大穩定性。

三、基於對中國深層文化和「東方專制主義」的誤解或無知，西方主流政治思想多數認定：「中國經濟成長到一定程度後就必然會促成民主化的結構性改變」，這是當時時髦而堅信不疑的一套顯學。所以都毫無戒心地攜手高唱「去去去，大家一起去賺錢」地一路挺進到中國去。

「你儂我儂」的中國，一夜間成了「危險情人」！

30 年過去了，當中國紅利因盡釋而即將用罄的此際，習近平也正式翻臉要改憲法稱帝之外，還要號召 14 億中國人「一切聽黨的指揮」，一起實現「中國夢」進而稱霸世界的偉大野心。

暢銷「戰略作家」范疇先生即曾經在去年 7 月撰文警告過：

> 西方人過去 30 年對中國的期待——逐步融入西方現代化以及市場經濟的軌道，在 2017-18 年間，終於破滅了。他們等到的是一個貌合神離的中國；一個在硬體樣貌上比西方還要西方，但在精神上越來越像 19 世紀、甚至 18 世紀大清王

朝的中國。簡要的說，就是一個信奉「中學為體、西學為用」，在權力體制上絕不讓步，相信只要在「船堅砲利」上抄襲到位，就能光大自身的中國。

西方世界所犯的最大錯誤，就是把「中共」類比於「蘇共」，而把中南海內的思維模式歸於「共產主義」的範疇。殊不知對中南海而言，「共產主義」也是「西學」，是拿來「用」的，這包括了抄襲並青出於藍的蘇共「黨幹部體制」（nomenklatura）；中南海的「體」，也就是核心的精神，其實是「王朝統御」和「宮廷政治」。

（摘錄自范疇撰述《中南海學—中共的思維方式》）

似乎是，西方的輿論主流這才猛然驚覺到：這擁抱了30年且還「你儂我儂的中國」，竟然可以一夜間成了「夜夜殺夫」的危險情人！這一醒，才紛紛轉向並發出「致命中國」的急促警鐘。尤其美國兩黨已經獲致了高度共識：「中共比蘇共更可怕。」所以不管是誰來當總統都必然要對中共下重手以阻其對美國霸權的進一步威脅或危害。

中國企業家：離開中國是對抗共產黨統治的最佳方式

這是當前的大致趨勢，也應該能讓我們理解到，在面對美國已然下重拳的現實狀態下，中國的經濟快速下滑乃是避不可免的。但不僅止於此，即使沒有外部施加的強大壓力，習近平所不斷升高的威權統治之另一面向，其實都正面臨了極其嚴苛的幻滅邊緣。

容我再引述一遍范疇先生的一段精闢觀察：

> **而今，在國際上習的「中國夢」已破滅，在國內，拔苗助長的土地財政已不可持續，黨內派系鬥爭已進入白刃期，家族天文數字貪腐頻出，靠官府勾結的企業家逃的逃、死的死，比較真實的民間企業家一籌莫展，社會邁進數位化的嚴控。中國藉以發展的四大經濟利多，人口紅利、土地財政，美國秩序下的出口便車，人民幣信用，一件都不復存在。即使沒有外部的壓力，中華人民共和國也難以再支撐自己的肥肉體量了。**

對此一現象，最近期的佐證應該就是中國民營企業家「逃離者」所發表的文章：《陳天庸：我為什麼離開中國？》這位企業經營者在離開中國之前悄悄寫下長文並發表在網上（當然立刻被中共刪除了），其行文間對當下中國的經濟和社會動盪進行了現身說法的分析與闡釋。他寫道：「對於企業家階層來說，離開中國是對抗共產黨統治的最佳方式。」他在該長文中還強調：「他只是想為家人找到一個安全的地方，以防最壞的情況發生。他認為這種局面會成為現實，除非出現奇蹟。」

牆內人拼命想往外逃，牆外的人偏想擠進牆內？

於是我們在這裡出現了一個極度弔詭的荒謬課題：分明那道牆內的人正拼命想往外逃命，為何偏偏就有牆外的人還會想要自動擠進牆內去找死？

套用到現實裡，這道荒謬題就會演示成：中國經濟都已經焦頭爛額自顧不暇了，何以還有人願意相信韓國瑜所幻想的那套建築在「中國經濟還是非常好，而且願意撒大錢來幫他忙」的嚴重扭曲與不實的政治承諾？

這道荒謬課題，其實也跟「台灣為什麼要讓中國來統治」一樣的無厘頭！今天在台灣享受人權、享受言論自由、遷徙自由等等的民主生活，難道沒有人想過，只要被中共統治，這一切千辛萬苦好不容易才爭取來的「自由民主」都會被剝奪？而且還可能任何人都即時要面臨「被消失」「被送進集中營」的淒慘境遇？

比如最近才被警告「言論過度親中」的媒體人黃智賢，只要中共得逞而如願地跨海前來統治台灣，像黃女士這號每天呱呱叫的「名嘴」，極可能就是中共必然優先要「處理」掉的前列名單之一！且不論她的言論對與錯，今天台灣政府對她頂多發個警告，大不了再補給她一張罰款單，而他還可以繼續天天呱呱叫；然而，一旦換成中共政權，她大約會像范冰冰一樣先消失幾個月再說吧！當年投共的國民黨人（或軍官將領）有哪幾個好下場的？90% 以上都是身首異處或不知所終的！

於是，我們就來到了一個深水區內了，真心想要讓中共來台灣統治的台灣人究竟有幾人？這幾個人所持的理由又該會是甚麼？

從「拒絕統一」的公投，跨越到「反併吞制憲運動」

從中共的立場看，她要圖霸世界就必然要拿下台灣，然後把台灣做為分食太平洋的前進基地，則台灣人在這基地裡將會被迫做出那些生活轉變呢？或者又都再次成為「抗美」砲灰？

這不單純只是「九二共識賺大錢」這麼簡單的概念可以打混的；更不是「炎黃世胄」或「中國人的血緣」所可以解釋清楚的。如果這麼簡單，香港人還冒著生命危險去搞甚麼「雨傘運動」？

只要基於「免於恐懼的自由」的單一理由，絕大多數人都應該會拒絕被中共統治。

但這還只是消極的「拒絕統一」之選項，因為這道命題本身乃包含著中國對台灣猶然具有「統一權力」，無論這「統一權力」是來自於武力或甚麼亂七八糟裡由。

廢棄「中國座標」，強化「台灣座標」！

依據當前台灣地緣關係所演化的現狀，其實已經身不由己地被改變了。因此，我們也必須根據急遽改變中的現狀，而努力地將台灣的未來做一次升級的設想：進一步再往前跨越到「反併吞」的絕對主權理念上。也就是要將所有涉及統獨論述的「中國座標」，大跨度地移轉過來，成為以台灣為主體思維的「台灣座標」。

唯有完成了這一步自我思想革命，我們才有可能凝聚出最巨大的共識能量，而對中共政權同聲發出巨大怒吼：「反併吞」，並且讓全世界都聽得到。

國際局勢已然來到對台灣越來越有利的形勢。我們實在沒必要再妄自菲薄或自我設限地說「誰會不會同意」或「誰會不會反對」的小媳婦心態。

「制憲反併吞運動」沒必要再捲縮在「公投」那有名無實的遊戲裡，而必然是要將層次整個拔高到啟動「制憲」的「護衛主權」之政治訴求上，道理和目的很單純，就是為了要「反併吞」。因為台灣再也不接受任何外來的統治。

發表於《風傳媒》2019/03/02

「改國號」不如「反併呑」，「制憲」才是最佳選項！

這就來到一個最深沉的核心關鍵：如果台灣真正是一個主權獨立的國家，則這個國家的人民該如何才能過上甚麼樣幸福日子？再說一次，這國家想要怎麼稱呼，我並不在意。惟，這個國家人民該如何才能幸福過日子，毋寧方是重中之重的核心關鍵問句。

國民黨前些日子所積極倡論的「兩岸和平協議」近日來似有冷卻現象。推導其主因不外有兩個：一個是北京反應冷淡；一個是國民黨忙著要誰來當總統候選人而窮於內鬥。

北京之所以反應冷淡，當然跟「習五點」所揭示的「一國兩制」之大方向有關。「習五點」一經拋出，就是不可踰越的聖旨，這道聖旨就定然被中共奉為對台政策的總指標。如此一來，國民黨所提的所謂「兩岸和平協議」自然就被踢得遠遠的。套用政治語言來說，兩岸既然可以是「一國」，還談甚麼「和平協議」？

「中華民國」是誰創造的？誰肯為之捨命捍衛？

然而兩岸問題，無論是「和平協議」或是「一國兩制」，都一定會觸及到「中華民國」的存在事實，藍綠紅白黃，任何人都無法迴避。

這個「中華民國」是1912年1月1日宣告成立的（所以俗稱的10月10日國慶日就是假的認知），而且延滯到同年2月12日，清宣統帝頒布退位詔書，號稱的「中華民國」才正式繼承統治中國。是年2月15日，臨時參議院選舉袁世凱為臨時大總統；5月14日，臨時參議院議決以「五色旗」為國旗；6月8日經臨時大總統袁世凱公布施行：「以五色旗為國旗，商旗適用國旗，以十九星旗為陸軍旗，以青天白日旗為海軍旗。」（當時還沒有空軍）

我無意藉此重述「中華民國」真真假假的演進史，只是想提醒年輕朋友們對於「中華民國」在歷史的演化進程中所曾經歷的「史實」，很可能有許多是被某些既定的「史觀」所竄改並故意誤導的。比如「中華民國」是國民黨所創建的？又比如說，「中華民國」才是繼清政府之後的華夏中國唯一正統傳承？再比如，北京的「中華民國」究竟是不是被廣州自組的「軍政府」所篡奪的？

「流亡政權」都滅了，「中華民國」還在嗎？

回到現實層面，台灣現下這個「中華民國」就是國民黨政權在 1949 年被中共徹底擊垮之後被撤來台重建的「流亡政權」。說他是「流亡政權」除了當時國共仍處於內戰狀態（所以才會制定並宣告「戡亂時期」的法律條款），也同時繼續宣示對中國「固有疆域」具有「合法」統治權，可是卻無法實際行使管轄權，因故而只能暫時「宣稱」。這不正是「流亡政權」的證據之一。

再者，當時被世人普遍認知為下野身分的蔣介石，如何能以國民黨總裁身分而到台灣來自行宣布「復行視事」又搖身成為「中華民國」總統？

台大教授王泰升於 2017 年 5 月 16 日曾在記者會上，公開他對於「蔣介石來台復行視事」的研究觀點，他說：

1950年3月1日，蔣中正在台北以憲法上沒有明文規定的「復行視事」的方式，成為台灣的總統，直到1975年他過世為止。我曾經到美國史丹福大學手抄蔣中正日記，他在1950年3月1日的日記上，貼了一張剪報，報紙上的標題是「總統復行視事 有憲法根據 蔣總統不能視事原因消失 李副總統代行權當然解除」。在個人日記裡貼上該剪報，是要自我安慰、還是留下成果？不得而知。但當時為什麼由司法院院長王寵惠在報紙上，而不是透過大法官會議，來表示所謂「有憲法根據」呢？民主國家的憲法真的容許擔任總統的人，說我不做了，揮揮手就去職，一年後說我又想做了，再揮揮手就可復職，可以這樣「隨意來去」嗎？許許多多的疑問，都有待檢視政府部門或威權政黨的檔案，才能在學術上做更有依據的論斷。不過檔案數量龐大，若無目錄，無法找到所需的關鍵文件。

既無憲法護持，又無民意支撐，蔣介石當上這個「中華民國」總統所憑仗的不就是他撤退來台的軍隊和逃亡來的「南京政府」之300萬難民？

除了運用特務統治在台灣島內的反覆清洗鎮壓（無分國籍省籍），也藉助於美國第七艦隊的協防護衛，這「流亡政權」才得以維續下來。

台灣地緣乃美國軍事不容失守的戰略島嶼

於是，我們就必然要面對一個長考的問題了：美國這麼個民主國家何以會願意不惜代價防衛這個威權法西斯的「流亡政權」去對抗「中華人民共和國」？

因韓戰爆發，冷戰格局確立，基於美國陣營之防衛需要，在全球戰略部署上，從西太平洋的這一端畫下一道對中共的封鎖線，也就是我們現在所習稱的「第一島鏈」。這道封鎖線隨著軍事科技日新月異的發展，尤其是中共欲以大國崛起之姿，意謀突圍之勢日盛的此際，這條封鎖線的重要性也就隨之與日俱增。

可能台灣還很多人不知道，這「第一島鏈」所潛存的軍事意義和價值。藉此我來簡單介紹一下。

早在冷戰時期美國即已從津輕到對馬海峽之間鋪設了 SOSUS，也就是海底電纜。該設施可以透過水下聽音器等蒐集往來潛艇所發生的聲波和磁氣數據，並加以探測行動的系統進行全程監聽。當時設定的功能主要是用來監視前蘇聯潛艇出入的。2015 年則由美日合作將新一代的改良版 SOSUS 沿著第一島鏈鋪設延伸完成（如附圖）。

該一巨大工程即以沖繩為據點，部署範圍覆蓋南西諸島太平洋一帶，而系統的兩條電纜由當地美軍白沙灘基地觀測所的海底延伸，分別擴展至九州南部和台灣海域，並在每數十公里設置一台水下聽音器，相較於舊式的 SOSUS，能探測到更遠距離，甚至能捕捉到次聲波訊號，更可以偵測到自東海、黃海進入太平洋的中國潛艇，並由美日共享情報。

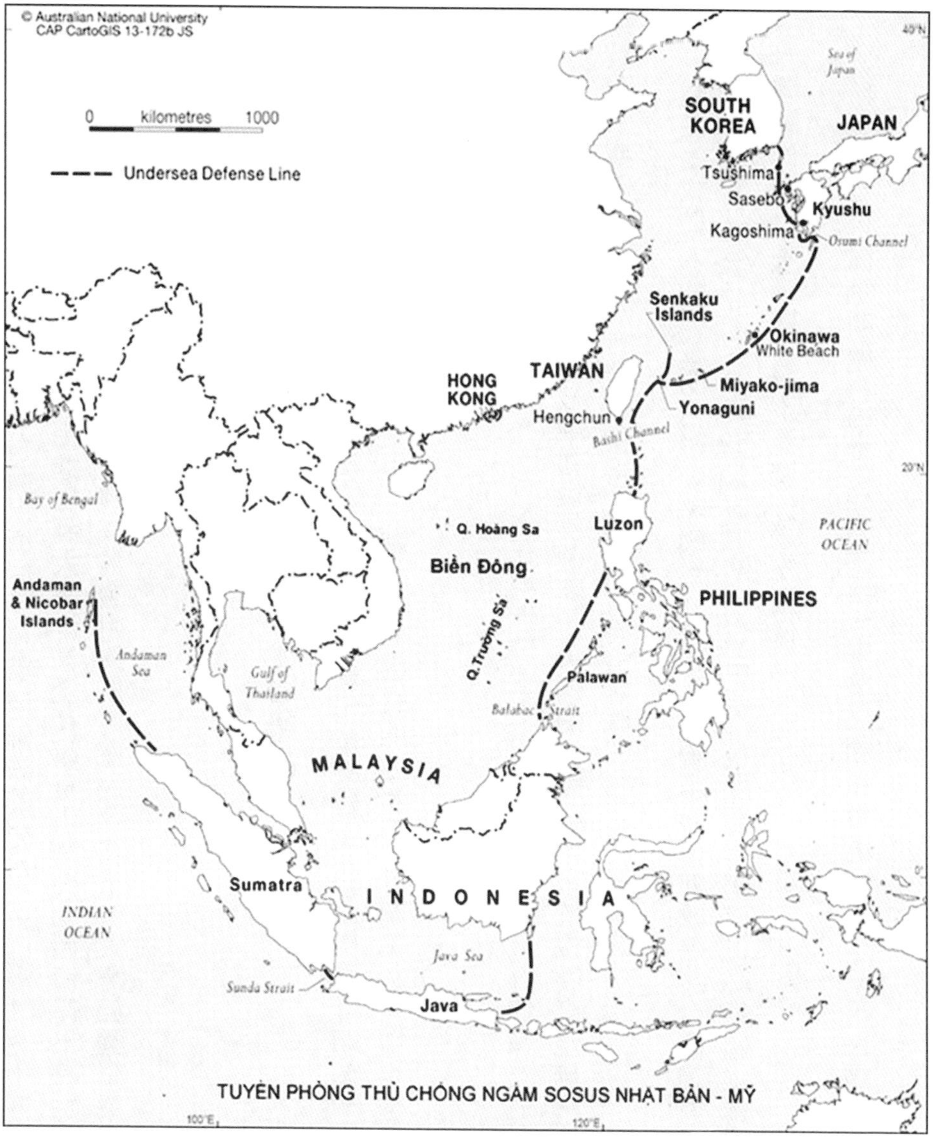

圖說：沿著第一島鏈設置的美軍 SOSUS 水下聲紋偵測系統。

圖片來源：Australian National University CAP CartoGIS 13-172 JS

從所附圖上可以看見沿著台灣東海岸不遠處所鋪設的 SOSUS，萬一被中共突破，則中國的所有艦艇就完全可以自由進出到太平洋甚至長驅直入到美國西海岸，特別是核子動力潛艇，是否就意味著居住在洛杉磯或舊金山的任何住民，在某一天清晨醒來突然可能看到中共潛艇已經翩然來到呢？

台灣絕對是美國的禁臠之區，誰也不容染指！

基於二戰期間，日本偷襲珍珠港的慘痛教訓，美國軍事防衛所堅守的第一守則就是不能讓任何敵人直接攻擊美國本土。鋪設這條綿長的 SOSUS 耗費不貲，卻也是美國必須投資的至關重要的軍事設施。

然後我們已經很可以想像，台灣在地理位置上，一旦被中共併吞佔領，這一條類似海上長城的 SOSUS 就可能被中共輕易截斷，美國的連鎖方位系統也就出現無法彌補的極大破洞。增減之間，美日能接受得了中共併吞台灣嗎？

然後，我們大約已經明白了，美國（含日本）不管中共如何吆喝，台灣絕對是美國的禁臠之區，也即是不可失守的重要前哨站。也由此得以理解美國何以必須確立其國內法的「台灣關係法」來確保台灣不受侵併之安全保障。

所以不管台灣是叫做「中華民國」或「中華民國在台灣」、「中華民國是台灣」，乃至於「台灣是中華民國」，只要台灣不會被中共併吞，美國官方都可以接受，也都不會表示意見。

「中華民國」就是中共不得不割除的「毒瘤」！

可是，反過來，中共要併吞台灣的一個極其重要的政治任務則是要藉此務必滅掉「中華民國」。

站在中共角度來看，只要「中華民國」繼續存在，中國的內戰就永遠沒有結束！再換個說法，只要「中華民國」繼續存在，中共就無法對他們所煽動的民族主義者們有所交代！同樣的，只要「中華民國」繼續存在，「中華人民共和國」就必然要承受「兩個中國」（或叫做「一邊一國」）的潛在威脅！

那麼，無論是國民黨吶喊的所謂「和平協定」，或者是習近平頒布聖旨的「一國兩制」都同樣難以迴避這道根本無解的政治課題：怎麼處理「中華民國」？

我長期主張的論點很一致：國號只是個政治工具。這國家的人民該如何才能過上甚麼樣幸福日子，應該遠比這國家叫甚麼國號重要千萬倍。所以對於「中華民國」這個稱號，我個人是完全不帶感情的。不像我有很多朋友對之「深惡痛絕」，欲除之而後快」；至於某些誓死都要捍衛「中華民國」的朋友們，除了用之騙選票及詐錢財者之外，我願意給予感情上的尊重，但向來不予置評。

啟動「制憲」才是反併吞運動的最優選項

這就來到一個最深沉的核心關鍵：如果台灣真正是一個主權獨立的國家，則這個國家的人民該如何才能過上甚麼樣幸福日子？

再說一次，這國家想要怎麼稱呼，我並不在意。惟，這個國家人民該如何才能幸福過日子，毋寧方是重中之重的核心關鍵問句。

首先，絕不能讓中共給併吞了，那是羊入虎口，否則到時究竟是怎麼死的都不明白！不過如前所述，這問題，美國人應該是會比我們更關切也更操心才對。

再者，台灣人必須要集體站出來展現自己最大的意志力，齊聲發出怒吼，告訴全世界：台灣人堅決抗拒中共的併吞企圖或行為，並不間斷地認真邀請全世界友善國家共同支持我們。

第三，為了人民長治久安的幸福生活，在享受了民主人權之後，台灣人必須要動用自己的公民權利發起「制憲運動」。這已是迫在眉睫的偉大的政治工程。因為目前所正在用的那部破舊的「中華民國憲法」，早已經完全不適用於台灣這塊土地上的人民。

一個自稱為主權獨立國家的人民，竟然沒有能力或勇氣自己制定一部最適合於自己的憲法，能不被萬代子孫所訕笑嗎？

發表於《風傳媒》2019/03/09

「制憲」除魅，終結「被殖民」悲情！

台灣人民需要制定一部最適合於台灣此刻時空環境下的憲法，已經是刻不容緩的現實。否則即使改了國號名稱，其他條文不拿出來巨幅翻修，或是乾脆打掉重新制定台灣新憲法，則將會像前幾次採用增修條文的修憲那樣，舊瓶裝老酒，徒然圖利於掌權者罷了！台灣人民則還是得繼續被困在在那部破舊的《中華民國憲法》陰影下苟活著，則年輕一代的意識裡又只好繼續「被殖民」的鬼魅所壓制著。

在與年輕人們的一場非正式討論中，突然有位同學發問：台灣到底是不是個殖民地？令場即刻陷入默然的沉思中。我觀察到幾位年輕人對此發問似乎都有些迷惘的表情，連我都感到有點驚訝！

遠的且不說，姑且就從荷蘭人來安平建造了熱蘭遮城開始迄今也快滿 400 年了。據說台南市政府還正在籌畫想要為這座古蹟來一場盛大的 400 年慶生會，而許多地方人士也都朝向這 400 年生日而在積極且熱心地籌謀著諸多期前的準備工作。這當然是件好事。只是，這樣一樁號稱「400 年的生日慶典」是否也像每年燈會一樣，來一場嘉年華似的熱鬧歡騰，然後曲終人散，燈滅酒醒，一切復歸於寂然？

天下觀的大一統意識下，台灣不過是個邊陲島嶼

1624 年荷蘭人來台建立了第一個統治政權（北部則由西班牙人佔領），台灣被列入其殖民地領域。1662 年鄭成功率軍來台打敗了荷蘭人，接管了此一殖民地，以之做為「反清復明」的基地，台灣依然還是鄭氏王朝的殖民地。之後於 1684 年清康熙入主台灣，對於只能以陸權為主體戰略思維的朝廷統治，因台灣位處海上邊陲，而且地狹人稀，所以將台灣視之為食之無味棄之可惜的雞肋我們應該可以理解。福建巡撫徐宗幹則稱台灣為「三年一小亂，五年一大亂」的恐怖危地。在清廷天下觀的大一統意識裡，台灣既是化外之地，所實施的也即是「殖民政策」。

然後換到日本帝國入台，在殖民政策上係將台灣做為支持其母國工業的後盾，也就是由臺灣總督府主導臺灣的拓殖規劃，原則上是由官方為日本資本家量身訂做各種規則，由臺灣提供資源、物產及勞力，再轉為其母國資本家服務。同時台灣也被當作是日本向南洋發展的前進基地在認真經營著。當時殖民政府在臺灣實行特別法，藉由警察政治嚴厲執行社會控制。臺灣人並沒有平等的參政權，在日治初期的現代化教育程度，也遠遠低於當時在臺灣的日本人，是日後才逐年普及，但教育制度上與日本人相比仍有極大不平等差別待遇。

國民政府依據《一般命令第一號》來接管臺灣

迄至戰後國民黨政府（時稱國民政府）依據盟軍最高統帥麥克阿瑟發布的《一般命令第一號》代表同盟國軍事接管臺灣。國民黨軍隊遂以「戰勝國」姿態取代日本殖民政府佔領台灣，隨即設立了與中國省級行政體制不同的「臺灣省行政長官公署」，並由陳儀出任臺灣行政長官。

因派來台灣接管官員的貪污腐敗問題日漸嚴重、軍隊紀律敗壞、而且濫印鈔票導致惡性通貨膨脹、失業問題嚴重，陳儀本人又大權獨攬。陳儀政府還藉由統制經濟的實施，透過專賣局與貿易局壟斷臺灣的經濟命脈、扼殺了民間工商企業界的商機；尤有甚者，將臺灣的各種民生物資運往中國大陸支應國共內戰（多數遭私人吞沒），導致臺灣人民的生活陷入極度困境，終致民不聊生；再加上文化及語言上的隔閡，中國來台移民相對於臺灣人在社會地位及工作職位上均具高度優勢的不平等待遇，而且掌握資源者又對臺灣人民進行種種歧視與打壓，如此歷經一年多的倒行逆施，乃累積了龐大的民怨。

1946 年 3 月，美國《Washington Daily News》即曾以頭版標題刊出「Chinese exploit Formosa worse than Japs did（中國人剝削台灣比日本人更嚴重）」，嚴厲批評國民黨政府在台灣的統治。則說明了當時台灣所遭受到的不公平對待處境，終於導致在 1947 年發生的慘烈之「228 事件」。

但是當我們回頭去緬懷或紀念 228 時，很多人卻猶然未知比 228 事件發生的那幾天還更為悲慘的那段史實：「清鄉行動」。

繼 228 後，展開更慘烈、更恐怖的「清鄉行動」

為平剿因「228 事變」之「叛民」，蔣介石派兵來台增援部隊於「1947 年 3 月 8 日登陸基隆。9 日，宣佈戒嚴。10 日起，陳儀下令解散「二二八事件處理委員會」及一切「非法團體」，查封「民報」、「人民導報」、「大明報」，「中外日報」等民間報紙，各地菁英和民眾，紛紛被捕遇害。（詳見**《恐怖清鄉》**）

台灣在增援兵力抵台並實施大規模鎮壓後，行政長官陳儀於 3 月 26 日發布「為實施清鄉告全省同胞書」，軍警以清查戶口、追繳武器等方式將要求政府進行政治改革之菁英，以及曾經參與反抗政府，與任何可疑者一網打盡加以逮捕或殺害。許多臺籍菁英與百姓受到牽連而慘遭捕殺，抑或是根本無來由地被羅織搜捕之後，不經審判而被監禁、處死或就此失蹤者不計其數。

當時，據來自中國大陸記者王思翔在《臺灣2月革命記》所報導：

配合著公開的大屠殺，還有掩耳盜鈴式的恐怖手段……一經逮捕，多不加詢問，立即處死……每夜間均有滿疊屍體的卡車數輛，來往於臺北-淡水或基隆間。至3月底，我在基隆候船10天，幾乎每天都能看到從海中漂上岸來的屍體，有的失親圍坐而哭，有的無人認斂，任其腐爛。……軍警、警察、特務以及以征服者自居的外省人等，都可以隨時隨地捕人，公開綁架，甚至可以在辦公室內隨意捉人……。

再然後，國共內戰失利，國民黨政權被迫流亡來台並於1949年5月19日頒布戒嚴令，台灣也跟著被關進長達歷時38年之久的「白色恐怖時期」。如果不是殖民政權，會有這一大段史實的浮現嗎？

你知道台灣「被插過」幾面「國旗」嗎？

台灣每換一次殖民者就會被換上一面「國旗」。且讓我再來細數一下這有趣卻難堪的表象。一般的算法是台灣 400 年曾「被插過」七面「國旗」：

一．荷蘭佔台（1624～1662）
二．西班牙（1626～1642）
三．鄭氏（1662～1683）
四．滿清（1684～1895）
五．台灣民主國（1895）
六．日本（1894～1945）
七．中華民國（1945~~~）

但，換另一種算法，認為還必須要加上兩面「國旗」才正確：

八．朱一貴的大明王朝
九．大肚王國

所以正確答案應該是九面「國旗」。

被戲稱為蕞爾小島的台灣，曾經被輪流插上這麼多面「國旗」，每換一次「國旗」，國號（或政權稱號）當然也就會被置換過一次。不妨設想一下：一個人如果被改過七次或九次名字，還有誰會清楚知道他（她）到底真確該叫做甚麼名字呢？這能不能稱之為悲哀的一生？這算不算是「被殖民」的乖舛命運？

今日台灣到底還算不算是「殖民政府」？

談到這裡，我們開始來到一個很現實的爭論點了：1996 年 3 月 23 日台灣舉行了 400 年來的第一次總統選舉。從政治意涵上，全民用投票直選自己的國家領導人，這總該可以脱掉那套「殖民政府」的大衣了吧？

如果答案是肯定的，那就又得轉回到文首所提示到的：那些位年輕學子何以還在問：「台灣到底是不是個殖民地？」並因而都為之愁眉不展？

我想，這個爭執點大抵是因為「中華民國」這個稱號而起的一種感情投射。如果台灣已經是個主權獨立國家，為什麼我們還要再延續殖民政權所用過的「國號」？為什麼台灣不能「正名」直接用「台灣」作為國名？易言之，這「中華民國」國號繼續再用下去，就代表著：台灣永遠是個「被殖民」的地區，無論是哪個政黨執政，都不具「主權獨立」的真實意義！這當然是深綠基教派的一種堅持。

相對的，另一類懷抱著中國情懷的族群們，則死抱著「中華民國」國號，寧死不換，他們最常援引的認知是：變更「中華民國」國號就是亡國！這是喊真的或是喊假的，當然仍有待驗證（改了就知道）。

不過此一口號式的説法，最近似乎出現了個小小洋蔥梗。藍委陳超明竟然會在立法院質詢時公開主張「中華民國」國名也可協商，「或可打掉重來稱『大中華民國』」？也就是死抱著「中華民國」國號的一群人並不都是鐵板一塊，或是真心要捍衛「中華民國」這神主牌的！只要有利（於誰）的情況下，也還是可以「協商」的。離奇的是，陳超明的此一主張，藍營誓死捍衛「中華民國」的死忠派，也竟然都默認了，沒人出來表示任何反對意見？

「國號」其實也可以是用後即丟的易開罐罷了！

國號代表甚麼？不過是一種身分區分的共識而已。如果人民不具有「國家效忠」的具體價值認知，那個被吵翻天的「國號」也不過是用後即丟的易開罐罷了！比如，菲律賓總統杜拉蒂也都公開主張要更改國號，不叫做菲律賓了。

我的經驗裡，多數人出國在介紹自己來自哪裡時，總會脫口說是「來自台灣」，鮮少有人會說我來自中華民國」的（因為外國人簡直不知道你在說的是哪一國？哪一地？）。

可是，國號（招牌）底下的這塊土地上所共同生活的人民該如何才能過上怎樣的幸福日子，不是比國家到底該叫甚麼名字更重要嗎？同樣的，除非你堅信：一個人可能因為改名而就真的能夠改運，也能夠因為改名而得以過上更美滿更幸福的日子。否則就是只要換皮就是一本新書，焉有如此自欺欺人者乎？

「憲政除魅」大工程已是刻不容緩的制高任務

台灣這部憲法是從中國跟著國民黨敗逃而來的。只要用心點去看看當年在南京提出的「五五憲草」的刀光劍影，基本就能理解其過程的荒謬性。所謂五權分立的政府組織架構、或是超級大總統的制度設計，在在都足以窺見其中的權力慾望搶奪下之各種流毒。

所以，台灣人民需要制定一部最適合於台灣此刻時空環境下的憲法，已經是刻不容緩的現實。否則即使改了國號名稱，其他條文不拿出來巨幅翻修，或是乾脆打掉重新制定台灣新憲法，則將會像前幾次採用增修條文的修憲那樣，舊瓶裝老酒，徒然圖利於掌權者罷了！台灣人民則還是得繼續被困在在那部破舊的《中華民國憲法》陰影下苟活著，則年輕一代的意識裡又只好繼續「被殖民」的鬼魅所壓制著。

現在急切需要的是「憲政除魅」，把《中華民國憲法》高高抬出來進行一次「除魅大工程」，絕不僅只是改國號的正名而已。更重要者，仍在於人民該過怎樣的生活的新制憲。為此，我們才能真正為自己畫出一個台灣座標，也就是一個以台灣為中心的歷史座標、生存座標、開展座標。這樣我們才有勇氣跟新世代們說，我們已經完成任務了！

發表於《風傳媒》2019/03/16

被出賣的農民組織
農田水利會

院長用「延任」賄賂，被出賣的農民要「造反」啦！

究竟國家的農業發展方向為何？農田水利的發展又應如何配合施作？農委會迄今從來都沒有一套整體性的規劃與說明，這次乾脆直接先射箭再畫靶，完全一付「改了再說」的便宜模式。於今在這樣的倉皇情形下，就要沒收農民會員全體共有的資產，農民們能服嗎？

台灣國會議長違背政治誠信，嚴重嗎？立法院長私下用官銜做為交換誘餌藉以促成法案順利過關，算不算是黑箱喬事？很嚴重嗎？有沒有涉及違憲和違法疑雲？

只要不健忘的話，去（2017）年2月2日當天，民進黨不分區立委蘇嘉全獲民進黨團及時代力量黨團全數支持，以過半數的七十四票當選立法院長。蘇宣誓就職後，立即就辭掉民進黨中常委，藉以宣示將「嚴守議長中立，把國會還給人民，未來的國會不再有黑箱、密室。」一時舉國同聲高呼「新國會萬歲！」

猶記得，這位新科議長當時還指天立誓說：未來立院的黨團及議案協商、委員會內容與過程，一定符合民主、公開、透明，推動由網路連署建議重大法案政策，並開放公民記者採訪，讓國會資訊全面網路化，未來的國會不再有黑箱、密室。

農委會所承襲於黨國時期的威權心態

再翻開2018年1月17日新聞，我們很輕易就會看到這樣的報導：

立法院臨時會今天凌晨三讀通過農田水利會組織通則修正案，除了停止辦理水利會會長選舉外，也將第四屆會務委員、會長任期延任2年4個月至2020年9月30日；會長屆滿或出缺時，由主管機關指派具有一定資格者擔任。至於改制為公務機關及資產處理、職員工作權益保障等事項，另以法律定之。

台灣全國17個「農田水利會」會長一律延任2年4個月，此正是這則新聞的關鍵重點，其所預埋的政策意旨乃在於：當這些會長延任期滿後，即自然轉為「由主管機關指派具有一定資格者擔任。」這一招在兵法上大抵可以名之為「上樓抽梯」。

然後我們再去搜出農委會網站發布於當天的新聞稿欄目，上面標題是：「農田水利會改制升格，農業水源利用效率會更好」。副標題則是：「農田水利會組織通則修正通過農委會感謝立法委員與各界支持搭配組改、擴大灌區、產業結構調整逐步實現新農業藍圖。」至於何謂「新農業」則完全付之闕如。

該新聞稿很長，我們單只引述第一段（也是很長）即可窺見其基本用心：

立法院今（17）日凌晨三讀通過「農田水利會組織通則第二十三條、第三十五條、第四十條修正草案」，農委會主委林聰賢對修法過程中，立法委員、學術社群、水利會與各界的支持表達感謝，尤其在部分有心人士刻意誤導製造對立之下，執政黨立院黨團成員仍展現堅定意志，全力支持，農委會非常感謝，接下來將以具體的行動，落實水利會改革，透過組織改造、擴大灌區服務，進行農業產業結構調整，以提高農民所得，逐步實現「新農業」擘劃藍圖。林聰賢主委也強調，這次修法完成，正是下一階段改革的開始，修法過程中，各界雖有不同意見，但相信共同目標是希望讓臺灣農業未來更好，後面還有很多工作，需要各界合作推動，企盼大家能攜手同心，向前邁進。

法案既然已經通過了，農委會竟然還要在自家網站所發布的新聞稿上刻意刊出：「尤其在部分有心人士刻意誤導製造對立之下，執政黨立院黨團成員仍展現堅定意志，全力支持……」！這樣的負面語言，我們必然不會陌生的：慣常的將反對人士一律被污名為「有心人士」。

這件事的主導者到底是農委會主委林聰賢抑或是副主委陳吉仲，我們尚不敢論斷，只能從一句「展現堅定意志」可以完全判定：農委會所承襲於黨國時期的威權心態至今猶未退除！

「公法人」升格為「公務機關」是一種「恩寵」嗎？

根據**風傳媒 2017 年 11 月 10 日採訪報導**說：

賴清德表示，《農田水利會組織通則》攸關國家水資源利用效率提升與全國農田灌溉建設永續發展，請農委會加強宣導，強調農田水利會改制為政府公務機關，將提供農民更好的服務，並積極與立法院朝野各黨團溝通，讓社會瞭解農田水利會升格的目的及重要性，消弭各界疑慮，進而支持農業政策改革。

執政當局執意要將原本是「公法人」位階的「農田水利會」改制為公務機關竟然稱之為「升格」，意即「民變官」即可稱之為升格？可見其反民主的封建心態，這暫且不論；

設若我們將他所提示「改制的理由」來反問賴神：「升格後的農田水利會如何能『提供農民更好的服務』，你們都說得清楚嗎？」你認為賴神以及眾多民進黨高層們究竟能怎麼回答？

弱勢農民只有被藍綠政客操弄的命運？

因歷史沿革的關係，沿自日治時期而長存百年以上的「農田水利會」，其內外性質原本就極為複雜。其組織地位的現況是「自治團體」公法人，其財產不屬於公有財產而為會員全體共有，會員間的法律關係原非三言兩語所能說明，其中更有農民權益有關的「轉型正義」之議題，這仍有待另文詳敍。但無論如何，改制與否，不但與全體會員權益息息相關，更是「國家農業政策」重中之重的課題。

如今為了扭曲配合政客們的算計，農委會為此已經發表許多語焉不詳且還都自相矛盾的論述。例如為了說改制好，不惜謊稱要將農田水利服務擴大到全部的農地，卻無視水稻耕作已長年配合休耕的現實。

究竟國家的農業發展方向為何？農田水利的發展又應如何配合施作？農委會迄今從來都沒有一套整體性的規劃與說明，這次乾脆直接先射箭再畫靶，完全一付「改了再說」的便宜模式。於今在這樣的倉皇情形下，就要沒收農民會員全體共有的資產，農民們能服嗎？

台灣政府長年以來的失能，使我國農業政策欠缺長遠眼光與總體規劃，放任農業成為絕對弱勢產業，致使農田水利事業連帶受害，不但自身財務因政府管制的關係遲遲無法健全，農業用水的水權也每每被政府強硬要求退讓，一有缺水更是馬上要求辦理休耕。

現在會員直選的農田水利會，還能在農忙時的用水關鍵時刻，對水利署僅因久未降雨便要求停供農業用水的不合理要求說「不」！這完全是「以民意為後盾」才辦得到的事情。而今一旦改成「上命下從」的公務機關，農民的用水權絕對是更無保障的，更不用說對基層的水利服務！在此種「再官僚化」的體制下，究有幾人還敢相信明天會更好？

兩位資深蘇姓綠委所圖為何？選票&鈔票？

再參考當日另一則媒體報導**【幕後》一度延宕的農田水利會官派修法竟火速通過 幕後推手原來是他】**，你才會驚覺地發現，原來「服務農民是假，圖利自己才是真」：

據了解，原本因綠營內部仍存歧見，水利會「官派」修法一度延宕，如今政院卻火速通過，幕後推手即是曾任扁朝農委會主委的立法院長蘇嘉全；蘇兩度邀請全台會長當面溝通、安撫、折衝，黨內也形成共識，政院才從善如流出手。……據知情人士透露，去年修法延宕之際，引發大力支持的民進黨立委蘇治芬頗為不滿，甚至在內部會議當著蔡英文的面拍桌，質疑民進黨「失去理想」，場面尷尬。

從此一報導，我們大致可以推論出：大力推動農田水利會改制的首謀應該就是蘇嘉全。賴揆在政院拍板只是順勢而為，做個人情而已；至於傳說中的綠委蘇治芬不惜為此改制案就敢在小英總統面前敲桌大罵，一般也都很容易就可以推論到：這之中所隱含的政治利益有多麼龐大了！

兩位蘇姓資深綠委到底圖的什麼？為選票？為鈔票？這讓一般人民都看得霧煞煞！好端端的一個長存百年的社會公益機構，政府何以非要不惜觸犯眾怒而批逆鱗、違反巨大民意地強行改制為政府機關？

從政府角度看，自己一方面對人民反覆承諾說要「減肥」，一方面則又無視龐大反對的民意，硬要收編這個運作正常的公法人為政府機關，怎麼說，都很難讓人信服的！

台灣長期以來的政府組織改造，都是朝民營化的方向走。比如中華電信及郵局，但看那時之公務員的反抗力道有多大！以今日台鐵沒效率年年鉅額虧損，其營運效率早輸給高鐵多矣，正由於其仍屬於公務機關，根本上哪來有改革動力和能耐？

於今農田水利會本來運作好好的，當今政府卻急於公務化，其居心究竟何在？

再看看台糖台鹽吧，各種服務事業做的七零八落，此都緣由於公務員心態積習難改之困。是執政黨還嫌政府組織不夠大嗎？將農田水利會改為公務機關等於保證營運效率會跟台鐵一班的出現冗員沉痾，本業不振，日後又會留下一大堆爛攤子由全民買單！這會是號稱改革的民進黨應該做的事嗎？各種改革都可試，但改成公務機關，就絕對是死路一條。

印證了「嘴唸經，手摸×」醜陋眾生相！

關於這事件的批判，前**台南縣長蘇煥智先生**和**《台灣公論報》社長陸之駿先生**在當時都已先後發表精闢意見，大家可以順著超連結翻到該電子報去閱讀參考，我就不再贅言。本文擬從另一個非常政治性的考量入手分析：執政黨在此際藉由政府公權力強行收編水利會的利與弊。也許能夠讓人們對這事件看得更清楚，民進黨內某些少數份子是如何的「包藏禍心」！又是如何的「吃相難看」！正所謂印證著「嘴唸經，手摸×」的醜陋眾生相！

請容我先引述蘇煥智先生在**《水利會機關化，拔樁？違憲？大政府？》**一文裡所描述的：

> 賴揆要將農田水利會改為公務機構，其理由主要是水利會選舉買票，黑金介入，地方派系把持，水利會財產成為地方派系把持的資源。
>
> 當然內心沒有說的是：「水利會是國民黨地方派系控制的資源，改為公務機構後，可以徹底瓦解國民黨的地方黑金派系。」

其實，政府還有另一個不敢說的理由是：「每一次缺水時，要將農業用水調撥供工業用水，有農田水利會存在還真的很麻煩。」一個為工代言，一個為農民而捍衛用水權，現在硬要把農田水利會納入公務機關，其用心無非就是為了犧牲農民去屈就工業用水。

在制度面看，誠如陸之駿先生在其**《殷鑑不遠：為何歷代政府改制農田水利會皆失敗？》**一文中所敘述的：

> 中華民國史上，陳誠、蔣經國、李登輝三朝三度要把台灣的水利會改成公務機關，均以失敗告終。失敗的關鍵，在於兩個徵結：
>
> 一、改制後，水利會員工是否轉為公務員？小組長的工作，誰來做？
>
> 二、七千公頃的水利用地，是私有土地，政府哪來財源徵收？這才是最大的問題。
>
> 陳水扁處理水利會地方派系化的方法，是以有效的方式－民主直選來瓦解派系。

大家應能洞悉，無論藍綠，執政黨所用心的政治邏輯，不外乎是：一則是選票考量，一則是龐大經濟利益的覬覦心態。

水利會本來就是個選舉大票倉

讓我們先從選票談起。

農田水利會號稱全國有180萬個會員，其實跟農會會員絕大多數是重疊的。易言之，水利會就是個選舉票倉，每位政治人物都定然會想要染指介入並加以掌控。

2016年初，小英總統大選得票689萬票，國民黨的朱立倫是381萬票，形式上，小英總統足足贏過朱立倫308萬票，差距不可謂不大。這樣的戰果卻讓勝方沖昏了頭，真的誤以為綠營的版圖擴張了一大半。

回探2012年的選舉結果。馬英九是689萬票，小英則是609萬票，馬英九贏了小英80萬票。要特別提醒各位注意的是，2016年的小英的票數只成長了80萬票，也即是當年她所輸給馬英九的票數。學問就在這80萬票到底如何正確解析了。

很多人說，有許多新世代和首投族投給了小英，這是原因之一，但絕不會有80萬票這麼多的數字。所以另一個「80萬的票源」就直接被指向了「農田水利會」。

神秘的80萬張選票，水利會佔了幾成？

傳統上，「農田水利會」一向被認為是藍營地方派系的禁臠重地。每到選舉，不分大小，基本都會是兵家必爭的重鎮，甚至於扮演著勝負的關鍵要塞。2016年全國農田水利會成立了「小英後援會」，並且還集體公開宣示由「藍轉綠」。事實上，小英新闢的80萬票，多被判斷係來自農田水利會者居多數。

於是有一個弔詭的論點就浮上來了：如果農田水利會是國民黨的地方黑金派系綁樁買票的「部本部」，何以會出現公然「藍轉綠」的特異怪現象？

那麼我們該不該問，如果英德政府這次透過賄賂似的賣官模型，強勢霸王硬上弓，硬將「農田水利會」改制為政府機關，對於2020年小英的連任選舉，還能像2016年這次一樣的續演「藍轉綠」之戲碼嗎？

執政黨一面強調行政中立，一面則暗打算盤，要將這現成大票倉納為私囊？形式上看，這的確像似「義正詞嚴、手到擒來」的便宜事，實際上，卻已埋下農田水利會180萬成員的民意積怨！甚至於一旦農田水利會官僚化之後，對農民所可能造成的有形無形傷害，定然都要把帳全都算到執政者的頭上，則小英的連任還能照演一次「藍轉綠」嗎？

是否農田水利會只要轉移40萬票到小英競選對手身上，或乾脆卯起來發動「農民造反有理」地號召一次全面「拒投運動」，農田水利會會員們原本無懸念支持小英的那80萬票，很可能就「被消失」泰半了！更遑論因此所帶動而溢出的社會效應？

則，我們不禁要問：到底是小英總統幕僚群沒能精算後果？抑或是兩蘇資深綠委不顧大局私心自用？

工農合一運動蓄積能量，全國同步「教訓民進黨」

如果我們將選票考量直接套進這次2018的地方選舉，農田水利會（農民）只要在選前突發奇招，任意發動集體拒絕支持民進黨籍候選人，無論是縣市長或地方民代，進而逼迫所有候選人對於「改制」陰謀的公開表態，則絕對會大幅面影響選戰氛圍，也勢必對民進黨氣勢造成雪淹凍創效果！

若再進一步，某些位「有經驗者」極力說服該團體諸頭人等，允諾來發起一場大規模的「工農合一運動」，再擴大結合每一股非民進黨競選勢力，協力一起擊出「全民教訓民進黨」的討伐檄文，那小英這位總統兼黨主席將如何自處？縱令賴神再神勇不也只能徒呼負負？

「權力是向人民借來的！」小英當選之初所說過的話，言猶在耳，卻已都被拋出九霄雲外了！

那麼，屆時，民進黨這兩位蘇姓資深立委的此番政治亂彈，該當何罪？

蘇嘉全拿「官位」賄賂諸會長，應引咎辭職吧！

風傳媒曾經在去年11月10日的該內幕報導是這樣寫的：

> 蘇嘉全曾在9月中旬曾宴請全國農田水利會長溝通，研議法人制轉為公務機關之規劃；另一場會面則安排於上周二，與會者除了水利會長外，再加上行政院秘書長卓榮泰、農委會副主委陳吉仲及民進黨團總召柯建銘，意味行政及立法達成一定程度共識。近賴立委也指出，不只蘇嘉全負責協調，行政院長賴清德親自致電幾位有意參選下屆水利會長人士，溝通此事。

惟，據餐敘人在事後的說法，其真實的場景應該是比這報導還更勁爆。

話說去年9月14日晚上，立法院長蘇嘉全具名邀宴全國17個農田水利會的會長，其中除了桃園、台中、瑠公、七星四個農田水利會不出席外，其他13位會長皆出席該次夜宴。據其中某出席會長在幾天後，於農田水利會內部舉辦的活動中私下透露說：

> 14日當晚向出席的會長們表示，蘇嘉全說只要會長們支持農田水利會改為公務機關，他將以立法院長之尊，支持修法讓會長任期從2018年6月1日起延任到2020年9月30止，共延長2年4個月。

這幕場景不正是藍營以往最擅長的鬻官賣爵的傳統攏絡手法麼？

誠如文首所引述的，一個曾經宣稱要嚴守中立的立法院長，喬事情喬到立法院外，並且還大膽地公然以「延長任期」的賄賂手法大肆喬事，算不算違法？這位國會院長該不該為他的「誠信」引咎辭職？全國人民不分藍綠該不該擊鼓攻之？

盯住龐大利益，綠出於藍而更勝於藍

更悲哀的，蘇嘉全兩度具名宴請全國農田水利會長溝通，除了拋出「現任會長延任至修法改制後（預估延任兩年4個月）」作為強力誘因，席間還同時有好幾位兩院高層作陪，而且賴神更體貼地親電給幾位席上會長，可謂是面子做足了。那麼，除了選票算計之外，民進黨這些高官們擺出這樣的龍門宴，究竟還在圖謀甚麼大計策？這其間當然就涉及未來30年50年的龐大經濟利益了。也即是選票之外的鈔票印刷術。

回頭去翻開1996年5月14日的報紙，很輕易就能找到一個大標題：「蘇嘉全立委大聲疾呼！省政府不該執意犧牲農業用水給工業用。反對省政府官派會長。」

那時蘇大院長還只是在野黨立委，所以反對農田水利會會長官派，現在是五院之一長，腦袋當然跟著屁股換位了，所以才積極主動巧妙地賄賂各會長們，這樣的人品有資格宣稱自己是中立化的國會議長嗎？

要說民進黨人會比國民黨人更不愛鈔票，當然沒人會相信。或是說，民進黨政客們已經學會跟國民黨人一樣的巧取豪奪之行徑，乃至於出於藍更勝於藍乎？

可以預測，這件事絕不會就此打住。「農民造反」通常都會比其他社會運動慢好幾拍，但一旦起事，就絕對會是遍地烽火！各區域候選人都得準備接招才是。

吾人對此比較關心的毋寧是：這一股突然掩至的「農民造反」之勢頭，究竟會讓多少執政黨的候選人慘遭「教訓」呢？倘若火勢再延燒到 2020 年的總統選舉，全面執政且猶尚自我感覺良好的民進黨們又將如何為此付出慘痛代價？

發表於《風傳媒》2018/08/25

總統「失信」於黃金春等全國水利會長？還是蘇嘉全「欺下瞞上」？

然而，台灣政府的「農委會」卻從來都是個軟腳蝦，兩蔣時代如此，民主化之後的台灣亦復如是。每到選舉時，候選人就靠向農民為他們被忽視的待遇而大抱不平，並且開出許多好聽的、天馬行空式的政策空頭支票。等到當選後，就將這群可憐的弱勢族群遺忘殆盡！周而復始，無一例外。難道說，弱勢農民本來就是最好欺騙也最容易被出賣的一群「賤民」嗎？或是說，農民善良的本性向來就是有權者掌心中的一群召之即來揮之即去的「玩物」？

農業是國防戰略重要產業之一，舉世皆然。但是，相對於高科技武器如導彈或機艦等作戰武器之研製，其重視程度和預算之編列，承之千載的農業生產模式就成了極弱勢產業，農民們也自然淪為被出賣或遺忘的極弱勢族群。

「民以食為天」，任何型態的戰爭狀況下，缺糧食定然會遠較缺彈藥更為嚴峻，這是一般常識。所以任何國家的發展戰略規劃上，都必然要將農業經營基地列為資源保護項目。同樣的，也必然要劃定相當範圍的農地保護基準線，以確保人民最基本的糧食生產需求。而，這也正是我們政府之所以必須要設立「農委會」（或將來升格為「農業部」）執行農業保護政策，並為弱勢農民之基本權益依法據理所責無旁貸的基本職守。

「農委會」其實永遠都只是「農委局」

然而，台灣政府的「農委會」卻從來都是個軟腳蝦，兩蔣時代如此，民主化之後的台灣亦復如是。每到選舉時，候選人就靠向農民為他們被忽視的待遇而大抱不平，並且開出許多好聽的、天馬行空式的政策空頭支票。等到當選後，就將這群可憐的弱勢族群遺忘殆盡！周而復始，無一例外。難道說，弱勢農民本來就是最好欺騙也最容易被出賣的一群「賤民」嗎？或是說，農民善良的本性向來就是有權者掌心中的一群召之即來揮之即去的「玩物」？

向中國共產黨去找例子吧！當年毛澤東是如何煽動廣大農民群眾而掀起「農民革命」

才驅逐國民黨的？中共建國後，這群追隨老毛參與農民革命的先驅者們有幾個好下場的？即使在「人民公社」的集體主義下過日子，又餓死了多少農民？又殺死了多少農民？這筆帳，共產黨不去算，國民黨則不敢算，只好讓中國冤死的幾千萬農民的冤魂在地下永遠長泣了！

遠的都不說了，把焦點移到現今小英政府對農民的態度來試著觀照吧！

2016年選舉，農田水利會是如何會「藍轉綠」的？

在2012及2016二次總統大選期間，桃園農田水利會會長黃金春主動召集台灣其他各區的16位農田水利會會長們（以及在全國會務委員聯席大會上）一起見面。席間小英還曾多次都鄭重表示說：如果能夠順利當選，則農田水利會會長們有任何大小事，都可向黃金春直接陳明並請他代為轉達。亦即，黃金春就是她派駐在水利會的代表。此一口諭，被視為是小英向在場17位會長所做的政治承諾。也因此，經各會長的努力與動員，在2016年總統選舉時，組成「全國農田水利會小英後援總會」才會發生農田水利會集體翻盤的「藍轉綠事件」。

同時的，因為黃金春在民進黨內仍擔任「中常委」職務，可以算做是代表農民在黨內代言者的一種角色，並且因此而被延引進入民進黨「選舉對策委員會」，所考量的本意，乃在於想要關注到選舉中，有關農民權益所應發聲的觀點和意見。

蘇嘉全、林聰賢和洪耀福合演「瞞上欺下」的宮廷戲

小英總統選後，民進黨內突然有一小股人開始鼓動「要將農田水利會改公務機關」。黃金春身為農民代言者當然嚴辭表達反對之意，除了當面向總統表達，也正式向社會公眾清楚說明絕對不宜貿然改制的意旨。

在去年某次民進黨中常會開完會後，小英以主席身分即曾當著黃金春的面表示：有關農田水利會改公務機關之事，她已向蘇嘉全院長交代，要他找農委會主委林聰賢一起和黃金春共同商量，務求此事能圓滿，否則就暫緩執行。當時還有民進黨秘書長洪耀福也在場。之後，立法院長蘇嘉全確實是找林主委一起到桃園拜會了黃金春，可是彼此對話卻盡是些言不及義的寒暄內容，根本就沒提到有關「農田水利會改公務機關」的任何相關事宜。

更糟糕的，據傳聞，蘇嘉全和林聰賢就這樣將彼等一起拜訪見面的事實當作「已徵得黃金春當面首肯」而捏造真實情境呈報給小英總統，讓政府決策群誤認為一切都已圓滿順利，而終於將「農田水利會改公務機關」拍板定案。蘇嘉全和林聰賢兩人這樣的惡質勾當，是不是標準宮廷政治中的「瞞上欺下」之奸佞官僚的一種重大惡性？他們究竟是基於何種私人企圖硬要將這等嚴重違憲之大惡大罪套在當今總統頭頂上？

仰頭問蒼天，還有誰來幫農民發聲求正義？

據我個人諮詢當事人黃金春時，黃會長是以一種相當哀怨的情愫，訴說了以下一番話，我的筆記上是這樣紀錄的：

他 30 歲出頭當觀音鄉長開始，就在照顧農民的權益，如今農委會用擴大灌區的理由，要把農田水利會改為公務機關，他異常悲憤地質問說：「水在那裡？」「政府有積極建設增加水源嗎？」沒有！每年都在缺水叫農民休耕，而且農委會水利處竟然叫農民休耕一期稻作，而去播種二期稻作，農民都知道二期稻作季節遇到天災較多（夏天風災、水災），他曾向水利處的人員質疑：「水源支援一期稻作灌溉沒問題，為何要強迫農民休耕？」荒謬的是，水利處人員竟然回答說「上面官員來視察時比較好看（因水庫就比較有水存在）。」他聽後非常憤怒，而且無比傷心地表示「農民真是最弱勢的族群。今後如果改制了，農民悽慘的景況豈不是更要被踩到腳底下硬生生踩死？」

我看得出，此刻黃金春正強力壓抑著自己已然悲涼的心情，可是他仍止不住自己怨與怒所交織的那種感傷！他哽咽著表示，水利會的財產是經過清朝時期、日治時代到現在已有 130 多年所累積來的農民私人財產，而現在政府竟然要用處理國民黨「不當黨產」的方式（立法）來沒收水利會的民間財產，這無可置疑的就是大違憲！他們難道可以不在乎農民死活嗎？他們可以不在乎現在這得之不易的民主制度嗎？

這場長達2小時的整個採訪過程中，黃金春念茲在茲的都是農民最基本的權益究竟還能找誰來照護？平心而論，我自己也真的沒答案。如果一位執政黨的中常委，而且還得到小英總統當面授權的農民代言人身分都只能仰頭問蒼天，那在台灣社會裡，究竟還能找到誰來取代他繼續為農民權益而「發聲」？

要求立法院「授權行政院以行政命令訂之！」

另外，我的採訪筆記還記載了一段話：

黃金春一再提起《農田水利法草案》第43條的不當，他表示農委會如何可以這樣便宜行事，草案明寫著：「(要求立法院)授權行政院以行政命令訂之！」既然如此，則立法院對於1至42條根本就不用再審查了，只要通過43條，就可以全部都授權行政院自己訂立，簡單而乾脆！這是民主制度嗎？這是立法程序嗎？……

我們若用點心去翻閱到正在公告討論的網站上《農田水利法草案》，我們會豁然發現，其擬訂的草案內容和說明是這樣荒謬絕倫的記載文字：

第四十三條　為辦理農田水利會改制事務，相關法律及中央法規有關農田水利會主管或執行之事項，未及配合修正時，由行政院逕行公告變更之。

說明：農田水利會改制後其行政任務調整移轉至改制後之行政機關，惟因涉及法規命令繁多，舉凡水利法、水污染防治法與農地重劃條例等法令，故在相關法規命令尚未完成修正前，以本法授權行政院先以命令調整之。

一個「民主政府」採行如此荒唐的修法過程，宛如又回到一切都以行政命令的威權戒嚴時代？台灣的法治崩解，豈非是由政府機關開始帶頭示範的嗎？

黃金春的憤怒中，我大概仍可以窺探到，他仍還保留著一層對民進黨的深厚感情。

他這一生從政，早自黨外時期對威權體制的抗爭，基本上是無役不與。民進黨組黨時也率先號召桃園鄉親集體入黨，並配合黨部積極從事輔選工作，篳路藍縷，也算得上是創黨元老之一了。儘管這次「農田水利會改公務機關」的政治操作大大傷了他的心，但他其實還是想積極保留住當年民主運動的那份熾熱之情的深層回憶。我只是很懷疑，這樣的濃烈的鄉愁，會不會讓他再又一次受到傷害了呢？

「賣官」到底是掌權高位者的慣性或宮廷傳統？

我在8月25日曾發表過一篇《院長用「延任」賄賂，被出賣的農民要「造反」啦！》

現在似乎仍可引用其間一長段話來說明蘇嘉全的「賣官」劇：

話說去年9月14日晚上，立法院長蘇嘉全具名邀宴全國17個農田水利會的會長，其中除了桃園、台中、瑠公、七星四個農田水利會不出席外，其他13位會長皆出席該次夜宴。據其中某出席會長在幾天後，於農田水利會內部舉辦的活動中私下透露說：

「14日當晚向出席的會長們表示，蘇嘉全說只要會長們支持農田水利會改為公務機關，他將以立法院長之尊，支持修法讓會長任期從2018年6月1日起延任到2020年9月30止，共延長2年4個月。」

這幕場景不正是藍營以往最擅長的「鬻官賣爵」的傳統攏絡手法麼？

「農田水利會改制公務機關」這件事，是過去國民黨不敢做也做不到的，而今換成民進黨居然就大膽下手了，強奪原本屬於人民的財產，不僅將水利會長改官派，目前農委會制定《農田水利法草案》，更是荒繆至極！

繼水利會長改官派，六都市長也都將改成官派嗎？

小英總統曾說，勞工是她心中最軟的一塊，那麼長期支持民進黨的農民，請問小英將他們置放何處？難道真的就對應了用後即丟的「賤民」身分麼？如果農民是民進黨的基本支持者，結果農委會居然如此粗暴地對待農民，連《農田水利法草案》，也根本沒慎重諮詢全國各農田水利會長的專業意見，結果卻自己端出一份前後矛盾，完全剝奪農民權益的草案版本！我不免要想著，農民的選票，在這次和 2020 年時，還真的會繼續含淚去投票嗎？

單就**《農田水利法草案》**的修法過程只在農田水利處的官網上公告，竟沒有行文通知利害相關者的「農田水利會」，就已完全洩漏了農委會意圖「偷渡」及「不告而誅之」的卑劣惡意！

把擋路的大石頭搬開，此後就可以無法無天了！

還有一件內幕消息：基於黃金春在民進黨內的不合作態度，今年年中的中常委改選，為了要徹底封殺屏蔽他為弱勢農民代言者角色，乾脆毫不遮掩地由農委會發出一紙公函（如附件圖示 1），直接訓令黃金春要保持行政中立不得再「兼任」政黨職務，直接粗暴地剝除黃金春的中常委參選機會。

若按銓敘部於 6 月 12 日發出的法令釋函（如附件圖示 2），本來是認定「農田水會會長非屬中立法所定是（準）用對象」，但卻又直接放水提示「宜由該通則主管機關行政院農業委員會逕予釋明。」因此才會讓農委會對於水利會會長適用「中立法」的認定有了從嚴解釋的依據。

銓敍部的解釋函是這樣說的：

查中立法第2條規定：「本法所稱公務人員，只法定機關依法任用、派用之有給專任人員及公立學校依法任用之職員。」第17條及第18條另有重法準用對象，其中尚未含農田水利會會長。……綜上，農田水會會長非屬中立法所定是（準）用對象，該等人員係依水利會通則第23條準用中立法規定，而準用係就某事項所定之法規，於性質不相牴觸範圍內，適用其他事項，是貴會所述既係水利會通則準用規定之疑義，宜由該通則主管機關行政院農業委員會逕予釋明。

說白了，也就是黨內有人動用了大量政治關係，決意要徹底將黃金春擠出中常委的職務，讓黃金春永遠封殺在執政黨的決策圈外。

我對此首先想到的是，怎麼總統府秘書長陳菊不必迴避行政中立而可以當選中常委？

對我的提問，黃金春為了避嫌，沒有正面作答，只是語露玄機地淡淡說了一句話：「他們大概害怕我繼續留在選對會，可能會破壞他們某些正在進行中的陰謀吧！」因事涉敏感，我也就不宜再追究到底。

難道民進黨自認為會是「萬年執政黨」嗎？

近日裡，環保署副署長詹順貴毅然提出辭呈走人了。官場上人來人往，誰上誰下原也稀鬆平常。只是這位詹副臨去卻抛出一顆超強震撼彈，在其臉書公開PO出一封辭職信。我要藉此請大家注意他在信中留下的那段灑滿淚痕的字跡：

長期以來社會所見，盡是派系政客、樁腳與紅頂商人，以經濟發展為名，強霸吞噬弱勢人民土地、家園，掠奪自然資源與破壞環境生態，導致富者越富、貧者更貧，人民對政黨、政府越來越不滿，越來越沒耐心。這是2000年後，台灣屢屢政黨輪替的重要潛在原因。

社會上一直都以為，詹順貴是受到執政黨所高度倚重的政務官，結果在良心道德與政治現實的嚴重衝突下，不得不選擇在此一敏感時刻掛冠而去！相比於曾任中常委，並受到小英總統當面委以農民代言者重責的黃金春，其被惡意排擠出黨內決策班列之際遇，只能說是殊途同歸的深重感嘆罷了！

該是發動一次「農民革命」的時刻了！

於今，10位農田水利會會長已經聯署具名向農委會陳情，疾言抗議農委會之蠻橫行為，認為不該將農民原本財產及灌溉權益全部被收歸為國家所有，同時要求暫停執行改制為公務機關。這大概會是農民對執政的民進黨所發出的「哀的美敦書」。

如果執政黨依然傲慢得不肯反躬自省，仍然執意要蠻橫到底，將公法人的農民財產收歸國有，那就只好展開全國串聯運動，用農民手中唯一的武器--選票，一起來進行另一場「農民革命」了。

發表於《風傳媒》2018/10/13

「欺農民」，「瞞小英」，九合一選戰焉能不敗！

領導人會被屬下欺瞞，不因為自己太笨，而是自己太矯情和權力傲慢所導致。

小英高居「超級總統」大位，不會不明白這道理！只是在享受「權力的滋味」下，她真的能改肯改嗎？

台灣需要新領袖、新領導、新腦袋，新方向等等的感知和願景。但全面執政的民進黨卻全然無法滿足於人民的此番基本需求，所以人民只好把妳狠狠地「教訓一頓」。

2014 到 2016 的兩次選舉中，選民曾用選票掀起瘋狗浪似的狂潮淹沒國民黨，那就是民意的表達。而，今年民進黨在經歷 1124 九合一選舉中，也照樣面對強大選民毫不客氣地投下了「不信任」的一票。民進黨在敗選後，小英總統依例辭黨主席。辭了也就辭了，偏偏還要惺惺作態地發布一份形同「罪己狀」的《給黨員的一封信》，不僅被譏為狗尾續貂，也充分暴露其根本無法讀懂這次敗選的「社會意象底下之真實民心」。

改革沒有錯，只是「弱勢者」跟不上改革速度？？？

該信發表於民進黨敗選後的第一次中常會前 (12：23)，並於稍後的 13:30 透過臉書直播。至截稿前直播影片計有 36 萬次觀看紀錄。

在信中，小英總統先確認整個執政團隊「包括總統府、行政院、黨部，都必須虛心接受人民的鞭策，並且勇於改變。」特別是，她又再次強調：「我說過，最該改變的人是我。」然而她仍堅定表示「改革沒有錯」，認定自己依然是「走在正確的道路上」。小英總統承認，之所以會造成此次慘烈敗選的原因，乃是因為「過去改革的過程中，累積下來人民對執政者的不滿，確實在這一次衝擊了我們選舉的表現。」

當她說的這話之後，我原本還懷抱著「可改變」的深重期待就被瞬間擊碎了。她接下去寫道：

尤其是，在我們推動改革的同時，我們沒有給予受影響的人足夠的撫慰。我們在往進步價值前進的時候，沒有注意到社會大眾有沒有跟上。我們追求經濟、能源、空污轉型的時候，對於跟不上轉型速度的弱勢者，沒有提供足夠的關懷和協助。

小英會大敗是因為全部都『只改革了一半』！

這樣的表述，小英總統豈非是在告訴我們，她所推動的改革都太快了，快到讓弱勢者「跟不上速度」？真的是這樣子嗎？

臉書粉專上的「公民廟口 - 立委在做天在看」於 1125 下午及時 PO 出專文：**【究竟是誰殺了民進黨？】**，條列細數著民進黨立法院「到底這三年發生了什麼事？」我相信，任何人看到該一列表，既簡單又明瞭，民進黨之所以慘敗的真正答案就自然會浮現：

蔡英文總統說的很對，這次大敗是因為『改革』，但是是因為全部都『只改革了一半』！

2016 年小英總統所獲得的 689 萬選票中，絕大多數都支持她「改革」。猶憶是年

520就職大典上的演講裡，每提到「改革」時，都會得到如雷掌聲。尤其是當她提到「司法改革」時，所獲得的掌聲還特別熱烈而持久，全場的撼動迄今仍然令人記憶猶新！

而今呢？別說「司法改革」無影無蹤，其他各項改革，究竟有哪一樣做徹底了？小英厚厚一大疊的選舉白皮書都被藏起來了？都被燒成灰燼了？

為和解、為團結，我只好選擇「沉默或模糊」？？？

小英總統的另一迷思就是「社會和解」和「國家團結」！

一般推斷這應該跟她個人的成長環境和處遇所造就的性格有必然關係。不過這屬於坊間的臆測，不能做准。我們仍還回到她在該信中所呈現的具體文字上來討論。她說：

當我為了降低社會衝突，刻意在價值分歧的議題上，選擇沉默或模糊時，人民不會因為我的沉默而停止分裂。我雖然做出決策，但沒有站在第一線領導，這導致了社會更分裂。支持者不知道要如何辯護，反對者則聲音越來越大。我們被夾在中間，想要求取兩邊的平衡，卻被兩邊攻擊。

按其意思，之所以會在每碰到「價值分歧」就會選擇「沉默或模糊」，乃是為了「降低社會衝突」的基本用心？我們又不免要慎重質問：真是如此嗎？

既然是為了「降低社會衝突」，照理，一位有能力的領導人就應該搶在第一衝突時間，立即勇敢出面表態，並勒令限期追究和迅速解決、止血才對。怎會是「選擇沉默或模糊」而任令社會無止境地相互開打而導致「大量失血」？小英總統的這句話，其實能否正確解讀為「龜縮」？或「逃避」？

總統府秘書長數月懸位以待，算是「弄權」嗎？

簡單舉例吧！單一個總統府秘書長的職位就任憑懸缺幾個月而不儘快補實？是因為總統府秘書長這職位本來就可有可無？或是內部爭執不下，而已造成總統府內的所謂「價值分歧」，所以才因舉棋不定而選擇「沉默或模糊」？抑或只單純是為了營造花媽的履職紅地毯，而寧可長期懸位以待？如此失分之舉，萬眾矚目的總統高位掌權者，竟然可以如此弄權放縱？

再回頭談談我曾一再為文反映過的「農田水利會改制升級」的大事。

究竟居於何種用心，民進黨一執政後即在政策上搬上日程表：非要將「農田水利會」改制為公務機關不可。

只要「尾巴搖狗」，當然可以恣意沒收農民公產？

對於某些位區域立委，為了一舉解決長期被地方派系綁手綁腳的困擾，所以會橫著心要將此一高度自主性的「公法人」納入公務體系，再轉手由執政者任意操縱之。這種用心，在蔣介石、蔣經國、乃至李登輝時代就都早已玩過多回了，但結果都無疾而終，何以故？因為其間涉及「農田水利會」上百年累積的龐大資產，根本不可能用制定法律去執行「合法沒收」！

然而，這一次上來的全面執政之「民進黨」卻開始集體掉進「尾巴搖狗」的狂傲情境裡，誤以為：既然全面執政，只要稍稍藉助於操弄權術，即可以上下交征利而為所欲為。所以才會出現蘇嘉全既貴為立院院長之尊還膽敢以會長延任為收買條件，來設宴賄賂各水利會會長的醜劇！至於其間，蘇嘉全跟農委會主委林聰賢如何夥同蓄意欺騙小英總統有詳細的內情說明，此處暫時不贅。有興趣者請詳見《院長用延任「賄賂」，被出賣的農民要「造反」啦！》、《總統「失信」於黃金春等全國水利會長？還是蘇嘉全「欺下瞞上」？》等文。

我揭露此一內情，初意只是想解開一個謎題：何以標榜「新政治」的立法院長蘇嘉全會甘願跟新潮流系的林聰賢沆瀣一氣，苟行其「瞞上欺下、賣官鬻爵」的遂行私欲之勾當？

有一種假設：民進黨已經昏了頭，誤以為自己可以成為萬年執政黨，所以可以把農田水利會永遠捏在自己掌心中？

農業大臣林聰賢何以要如此欺騙總統小英？

這裡再透露一件才剛發生過的騙局。

選前的某日、某地，農委會主委林聰賢和總統小英，約見了雲林農田水利會會長林文瑞，央請他選舉幫忙民進黨提名的縣長候選人李進勇。當場，林文瑞在台灣最高領導人及直屬長官面前，只能硬著頭皮立刻回應說沒問題！在事後，林文瑞向友人表示，人情世事，我可以說「不」嗎？

林文瑞也是「台灣農田水利會長聯誼會的會長」，對農民群眾具有一言九鼎的影響力。問題是：除了林文瑞會長本來就是張榮味集團的人馬之外，具有豐富選舉經驗的林聰賢當場也並沒有具體要求林所欲支持的「選票」要如何開出來？

據林文瑞的臨場感覺回述，林聰賢不過就是擺個樣子，瞞騙小英，讓小英誤認為林聰賢有在認真輔選罷了！做為小英農政閣員的政務官，林聰賢究何居心？

在上項所引各篇文章中，我曾一再警告，也很明白點出「農田水利會」的改制升級，終將導致「農民造反」的結果。

「農田水利會」的改制升級，終將導致「農民造反」。

在選前，農委會按例曾到各農田水利會一再宣揚改制的好處，唯獨沒有說明取消會長選舉（會員直選）以及「違憲霸佔農民財產收歸國有」對農民有何「具體好處」！果然的，最後讓農民用選票表達了集體憤怒之情：「教訓民進黨」！

從結果論來觀察，這次除了桃園市選區，因為有農田水利會會長黃金春在各造勢場子對農民朋友拍胸脯打包票「誓死抵擋我們財產被沒收」，以及台南市黃偉哲祖父因為曾在「農田水利會」任職、退休的緣故，而得到該區會員的集體支持之確保外，其餘各區水利會會員所分布各選區內的農業縣市，如宜蘭、新北、竹、苗、中、彰、投、雲、高、屏等地都受到極大化擴散式負面影響，基本上可謂是不留片甲地全軍覆沒。

這等骯髒事情，小英總統會檢討會究責嗎？

民進黨無能解讀人民對新政治的想像和焦慮感

回顧民進黨 2016 年在行政權和立法權的全面執政之最大推手，說是基於太陽花運動所引發出對台灣社會的另類想像，對新政治的文化體系的一種嚮往，應該不為過吧？也就是說，民進黨被推上執政之路的頂峰，其實只是太陽花之激盪所暈開來的一種水面之倒影反射而已。但民進黨對於太陽花所內蓄在水面下的巨大能量，其實是無所察覺或無能力應對的。

正因此，當 2016 年，全民用選票歡天喜地把小英送進總統府的那一刻起，民進黨即已被推進了「進退不得」的尷尬處境裡：因為，民進黨既無能讀得懂人民對新政治的想像和社會氛圍的焦慮感；更無能讓所有必須立即面對的政經社會問題，都從 What 和 Why 轉進到 How 的實踐頻道上！

於是，我們開始看到，小英總統的民調節節掉落，也看到人民對民進黨施政的耐性不斷出現暴衝。然後，我們也很不忍地看到人民所喜愛的小英逐漸褪了色而成虎姑婆式的小英了。

當年輕人看懂了民進黨的無能與貪婪，她卻無以回應！

有個社會學理論是這樣說的：當 A、B、C、D、E 的社會現象都個別存在時，它們就只是 A、B、C、D、E 的個體而已。可是一旦，他們一起串連成一個集合體，也就是把 A+B+C+D+E 同時放進一個爆顯的社會事件之後，它就決不可能再是這些個體的組合，而是會如化學作用般地自動結合新生的 X。

很可惜的，民進黨完全讀不懂這業經被結合出來的 X 新個體，他們仍還繼續被纏繞在 A、B、C、D、E 的各個個體中去找答案。甚至於偶爾還會很憤怒地回覆人民說：你們要的 B 我已經在做了，但你們要的 A 目前還做不到，你必須要耐心地等待……？悲哀的是，執政者根本不知道人民所真正需索的 X 新個體？

終於，年輕人看懂了民進黨的無能。原來他們也跟國民黨一樣的看不懂年輕人所要的新個體的X、Y、Z！那，他們會不跟你翻臉嗎？他們還會跟你客氣下去嗎？走筆至此，我也許可以套用一下可愛的鄭麗君部長所說過的話說：不要忘了，這裡是台灣！更重要的是：這個台灣的未來是屬於年輕人的！

最近在某場演講中，我用PPT打出一句話而贏得鼓舞的掌聲：

為了爭民主，為了爭人權，我們這一代人曾經付出了自己的青春歲月，於今終於在台灣這塊土地上實現了「免於恐懼」的自由了！現在該交棒給諸位年輕朋友們，台灣的未來全都寄望在諸位共同去創造一套屬於台灣的價值，你們想要甚麼，就得靠自己去耕耘努力！

小英既然辭掉了民進黨主席，能不能就讓那個「黨」去自行激勵並孕生出她自己的新生命呢？或者是，還想延續「黨國一體」的老情懷，繼續其玩弄「以黨領政」的「變相式民主」的老故事呢？

林淑芬：改革就從國會「黨團解嚴」開始吧！

政黨會出賣人民，所有的政黨都隨時可能出賣人民；那麼，人民還敢相信「政黨」嗎？

也許，善意的認定，小英這次在誠懇檢討反省之餘，還更該認真看看勇氣十足的新女力的林淑芬立委前兩天才擊出的一支全壘打：

民進黨雖然在國會取得過半席次，卻贏來不許異議、沒人敢講真話的「黨團戒嚴」，只要不聽話就祭出嚴苛黨紀，盼改革從國會黨團解嚴開始，讓立委得以真正「為民喉舌」。

領導人會被屬下欺瞞，不因為自己太笨，而是自己太矯情和權力傲慢所導致。小英高居「超級總統」大位，不會不明白這道理！只是在享受「權力的滋味」下，她真的能改肯改嗎？

也或許，我們確實能夠很期待，看到她這次在反省中所自期的：「我會做一個很不一樣的總統。」

發表於《風傳媒》2018/12/01

小英終悟資訊被矇蔽，承諾「終結農田水利會改制」！

「水無分藍綠」，水在本質上是不具黨派爭議性的。但若是討論到「水」的運用，在政策層面上，卻必然會出現經濟部門和農業部門（農委會）孰重孰輕之長期爭議。

「失去農民朋友，就失去政權！」在高新科技日新月異被瘋狂追求的年代裡，這句曾經被奉為告誡統治者的金科玉律，是否仍然會被認為有效？

猶記得，今年2月11日於水利會新春團拜的歡聚場合上，民進黨籍的桃園農田水利會會長黃金春，突然語驚四座即席重批蔡政府去年(2018)提出改制水利會為公務機關，以致引發廣大農友不滿，也因而導致去年1124九合一選舉中，農民朋友們紛紛凝聚此一民怨並以手上僅有的政治利器－選票著著實實教訓了民進黨。黃金春在當時洋溢新春喜氣的場合仍強悍宣示：「為捍衛農民權益，堅決反對改制」；而難得出席此一團拜聚會的國民黨籍前會長李總集也充分表示認同，公開指出：水利會改制將使農友權益深受影響。

但，言者諄諄聽者藐藐，民進黨政府內的少數改制派一貫擺出權力傲慢者的姿態，根本不顧農民憤怨之怒，並且虛報假輿情徒事欺矇國家政務決策團隊，終致於引致民怨一再升級而讓全面掌權的民進黨淪落為人民公敵並轉成「討厭民進黨」成了人民最大黨。

農田水利會歷經百年經驗，何堪政府如此折騰？

談起水利會的沿革，農家子弟出身的黃金春會長曾公開指出，1919年(民國8年)該會組織由日據時代的「水利組合」，再歷經「農田水利協會」、「水利委員會」時期，國民黨敗退來台主政時期，於1956年(民國45年)將之改組為「農田水利會」。歷經百年來，在歷任會長、會務委員(早期為水利代表)、小組長、班長以及水利團隊的同心協力，推動水利建設、創新改革，使該會陸續完成了良善綿密的水利設施，務期能滿足農田灌溉需求，增進農作生產、農友收益。

黃金春指出，然由日據時代的「水利組合」到如今2019年的即將被強制改制「公務機關」，他的任期原本是在去年六月任滿，因水利會被設計改制而延任到明年9月30日。延任期間，他再三表明仍將秉持「在其位、謀其事、盡其責、善其事」信念，堅定捍衛農民權益為己任，繼續與水利團隊共同打拚，「力圖提昇農業用水的利用效率，厚植災害應變能力，建構優質的農業生產環境，為台灣農業注入新活力，開創新未來，達成「台灣農業亮起來」的發展願景。

身為桃園農田水利會長的黃金春，儘管已經七十好幾的高齡，但只要一提起農民或水利會故事，他就顯得特別來勁而興致高昂，對於歷年來水利會所經歷的樁樁件件好的壞的，成功的失敗的用水建設計畫，都如數家珍侃侃而談。

水資源無關藍綠，是必須盡心保護的生存條件

陽光、空氣和水，一直被人類公認為是生命中生存的三大必要條件。可是人類的貪婪與無限制的開發與破壞，卻已對這三大生存條件的資源產生重大破壞，甚至已嚴重威脅到未來人類在地球上的生存條件。

當陽光、空氣和水都遭受污染破壞時，人類對資源的保護和防衛，至少總該想到應該保存下足以存活的最基本條件吧！

以陽光、空氣和水並列為人類生存三要件的認知中，其實只有水，才真正是所有生物維持生命最不可或缺的物質。因為有些生存在洞穴或深海中的生物，即使終其一生都沒機會見到陽光，卻仍然活得好好的；再如有些厭氧類的細菌，並不需要氧氣；可是所有維持生命的重要化學過程，都必須有水才能完成。因此，從科學上驗證，「水」才是真正維持生命不可或缺的物質。正因為水對於生命的重要性，人類對於水的資源之需求性和重視性及利用性就不容等閒視之。

因此，一個國家無論其政體是民主或獨裁，也不管是由誰主政或政策走向想要如何去制定，總也不能脱離開或迴避掉水資源的保護與利用。是故，我們沒有任何理由可以批評小英政府不重視水資源。然而，「水」既然被稱之為「資源」，就表示並非「取之不盡、用之不竭」。在政策制定上就一定具有相對的排擠作用，到底要用多少比例來扶持工業（科技）和農業，就會因此比例而形成分配政策，也自然會形成相對的有形無形的此消彼長的爭搶。所以説「水無分藍綠」，水在本質上是不具黨派爭議性的。但若是討論到「水」的運用，在政策層面上，卻必然會出現經濟部門和農業部門（農委會）孰重孰輕之長期爭議。

有人的組織就一定會出現政治角力場

顧名思義，農田水利會所管理的水資源當然是要照顧到農民的基本灌溉用水，這是該組織之所以成立存在的基本天職；更因此才會將該公法人組織納入到政府農政單位的監管範圍。這樣的管理應該都還不至於有太大爭議。只是既然涉及組織，「人」的問題就也必隨之而生。俗云：有人的地方就會有政治角力，水利會因其業務關係而自然跟農會會員綁在一起，政治力的角逐也自不可免。

台灣現下共有 17 個農田水利會，會員總計約有 146.7 萬人，灌溉管轄區有 37.1 萬公頃。除了水利事務，農田水利會的人事基本上也跟農會系統的會員有極高度重疊性，於是，也自然無端地要被捲進政治勢力的運作場域中。長期下來，無可避免地成為藍綠政黨的地方勢力之各自競逐之角力場。

欲將水利會強制充公，乃嚴重違憲之大逆

於是當 2016 年民進黨全面執政，民進黨內某部分私心自用者遂開始圖謀要在這個板塊上擴大自己的勢力範圍，欲圖將水利會改制為官派的陽謀也大辣辣地加大馬力全速推動。這少部分極力推動改制的野心者們全然忘了台灣已經是個民主社會，所有掌權者的權力都是暫時向人民借來的，然而他們卻還誤以為他們已經可以隻手遮天，甚至可以掌政萬萬年了，只要將之改制就可以殺敵千萬，將這一體制內的地方勢力盡入吾彀中。這是標準的威權遺毒之肆虐行徑，將個人和黨派私利置放於人民與國家利益之上。於是這一錯就錯

到底了！去年底一場九合一選舉，民進黨終於慘遭滑鐵盧！你既能背叛農民，農民就必然以牙還牙，會用選票狠狠教訓你。文首我提到的黃金春苦口婆心的那句銘言金句「失去農民朋友，就失去政權！」總算得到了充分應證。

尤有甚者，農田水利會各自百年累積所擁有的資產，一旦改為官制即轉為充公，主管單位甚至還宣稱會對此沒收之龐大資產成立專門基金進行管理，這就是不折不扣的政府侵吞人民財產的嚴重違憲行為。一旦被付諸實踐不僅會捲起巨大政治風暴，也必然讓整個政府的公信力蕩然無存。

亡羊補牢猶尚未晚，小英親自下令終結官派

9月9日桃園農田水利會慶祝創會百年，假中壢區南方莊園邀請學界舉行百週年學術研討會。民進黨籍的水利會長黃金春，原本在年初時還曾重批蔡政府改制水利會為公務機關，影響農友權益甚大之怒言，9日這一天，黃金春在大會上的講話語氣突然放緩地表示，他已向小英總統提出建言指出，農田水利會是自治公法人，也就是自己管理自己的特殊組織，以該會而言，這一百年來累積很多的成果和財富，提醒小英總統要好好感謝農友。

據來自水利會內部的訊息透露，小英總統曾於8月24日下午2點，在總統官邸召見黃金春（桃園農田水利會長）和黃金德（桃園農田水利會總幹事）這「兩個黃金」，正面垂詢有關因農田水利會改制所曾惹出來的種種風波。據了解，這場對話前後約談了100分

鐘時間，當場除了小英總統親自記筆記之外，現場還有上次敗選下台的洪耀福協助全程做成談話紀錄。臨末，小英總統當下做出幾點承諾，並當面責成洪耀福代為轉達給相關責任單位之負責人：

一、農田水利會改制宣告全面終結；

只要即時終止改制決策之推動並回復現狀，就不會讓政府魯莽地出現「違憲」重大危機，而農田水利會會員財產就會得到原有的保障，更且其長期培養已臻成熟且最值珍貴的公法人會員民主自治精神和運作規範也終得以保存延續；

二、20多年來一直都未曾調整的由政府協助水利會員之代繳之會費提供加倍代繳，期使農田水利會之運作更加順暢有效；

黃金春對小英總統當面陳述說：政府代繳會費已經25年未調整了，按照現行辦法，每公頃農田一年代繳費用6000元不到，大約是當前自來水水價的30分之一，嚴重偏離價格正常軌道！即使代繳費用只調整多加一倍，也僅是正常水價的15分之一，可是卻能因此而幫助各地水利會業務運作較順暢，也能讓已經使用了將近百年的農田水路進行逐年更新改善。

三、針對五個目前正處於財務困境之農田水利會（花蓮、台東、北基、南投、屏東），

依其灌溉面積，提撥適當經費協助農田水路進行充分改善及更新；

如此一來，則全國各地水利會服務會員水平可得到一定平衡感，並積極地讓146萬會員因得到實質受惠之體認，對比下，也自然都能感受到政府照顧農民之積極用心。

小英總統此舉當機立斷，完全破除她作為總統瞻前顧後的遲疑性格之謠傳。這也同時讓我們更清楚知道，小英總統勇於排除先前政策錯誤，當改則改、即知即行的魄力展現，也是小英總統排開「間接訊息」之誤導轉而直接親炙人民基層心聲，強力紓解民怨的一種實踐力之明證。

無論如何，這應該是一個好的開端，期待小英總統真的能從雲端下凡而來，不說接地氣這麼政治化的語言，至少該聽聽民怨積累之深深幾許吧！

我也寧願相信，小英總統既已親自下令做出上述承諾並當場交代交付執行，此一消息，相信「小英全國水利會後援會」的既有組織將會很迅速傳至17個「水利會後援會」，並在146萬多的會員之間熱情傳播開來，更期待能重啟當年小英後援會的團結力量，一鼓作氣地全心再次支持小英這次的連任之旅。

發表於《風傳媒》2019/09/1

逼農民造反，弄臣陳吉仲會讓小英丟失政權！

陳吉仲是「農田水利會」推動官制化的主要推手之一。他既是農業學者，擔任農委會政務官三年多以來，自應早已深諳農業政策制定的三昧，我願意尊重其農業方面之專業，但他對於「農田水利會官制化」之政策制定過程卻存在很多可以備受公評的高度置疑性。

上週六（9月14日）發表在風傳媒的一篇評論報導**《小英終悟資訊被矇蔽，承諾「終結農田水利會改制」！》**，意料之外地引來「號稱」官方的「澄清」，因此許多媒體朋友都來爭相詢問。

宣稱「府方回應」，竟然在總統府官網查不到原文？

然而令人深感怪異的是，那一份在媒體記者之間流傳的「府方給媒體的回應」竟然無法在總統府官網的新聞欄目上查到公開刊載的官式原文？究竟是誰代表府方發布此一「回應文」？這算不算是一份某些小團體（或派系）故意假借「總統府」之名設計放話而故意製造的一則「假新聞」？此現象自不免令人引發更大好奇心。謹將該份「府方給媒體的回應」的全文藉此PO出，讓所有關心「農田水利會」之生死存亡的農民朋友們一起來參考點評：

> 相關的報導與當天現場對話內容有所出入。農田水利會已經於去年初修法改制，但在後續政策推動的過程中，政府會廣泛地聆聽各界的聲音，加強溝通、凝聚共識、取得更多理解，以提高整體社會對政策的支持、求取更週全完滿的結果，是有所必要的。政府的原則也很清楚：農田水利會員工的權益與權利一定會確保、農田水利會的功能會持續發揮、農田水利會的資產會百分之百用在農民與農田水利上。

另一方面，對於協助各地改善農田水路進行改善更新等當日訴求，總統確實也一一詳細聆聽，並指示交由農委會來評估處理。瞭解地方心聲、提升農民福祉的政策方向，政府都會盡全力去做。

作為長年政治觀察者，我們就大方點，姑且先假設這則回應文真的出自府方某放話人的官方版本（否則就打不起筆墨官司了），為此我們很慎重地諮詢了多位熟悉農業相關法律的律師朋友做了攻防研究，並據以「就法論法」，對該回應文提出嚴厲駁斥。因為是「論法」必然會顯得很枯燥乏味，但基於真理越辯越明，也顧不得官大學問大的荒謬禁忌了。

水利會嚴肅駁斥「府方給媒體的回應」文

一、

從立法程序上檢視，農田水利會改制案迄今並未完成。自詡為有所作為的政府，自應該以「開放態度」廣開言路、廣納民意，豈可固執於少數「牟取私利者」的政治計算，一味認定「改制已完成」或是認定「改制是不可變更」的既定政策，不僅繼續自絕於農民選票支持之外，也徒令小英總統繼續背上「讓農民討厭」的罵名？

反駁意見之說明（建議看了會打瞌睡的可以跳過）：

農田水利會組織通則於 107 年 1 月 17 日修正通過，其中涉及改制的第四十條條文如下：

第四十條（修正）

自本通則中華民國一百零七年一月十七日修正之條文施行之日起，停止辦理會務委員及會長之選舉，各農田水利會第四屆會務委員及會長之任期均至一百零九年九月三十日止；不適用第十五條之一第一項、第十六條第一項、第十七條、第十九條第二項、第十九條之一、第十九條之二、第二十條有關會務委員及會長之選舉及任期之規定。

前項會務委員於任期中因故出缺時，不辦理補選；會長於任期中因故出缺或任期屆滿時，由主管機關指派具有下列資格之一且無第十九條之二第一項所定情事者代理之，不適用第二十一條規定：

一、普通考試以上考試或相當普通考試以上之特種考試及格並現任或曾任公務人員簡任第十職等以上職務。

二、曾任農田水利會一級主管六年以上。

三、曾任農田水利會會長、總幹事四年以上。

農田水利會之改制及其資產處理、職員工作權益保障等事項，另以法律定之。

改制根本沒有完成立法，「府方」仍存心誤導總統

我們很清楚的看到第四十條第一項及第二項只是在處理會長、會務委員的延任、停止選舉以及會長官派等人事問題，與改制公務機關無關，甚至是以沿用目前體制為前提的調整。而關鍵的第三項，則明文規定農田水利會的改制，必須「另以法律定之」。換言之，這次的修法，並沒有完成改制的立法工作。全國十七個農田水利會，並不因為農田水利會組織通則在 107 年 1 月 17 日的這次修法，就變成公務機關；相反的，在「另以法律定之」前，農田水利會仍然繼續維持其原本的憲法上地位，也就是大法官釋字第 518 號早已明確指出的「自治團體公法人」。

也因此，該次修法頂多只能說是一種立法政策上的宣示，實際上改制與否？如何改制？改制後的性質為何？均仍有待後續立法程序再來處理。既然只是立法政策的宣示，那麼未來的立法院（比如說支持改制的立法委員多數被落選），則當然可以基於其他的考量，另為其他面向的規劃與籌謀。

若是再拿出上一次政府意圖改制，也就是 1993 年（民國 82 年）1 月 18 日修正通過的農田水利會組織通則第三十九條之一來比較：

第三十九條之一　（增訂）

本通則自修正公布施行日起適用三年。

行政院應於三年內，將農田水利會改制為公務機關，分別納入各級主管機關編制內。

在農田水利會改制為公務機關前，水利會會費由中央政府全額補助。

農田水利會要改制為公務機關，必掀起政治風暴

據查，該次修法甚至明文規定必須在三年內完成改制，且將農田水利會組織通則變為一「限時法」，三年期限一到即不再適用。

但三年後立法院竟完全改弦易轍，於 1995 年 (84 年)10 月 19 日將該條文修正為：

第三十九條 之一（修正）

行政院應於本條修正公布日起二年內依據農田水利會自治原則，修正本通則有關條文，送請立法院審議。

本通則完成修正前，水利會會費由中央政府全額補助。

按當時的立法理由，在現今的時空背景下，頗值得參考：「多年來，水利會一直本自治原則運作其會務，在臺灣經濟繁榮史上，功不可沒。

惟八十二年對該會組織通則修正時竟加上不合理的條款，規定該通則自修正公布施行日起適用三年，且行政院將於三年內，將農田水利會改制為公務機關並納編。因此為了讓水利會以自治體制繼續存在，以符事實需要，並兼顧民眾福祉，爰加以修正之。」

可見，不合理的改制，必須檢討，必須改正，且立法院已有前例。於今執政者一錯豈可再錯，農政單位自應謙虛地深思反省吧！

問道於盲，總統府找農委會提供假資訊？

二、

我們認為總統府應重視基層對農委會不合理政策的意見，不應繼續偏聽，偷懶或姑息地只是繼續照抄農委會所提供的錯誤資訊。

反駁意見之說明：

府方的回應文聲明再次重複了農委會的幾張空頭支票：**「農田水利會員工的權益與權利一定會確保、農田水利會的功能會持續發揮、農田水利會的資產會百分之百用在農民與農田水利上」**。

偏偏，這些官樣文章根本都無法解決農民的三大疑問：

首先，農田水利會的財產是屬於全體農民會員的人民財產，由全體會員依民主原則選出的自治機關來管理，並不是國有財產，為何政府可以不經清算與補償，就一句**「概括承受」即要全盤沒收？**

設想：如果有人要求你把你的財產登記在我名下，然後保證會百分之百用在你身上，你能接受嗎？親如父母子女都未必能接受這樣的安排了，更何況是事關百萬農民會員，憲法明文保障的人民財產權，豈能如此兒戲？

其次，既然只是「持續發揮」農田水利會的功能，那何不「維持現狀」就好？六都的改制，已經讓許多基層民眾都深刻感受到「官派」官員與「民選」首長間行政效能的巨大落差！改制並不像癡迷的官員們所美化的説詞那樣「升格」。而農田水利之業務又有其專業的特殊性，由於歷史演變與灌溉上的實際需要，水利會的最基層組織一直都有很強的自治性格，也因此讓農民會員間總能以「互助合作方式」協調處理用水爭議。然而所謂改制，究竟如何處理這些最基層的自治小組？至今農委會仍然拿不出一套足以讓農民安心的方案！甚至在農委會去年公告的農田水利法草案（第二十四條）中表示未來小組長將以官派方式產生，完全取消基層組織最具溝通效益的自治原則，未來若灌溉因此出問題，誰能負責？那些來來去去的農委會政務官們負得起責任嗎？

最後，農田水利會員工的權益若依農委會目前所公開過的諸類規劃樣本，實際上都不可能確保，在農民間基本被大大地打了好幾大槍。只是，以陳吉仲為首的幾位政務官們都像駝鳥一樣，不敢正面回應罷了！

政府拼命喊減肥，實際做的卻是繼續增肥？

按農田水利會改制後，人事部分是否能適用公務人員法制，已是個重大爭議。前述農田水利法草案第二十七條竟以「農田水利事業從業人員」此種不倫不類的方式稱呼，且又規範新進人員由主管機關辦理「甄試」，則所稱「農田水利事業從業人員」在我國人事法制上究竟是何種地位？既然改制為公務機關，何來「事業」可言？公務機關與這些「從業人員」間的法律關係應適用公務人員法制？抑或勞動法制？在沒有落日條款的情形下，未來究竟如何進行員額管理的計算？相關薪俸、獎懲與保險、保障的規範又在何處？其人事費依草案係由作業基金支應，農田水利會的現行制度是否有辦法符合作業基金依法令所應遵循的相關中央人事法規？已經公告的草案對這些問題的處理都沒有成熟的規劃，竟敢空言「一定會確保」，此種空頭支票，誰願意收下？

不止於此，陳吉仲先生更以農委會主委（政務官）之尊，於9月15日中午時分在其臉書粉專上PO出⋯，順便將全文轉載如下：

為了提升農業水資源利用效率、擴大服務農民，讓農民用水的權益更有保障，去年立法院三讀通過「農田水利會組織通則」，確定未來全國農田水利會將改制升格為公務機關，整合管理農水資源公共財。水利會升格涉及很多的細節，有許多配套措施要同步擬定，因為一定要做到水利會員工權利完全確保、水利會功能持續提升、水利會資產百分之百用在農民與農水建設。水利會改制升格公務機關是不會改變的政策大方向，但是配套措施會做得更完善，會爭取各界最大的共識和農民最多的福利。

就算水利會升格不是一步到位，農水建設的進度也不能慢下來。從 2017 年到現在，我們已經擴大了 4,454 公頃灌區服務範圍，包括新竹、高雄、屏東、南投、宜蘭、花蓮、台東，目前我們也還在規劃將更多的農業區納入灌區，未來一旦水利會升格完成，就能無縫接軌，全面提供農民更優質的灌溉服務。

陳吉仲逼迫農民再一次用選票教訓民進黨嗎？

顯然的，陳吉仲是「農田水利會」推動官制化的主要推手之一。他既是農業學者，擔任農委會政務官三年多以來，自應早已深諳農業政策制定的三昧，我願意尊重其農業方面之專業，但他對於「農田水利會官制化」之政策制定過程卻存在很多可以備受公評的高度置疑性。遠的且不再計較，光是在這一 PO 文所說的「認定改制已完成」或是「認定改制是不可變更的既定政策」，就可以確認這位政府大員的傲慢與偏見了。

單單看他所言：現在的自治公法人對農田水利會財產自治會員員工都有非常好保障之規範，但沒有人清楚：他所謂改制後究竟那一項提出了保障條款？無可諱言，這就是蓄意在詐騙農民、蒙騙人民、瞞上欺下的故技！

再如PO文上所謂「擴大灌區」，未改制之前不是早就在做了嗎？這跟改制有何丁點關係呢？農水法的財產很清楚的明載「概括承受」不就是「強奪」「強取」的代名詞？難道是農民「心甘情願」地獻給政府嗎？其屬重大違憲自不待言！違憲風暴已拜前面好整以暇了！

特別要再次重申，我在上周專欄內的報導內容都是真實的，否則按照現在府方發言人得理不饒人及趁勢追殺的咄咄姿態，那份「府方給媒體的回應」絕對會演出抄傢伙動槍動刀的殺氣，哪裡可能顯得這麼客氣？在語意上甚至欲語還休！所以終歸還是「放話者」意圖流出來的似假亂真的自慰之文吧？

正值選戰之際，去年底的九合一選舉，農民已經用選票大大教訓了民進黨！這次農政單位仍死不悔悟，誤以為當今局勢有利於己（就不明言了），繼續又再要擺出傲慢的蠻橫之姿，這類不義之人，不再次用選票給予痛擊狠狠教訓讓他翻盤，又更待何時？等到農民再次揭竿起義，並且把農委會視同仇敵，也可能仿效1988年發起的426農民運動那樣，導致農民被迫開出千部耕耘機一起上高速公路而奔往農委會將之團團包圍起來的示威抗議，屆時看這些位農政要員們還能把臉該怎麼擺？

或是更平和點的說法，非要等到親中的對手陣營的立委群抓到這份攻擊利器，全面針對改制問題發動攻勢後，才發現農民已經都站到另一邊了，其反彈的嚴重性豈是亡羊補牢可以挽救的？

發表於《風傳媒》2019/09/18

國家圖書館出版品預行編目 (CIP) 資料

從 亡 國 感 到 防 疫 大 國 = How Taiwan Navigates through Perils of Sovereignty to emerging as a Nation of Exemplary Epidemiology / 陳昭南作 . -- 臺北市：六都春秋 ,2020.06
558 面；17x23 公分
ISBN 978-986-95470-1-7 (平裝)

1. 臺灣政治 2. 時事評論

574.3307 109008444

從亡國感到防疫大國

How Taiwan Navigates through Perils of Sovereignty to emerging as a Nation of Exemplary Epidemiology

出版發行: 六都春秋電子報
地　　址: 台北市大安區忠孝東路四段 320 號 2 樓
電　　話: 02-7711-8828
E-mail: liuduchunchiu@gmail.com
http: // www.ladopost.com

作　　者: 陳昭南
執行編輯: 林怡伶
美術設計: 蔡繡如
贊助單位: 桃園農田水利研究發展基金會
定　　價: 450 元
匯款帳號: 006 005 278978 土地銀行 民權分行
戶　　名: 陳昭南

代理經銷: 白象文化事業有限公司
印　　刷: 秋雨印刷股份有限公司
出版日期: 2020 年 6 月